CE VOLUME
N'APPARTIENT PLUS
AU CRSBP

290237

COMMENT PRÉSERVER VOTRE
SANTÉ ET VOTRE VITALITÉ
À PARTIR DE 45 ANS

DU MÊME AUTEUR

Manuel d'acupuncture fondamentale
Mercure de France.

L'Acupuncture et les maladies de la femme
Le François.

Guide pratique d'homéopathie
Maloine.

Abrégé de phytothérapie pratique
Doin.

Guide pratique de digipuncture et d'acupuncture
Medsi.

La Phytothérapie
P.U.F., « Que sais-je ? »

La Mésothérapie et la Mésopuncture
P.U.F., « Que sais-je ? »

Guide pratique de phytothérapie et d'homéopathie de terrain
Ellipses.

Les Maladies sexuellement transmissibles
Albin Michel, collection « Santé pour tous ».

Dr Maurice Rubin

COMMENT PRÉSERVER VOTRE SANTÉ ET VOTRE VITALITÉ À PARTIR DE 45 ANS

ALBIN MICHEL

*Collection « Les chemins de la santé »
dirigée par Pierre Crépon*

© Éditions Albin Michel S.A., 1994
22, rue Huyghens, 75014 Paris
ISBN : 2-226-07484-8

SOMMAIRE

Introduction 11
La ménopause remodelée 13
L'andropause reconnue et effacée 21

LES GRANDES MANIFESTATIONS DE LA MÉNOPAUSE
ET DE L'ANDROPAUSE 27
Le cœur et les vaisseaux 29
Problèmes de poids et diabète 35
Les os et les articulations 49
La peau, les cheveux et les ongles 61
Les bouffées de chaleur 73
Les troubles des règles 79
Les affections gynécologiques 87
La prostate 97
Les troubles de la sexualité chez l'homme 107
Les troubles de la sexualité chez la femme 117
Les troubles du sommeil 123
Les troubles psychiques 135
Les asthénies physiques et psychiques 143

LA PRISE EN CHARGE : PRÉVENTION ET TRAITEMENT 151
Les progrès de la médecine occidentale 153
Initiation aux médecines naturelles 163
Les bases d'un nouveau genre de vie 175
Les affections de A à Z 181

  Appareil cardio-vasculaire 181
  – *Angine de poitrine* 181
  – *Artériosclérose* 183
  – *Artérite* 185
  – *Hypertension artérielle* 187
  – *Hypotension artérielle* 189
  – *Infarctus du myocarde* 191
  – *Palpitations* 193
  – *Troubles circulatoires périphériques : varices,
     œdèmes, jambes lourdes* 195

- *Troubles du rythme cardiaque* 198
Appareil digestif 201
- *Aérophagie* 201
- *Aphtes* 202
- *Affections bénignes du côlon* 204
- *Ballonnement abdominal* 206
- *Coliques hépatiques* 208
- *Constipation* 210
- *Dyspepsie* 212
- *Gastralgie* 214
- *Gastro-entérite* 216
- *Hémorroïdes* 218
- *Insuffisance hépatique* 220
- *Nausées et vomissements* 222

Appareil génital féminin 224
- *Atrophies sexuelles de la femme* 224
- *Bouffées de chaleur* 226
- *Cancers féminins* 230
- *Dysménorrhées* 230
- *Dyspareunie et vaginisme* 234
- *Fibromes* 236
- *Frigidité et troubles de la libido* 238
- *Hirsutisme ou excès de pilosité* 240
- *Infections génitales : mycoses, mycoplasmes, chlamydiae* 240
- *Ménorragies et métrorragies* 243
- *Kystes de l'ovaire* 245
- *Maladies bénignes des seins* 248
- *Prolapsus utérin* 250
- *Syndrome prémenstruel* 252

Appareil génital masculin 255
- *Affections bénignes de la prostate* 255
- *Atrophies sexuelles de l'homme* 257
- *Cancers* 259
- *Impuissance et troubles de la libido* 261
- *Stérilité masculine* 264

Sommaire 9

Appareil ostéo-articulaire 267
 – *Arthrite* 267
 – *Arthrose* 269
 – *Cervicalgies* 271
 – *Crampes musculaires* 273
 – *Dorsalgies* 275
 – *Lumbago* 276
 – *Ostéoporose et décalcification* 278
 – *Sciatique* 281

Appareil respiratoire 284
 – *Asthme* 284
 – *Bronchite* 286
 – *Dyspnée* 288

Appareil urinaire 291
 – *Coliques néphrétiques* 291
 – *Cystite* 292
 – *Dysurie* 294
 – *Incontinence urinaire chez la femme* 295
 – *Incontinence urinaire chez l'homme* 297
 – *Rétention d'urine* 299
 – *Urétrites* 300

Dermatologie et médecine esthétique 304
 – *Alopécie* 304
 – *Eczéma et urticaire* 305
 – *Herpès* 307
 – *Prurit* 309
 – *Psoriasis* 310
 – *Rides et ridules* 312

Métabolisme général 317
 – *Affections de la thyroïde* 317
 – *Asthénie et fatigue* 319
 – *Cellulite* 321
 – *Diabète* 323
 – *Goutte* 325
 – *Hypercholestérolémie* 328

- *Maigreur et amaigrissement* 330
- *Obésité* 332
- *Troubles de l'appétit* 336

Ophtalmologie 339
- *Cataracte* 339
- *Troubles de la vision* 340

Oto-rhino-laryngologie 343
- *Bourdonnements d'oreille* 343
- *Coryza spasmodique* 344
- *Troubles de l'audition* 346

Stomatologie 349
- *Gingivite et glossite* 349
- *Affections et névralgies dentaires* 350

Système nerveux central et système neuro-végétatif....353
- *Angoisse et anxiété* 353
- *Céphalées* 355
- *Dépression* 357
- *États obsessionnels* 359
- *Migraine* 361
- *Neurasthénie et états mélancoliques* 362
- *Névralgies* 364
- *Phobies* 366
- *Spasmophilie* 368
- *Troubles du langage* 370
- *Troubles de la mémoire* 372
- *Troubles du sommeil* 373
- *Vertiges* 375

Conclusion 379
Bibliographie 381

INTRODUCTION

Enfance, adolescence, maturité, sénescence, ces quatre stades de la vie sont le propre de tous les êtres vivants.

L'âge joue en effet un rôle prédominant dans la qualité de nos réactions biochimiques et dans l'usure progressive de nos organes.

Il n'est pas seul et les recherches modernes ont prouvé que de nombreux facteurs externes et internes, psychologiques, nutritionnels, infectieux ou autres intervenaient également en modifiant dans nos tissus les transferts naturels d'informations chargés de maintenir un équilibre durable et de bonne qualité.

Notre mode de vie, avec ses erreurs, ses imprudences et ses maladresses, inscrit dans notre corps, surtout après 45 ans — période où ménopause et andropause commencent à s'installer sournoisement — des signes et des symptômes qu'il faut bien connaître pour mieux les combattre.

Le recours à la diététique, à une hygiène de vie, aux médecines différentes comme l'homéopathie, la phytothérapie, les oligo-éléments et l'acupuncture ou à la médecine enseignée dans les universités a longtemps été négligé devant l'hésitation du corps médical à contrarier les décisions de la nature et à lui opposer des moyens qui permettraient de lutter contre le vieillissement dont la ménopause et l'andropause sont les premières manifestations.

Il a fallu que la femme, surtout, crie haut et fort son mal de vivre pour que des chercheurs, des biochimistes, des pharmacologues, des gynécologues ou des phytothérapeutes décident un jour de répondre à l'appel et de l'aider, ainsi que son compagnon, à ne plus accepter le diktat du temps qui passe.

Comment préserver votre santé et votre vitalité à partir de 45 ans est un livre de référence qui a été écrit pour permettre à toute personne soucieuse d'améliorer la qualité de sa vie et de sa santé, de découvrir une solution à ses problèmes quotidiens.

Toutes les découvertes et toutes les innovations thérapeutiques ou préventives, empruntées à la médecine universitaire mais aussi à l'ensemble des médecines différentes, s'inscrivent dans la démarche que nous avons suivie : expliquer d'abord en termes simples les troubles de la ménopause et de l'andropause... et fournir ensuite des conseils pratiques d'application immédiate pour *gommer* la ménopause et l'andropause dont on dira peut-être un jour qu'elles n'existent plus.

LA MÉNOPAUSE REMODELÉE

Des bouffées de chaleur, la sécheresse de la peau, de la mauvaise humeur persistante, une fatigue difficile à vaincre, la baisse des performances sexuelles signent l'installation progressive de la ménopause que viennent confirmer secondairement des troubles des règles et leur arrêt définitif.
Une enquête de l'International Health Foundation portant sur deux mille femmes de 48 à 52 ans a montré que :
— pour 70 % des femmes, l'arrêt des règles et de la fertilité serait plutôt un soulagement ;
— 32 % des femmes se plaignent de l'indifférence de leur médecin et de sa résignation devant leurs préoccupations ;
— 86 % des femmes interrogées signalent des symptômes pénibles et mettent l'accent sur leur crainte de la modification de l'image de leur corps.

L'ovaire, au cœur de la physiologie intime de la femme

La ménopause, pourtant, ne s'installe jamais brutalement et une longue période de désagréments mineurs permet de la prévoir et surtout d'en combattre intelligemment la plupart des effets puisque les décisions thérapeutiques reposent sur des bases physiologiques cohérentes.

L'ovaire est au carrefour des mécanismes intimes de la femme. Il est dès la naissance le réceptacle de 200 000 à 300 000 œufs ou ovules qui vont progressivement s'atrophier et disparaître, à l'exception de 300 d'entre eux, qui seront indirectement responsables, s'ils ne sont pas fécondés par un spermatozoïde, d'autant de cycles menstruels.

L'ovaire est également un *émetteur* cyclique de substances biochimiques ou hormones, à qui la femme doit le contrôle de l'ensemble de ses métabolismes et le modelé harmonieux de sa silhouette.

La mort du dernier œuf et la cessation des sécrétions hormonales ovariennes signent la ménopause.

Tout cela explique l'importance que revêt la connaissance des phénomènes qui produisent l'ovulation et favorisent la bonne tenue des cycles menstruels, pour le médecin qui a choisi de modifier à bon escient cette évolution jusqu'alors inéluctable.

Un cycle complexe à deux étages se charge de cette régulation. L'étage supérieur de commande est situé dans le cerveau, à sa partie moyenne, juste au-dessous d'une cavité baignée de liquide appelée troisième ventricule.

À ce niveau existe une petite structure nerveuse appelée hypothalamus qui contient deux noyaux de cellules nerveuses dont les fonctions sont bien précises :
— le premier sécrète de façon régulière et permanente un produit qui viendra stimuler une petite glande appelée hypophyse, située un centimètre plus bas ;
— le second sécrète le même produit mais d'une façon cyclique et par à-coups, et est très sensible à toutes les informations provenant du cortex cérébral, donc du monde extérieur, ce qui explique les répercussions bien connues du psychisme, des émotions, des variations climatiques sur la vie génitale.

L'hypophyse a la taille d'un pois chiche et est logée dans une sorte de vallon osseux appelé selle turcique. Il produit sur ordre de l'hypothalamus deux hormones dont les cibles sont les ovaires.

Toute une machinerie est ainsi mise en route et ses détails sont les suivants :

— la première hormone hypophysaire appelée FSH oblige l'ovaire à sécréter la « première » hormone ovarienne ou folliculine et à faire mûrir un ovule sur une période de 14 jours en moyenne.

Sous l'influence de la folliculine dont le taux augmente progressivement jusqu'à atteindre un niveau seuil, l'hypophyse va envoyer brusquement dans la circulation sa deuxième hormone ou LH, dont le rôle est de déclencher l'ovulation.

L'ovaire rejette alors à l'intérieur de la cavité abdominale un œuf fécondable, entouré de quelques cellules nutritives.

Cet ovule va être capté par le pavillon d'une sorte de canal musculeux issu de l'utérus, appelé trompe, dans lequel il va cheminer et où il risque de rencontrer des spermatozoïdes qui auront au préalable été déposés, à l'occasion d'un rapport sexuel, au fond du vagin.

À partir de cette ponte ovulaire, on assiste à une ascension de la température qui va dépasser 37,3° alors que dans la première quinzaine elle plafonnait au-dessous de 36,8°. Les cellules restantes qui entouraient l'ovule sécrètent alors de la progestérone, deuxième hormone ovarienne dont la fonction principale est de préparer la muqueuse utérine à la nidation et au développement de la grossesse.

En l'absence de fécondation, la folliculine et la progestérone voient leur quantité diminuer et ce processus déclenche la venue des règles qui doivent être considérées comme des hémorragies de privation (d'hormones) et surviennent de manière cyclique au 28e jour.

Tout le problème du vieillissement est enfermé dans une explication que des recherches récentes ont permis de proposer. L'ovule n'est pas seul dans l'ovaire. Il est entouré, au tout début de son évolution, par une couche de petites cellules nutritives qui l'enferment comme dans un sac : l'ensemble ovule + cellules concentriques s'appelle follicule primordial.

Ce follicule primordial fabrique une substance appelée *inhibine* qui a pour mission d'empêcher la FSH de s'emballer !

Dans un premier temps, un raccourcissement de la durée du cycle

C'est grâce à cette inhibine que les cycles durent 28 jours et non 15, 20 ou 25 jours.

Autour de 40-45 ans, le corps féminin est pris d'une rage d'autodestruction sur laquelle nous pouvons maintenant agir, et en très peu de temps, la plupart des follicules primordiaux dégénèrent, se nécrosent et disparaissent.

La production d'inhibine s'effondre puisque le nombre de follicules primordiaux disponibles est considérablement réduit.

Il ne nous reste plus qu'à déduire logiquement ce qui va arriver.

— la FSH n'étant plus freinée augmente énormément ;
— l'ovaire va être terriblement stimulé ; il augmentera sa production de folliculine et accélérera de façon anormale la vitesse de maturation de l'ovule ;
— l'augmentation rapide de la quantité de folliculine dans le sang déclenche une sécrétion brutale de LH qui déclenche l'ovulation beaucoup plus tôt que prévu ;
— la progestérone commencera donc à être sécrétée par l'ovaire, comme après toute ovulation... beaucoup plus tôt que d'habitude.

La conséquence de ce remue-ménage sera un simple raccourcissement de la durée du cycle (20 à 23 jours au lieu de 28).

C'est l'époque où vous commencez à consulter le gynécologue parce que les règles sont trop rapprochées et que l'excès général de folliculine vous incommode fortement.

Allongement du cycle, puis disparitions des règles

Progressivement, LH ne supporte plus d'être bousculée : elle fait grève, n'apparaît plus dans le sang et les ovulations sont bloquées ! La progestérone, qui ne peut apparaître qu'après l'ovulation, est stoppée.

Or, les règles ne peuvent se déclencher que si se produit dans l'organisme une baisse parallèle de folliculine et de progestérone. Si la folliculine est en excès et si la progestérone est absente, les règles vont sinon disparaître, du moins s'espacer. Et les cycles auront une durée de 35, 40, 50 jours et plus.

Vous ne risquerez bien sûr plus de vous trouver enceinte ; vous serez entrée dans la phase des cycles anovulatoires et plus ou moins rapidement, chacune des femmes ayant son propre rythme biologique, les règles vont définitivement disparaître.

Les conceptions médicales d'autrefois

La ménopause en elle-même a longtemps été indifférente au corps médical et la consultation des livres de médecine d'autrefois est parfois savoureuse.

La lecture de quelques passages du *Précis de médecine pratique* de Lieutaud, imprimé à Paris en 1777, est particulièrement révélatrice de la mentalité des thérapeutes d'autrefois. On y lit les deux passages suivants.

— « Pour ce qui regarde la cessation naturelle des menstrues par l'âge, on n'a rien à y faire, s'il n'y a aucune marque d'accès hystérique. On peut user de quelques saignées et prescrire surtout un régime convenable, jusqu'à ce que les liqueurs [?] se soient mises en équilibre avec les solides [?], point auquel la nature tend. »

— « La suppression des règles soit par l'âge, soit par accident jette souvent dans l'affection hystérique. Il n'y a guère que les femmes laborieuses qui en soient exemptes. La tête est toujours plus ou moins affectée : on y ressent une pesanteur qui en gêne les fonctions et qu'on nomme clou hystérique. Plusieurs se plaignent de sifflements dans les oreilles, de vertiges, de tremblements dans tout le corps. Les palpitations sont ici très communes. De la fièvre se met souvent de la partie et vient ordinairement par accès, une à deux fois dans la journée [...] On sait bien que cette maladie est très difficile à guérir et qu'elle n'est pas bien à craindre mais elle jette par sa durée dans l'atrophie, dont on ne revient guère, soit dans les organes de la génération, soit dans les autres viscères. »

Les traitements proposés sont à la mesure de cette description à peine romanesque. M. Lieutaud continue ainsi : « Les remèdes qui sont le plus familièrement employés sont les odeurs les plus fétides, comme la fumée du papier brûlé, des plumes, des cornes, de vieux cuirs, l'odeur de vinaigre. On peut donner aussi intérieurement de l'eau de fleur d'oranger, de l'huile de buis, du castoreum ou de l'assa-fœtida ou de la mélisse composée. Mais rien n'est plus utile que le petit-lait, l'eau de veau ou de poulet ou les eaux de Forges, de Seltz ou de Saint-Amand.

« On ne doit pas oublier les lavements simples de même que les bains domestiques où on tient les malades plusieurs heures, et ajouter des pédiluves (bains de pied) ou des fomentations (inhalations d'herbes odorantes).

« Les femmes ne manqueront pas d'appliquer au nombril du coton chargé de myrrhe et d'aloès pendant qu'on leur appliquera des ventouses sèches au ventre et aux cuisses. Quant aux pieds, après les avoir plongés dans l'eau tiède, on en chatouillera la plante que l'on échauffera ensuite avec une brique chaude.

« Il faut, dit-il pour finir, surtout s'appliquer à combattre le penchant que les malades ont à se livrer à leurs tristes réflexions et tendre des pièges à leur esprit qui joue un grand rôle dans cette maladie. [...] Mais tout cela demande, de la part des malades, une confiance qu'il n'est pas toujours aisé de leur inspirer. Et on est souvent arrêté, comme on le sait, par des obstacles invincibles... »

Les conceptions médicales ont depuis cette période considérablement évolué et nous apprendrons, chemin faisant, les qualités d'une prise en charge satisfaisante, tout en avouant notre surprise de redécouvrir, de nos jours, une certaine façon de faire que nos prédécesseurs utilisaient déjà d'instinct, qu'il s'agisse de l'utilisation d'herbes médicinales, de réflexothérapie plantaire ou de psychothérapie douce...

L'ANDROPAUSE RECONNUE ET EFFACÉE

L'andropause est insidieuse et l'homme prêtera peu d'attention autour de 50 ans à une fatigue qui persiste, à un sommeil qui se modifie, à un retard dans la qualité de ses performances sexuelles ou à un appétit qui change de nature. Souvent prisonnier d'une activité professionnelle stressante, il aura du mal à distinguer dans les troubles qui l'agacent ceux qu'il doit rapporter à une maladie précise ou ceux qui l'imprègnent de façon sournoise et sans raison.

L'homme a présenté peu d'intérêt pour les médecins généralistes parce qu'il a appris à ne jamais se plaindre de ses incapacités physiques et de ses lacunes fonctionnelles.

Une très grande pudeur l'empêche bien souvent de venir consulter parce qu'il serait ainsi obligé de mettre à mal l'image qu'il a de lui-même, image imposée par la société pour laquelle il doit être celui qui commande, qui sait, qui conduit et qui lutte.

À sa timidité naturelle devant la maladie qui l'effraie et le fragilise s'ajoute donc une remise en question complète de sa personnalité et la découverte, ressentie comme triste dans certaines circonstances, des aspects négatifs de son comportement.

Autant son épouse sait être directe et exprimer dans des mots porteurs ce qu'elle ressent, autant il faut s'armer de patience pour obtenir l'aveu qui motive la consultation de l'homme, aveu souvent masqué par des symptômes très divers et très éloignés du motif dominant.

Très peu d'hommes savent appliquer aux différentes circonstances de la vie ce minimum d'humour qui leur permettrait de survivre et de recommencer à entreprendre.

Cette attitude serait d'autant plus justifiée maintenant que les progrès de la médecine, qui nous concernent tous autant hommes que femmes, ont permis à de nombreux médecins de se former à cette nouvelle « maladie » que l'on appelle l'andropause et dont on s'aperçoit qu'elle est bien plus précoce et plus sournoise qu'on ne le pensait, faute de statistiques, d'articles médicaux et de congrès consacrés à ce sujet.

Il fallait, pour ce faire, mieux connaître la physiologie sexuelle autant dans sa régulation hormonale que dans sa traduction physique.

Les Américains ont, dans ce domaine — parce qu'ils sont autorisés à faire des expériences sur les hommes moyennant leur consentement —, déterminé les composantes de chaque phase de notre vie quotidienne. Ils ont eu la surprise de constater que certaines idées très anciennes gardaient encore une consistance et qu'il ne fallait pas gommer tout ce qui s'était dit sur l'homme jusqu'à ce jour.

M. Lieutaud en 1777 avait donc une vision quelque peu prophétique lorsqu'il écrivait dans l'ouvrage déjà cité, dans l'article consacré au « Dérangement des règles » :

« Quoique ce flux lunaire soit naturel au sexe (féminin), on ne laisse pas de voir bien des femmes robustes et laborieuses qui n'y sont pas soumises, quoique jouissant d'une bonne santé, et très propres à concevoir. »

Il ajoutait : « Il est évident que la sueur et les autres pertes suppléent alors au flux menstruel. Les hommes pour la plupart sont sujets aussi à une sorte de perte menstruelle, soit par les hémorroïdes, soit par la sueur, les urines, le vomissement et le cours du ventre... évacuation ordinairement précédée par un malaise que des médecins peu attentifs ou ignorants peuvent prendre pour un état de maladie. »

La physiologie masculine possède-t-elle des cycles ?

Des recherches cliniques, associées à des tests biochimiques très précis, sont actuellement mises au point pour essayer de déterminer si l'homme a comme la femme un certain déroulement cyclique dans son comportement psychologique et dans son fonctionnement biochimique.

Il n'est pas encore possible de l'affirmer, mais l'organisation hormonale de l'homme est finalement très proche de celle de la femme et des correspondances de cette nature ne devraient pas être trop rapidement éliminées, d'autant plus qu'elles expliqueraient mieux ainsi la correspondance de certains symptômes.

Il ne faut pas oublier que l'ébauche de l'appareil sexuel est au départ indifférente et qu'elle présente une structure unique avant de se différencier en ovaire ou testicule.

Mais une fois cette différenciation acquise, l'aspect microscopique est très spécifique.

> Le testicule est entouré d'une membrane fibreuse qui, par sa face interne, émet des fibres conjonctives qui le divisent en 200 ou 300 lobules.
>
> Chaque lobule est occupé par des canaux dits séminifères repliés sur eux-mêmes et pouvant atteindre 1,50 mètre de long. Ces canaux sont séparés par un tissu conjonctif lâche dans lequel circulent de fins vaisseaux artériels et veineux.
>
> Deux sortes de cellules se développent à l'intérieur du canal :
> — des cellules nobles appelées spermatogonies qui, de cellule ronde au départ, se transformeront en une cellule très petite oblongue, munie d'une petite queue mobile, d'un noyau de siège aberrant, recouvert d'un capuchon, bref un spermatozoïde qui devra, pour être excrété, suivre un trajet fort complexe dont nous reparlerons ;
> — des cellules de taille variable souvent unies les unes aux autres par des prolongements (dits cytoplasmiques).

Elles renferment de nombreuses gouttelettes riches en substances grasses et en cristalloïdes. Elles ont pour mission, comme les cellules qui entourent l'ovule, de nourrir les cellules sexuelles, tout en assurant un rôle de ciment et de soutien afin d'empêcher la paroi de s'affaisser.

On leur accorde aussi la capacité de digérer les débris cellulaires qui passent à leur niveau et certains auteurs souhaiteraient leur voir sécréter de l'inhibine.

En dehors du canal séminifère au sein du tissu conjonctif qui contient des fibres conjonctives et élastiques et des cellules fixes, on note la présence de grosses cellules polyédriques (quatre ou cinq angles), portant un noyau globuleux. Ces cellules sont regroupées en îlots et sont logées dans les espaces que leur ménagent les canalicules séminifères très envahissants.

Elles fabriquent la testostérone qui joue chez l'homme un rôle primordial puisqu'elle intervient aussi bien sur la morphologie générale que sur la capacitation sexuelle.

Rien n'est cependant possible sans la stimulation des hormones hypophysaires et il a été démontré que FSH provoque la formation de spermatozoïdes en agissant directement sur la spermatogonie qu'elle oblige à se diviser et à se transformer.

LH est en revanche responsable de la production de testostérone et, contrairement à ce qui se passe chez la femme, il n'a pas pu être démontré qu'il y avait entre ces deux hormones hypophysaires une corrélation et un rythme coordonné de fonctionnement.

La sénescence n'est donc pas due à un excès de production d'une hormone par rapport à l'autre mais on pense que sous l'influence d'un excès de radicaux libres, dont nous reparlerons, une baisse simultanée de production se fait à petits pas et tout l'organisme masculin se dégrade au même rythme. Cette progression ralentie expliquerait la pauvreté des symptômes de l'andropause comparée à la richesse des manifestations de la périménopause où les troubles corporels et psychologiques sont relativement spectaculaires, qu'il s'agisse de troubles des règles, de troubles de l'humeur ou des bouffées de chaleur invalidantes.

L'homme doit donc se soumettre à un examen plus approfondi que la femme et d'analyses complémentaires élaborées avant de bénéficier des traitements hormonaux ou de médecine naturelle que l'Occident peut lui proposer depuis quelques années et qui l'aideront à gommer les manques que nous aurons déterminés.

LES GRANDES MANIFESTATIONS
DE LA MÉNOPAUSE ET DE L'ANDROPAUSE

LE CŒUR ET LES VAISSEAUX

La lecture des statistiques proposées par le ministère de la Santé qui font tous les deux ans le bilan des décès et des accidents graves survenus dans la population française est toujours inquiétante.

On y apprend que les maladies cardio-vasculaires sont encore aujourd'hui la première cause de mortalité en France avant l'âge de 65 ans.

La répartition en est inégale et 23 % des décès sont masculins contre 17 % féminins.

Il existe donc une surmortalité masculine importante à l'âge moyen de la vie, dont on sait qu'elle s'atténuera quelque peu autour de 70 ans.

Il convient toutefois de signaler, parce que cela est rassurant, que depuis dix ans les décès par maladie cardio-vasculaire dans la tranche d'âge 45-65 ans ont nettement diminué dans leur chiffre global — qui dépasse à peine 100 000 par an contre 200 000 les années précédentes — probablement parce que la prise en charge médicale et la prévention sont beaucoup plus actives.

Cette diminution porte aussi bien sur :
— la mortalité par angine de poitrine ou infarctus du myo

carde que l'on regroupe sous le terme de cardiopathies ischémiques (moins 11 % chez l'homme et moins 30 % chez la femme) ;

— que sur la mortalité par toutes les autres formes de cardiopathies qui incluent l'hypertension artérielle, les troubles du rythme, les insuffisances cardiaques et les accidents vasculaires cérébraux.

Il n'en reste pas moins que le coût économique de la pathologie cardio-vasculaire est considérable et dépasse 30 milliards de francs par an, si on additionne le coût direct des soins et les coûts indirects représentés par les arrêts de travail et l'invalidité.

On a voulu faire des maladies cardiaques des maladies de civilisation en affirmant que notre mode de vie, nos habitudes alimentaires, les toxiques que nous absorbions (alcool ou tabac) étaient responsables de l'hypertension artérielle et de l'artériosclérose, principaux facteurs de dysfonctionnement circulatoire.

Des enquêtes effectuées par l'Organisation mondiale de la santé dans des tribus encore isolées de la civilisation, et soumises à des modes d'alimentation très variables, n'ont pas montré de différence significative dans ce que l'on appelle la morbidité, c'est-à-dire la tendance à présenter telle ou telle maladie au cours de la vie.

Il persiste toujours, quel que soit le groupe de population étudié, une dissociation entre l'atteinte de l'homme et celle de la femme, en tout cas jusqu'à sa ménopause, ce qui a conduit le corps médical à accorder beaucoup plus d'importance aux hormones que l'on accuse maintenant d'intervenir directement dans les processus de formation des maladies cardiaques.

LES HORMONES

La testostérone, hormone de l'homme, aurait un effet nocif et la folliculine, hormone principale de la femme, jouerait au contraire un rôle protecteur.

La consultation des mémoires consacrés à ce problème ne permet toutefois pas d'apporter une réponse définitive pour la raison suivante.

La prise de la pilule si répandue dans les pays occidentaux s'accompagne parfois d'accidents dramatiques à type d'embolies heureusement rares, qui ont pu entraîner des chocs mortels.

Il n'est que de lire dans le dictionnaire des médicaments que détient chaque médecin la longue série de contre-indications et de précautions à prendre, qui accompagne le nom de chaque pilule proposée à la prescription.

Il est évident, et les analyses l'ont prouvé, que c'est la folliculine de synthèse contenue dans la pilule qui est responsable parce qu'on sait qu'elle modifie et augmente la coagulation du sang.

Peut-être la folliculine naturelle fabriquée par les ovaires de la femme est-elle dans ce domaine moins toxique.

Des laboratoires ont réussi à fabriquer un œstrogène naturel qui fait partie de la plupart des produits proposés pour lutter contre la ménopause.

Des embolies sont cependant survenues et le gynécologue est souvent bien ennuyé lorsqu'il a choisi, comme nous le verrons, d'empêcher la ménopause de s'installer et de faire un traitement de substitution.

L'andrologue a les mêmes soucis et il compensera avec beaucoup de prudence la baisse progressive de la testostérone qui signe l'andropause, parce qu'il sait qu'il fait courir un certain risque à son patient, à la fois sur le plan cardiaque et sur le plan prostatique.

APERÇU DE LA PHYSIOLOGIE CARDIAQUE

Un regard sur l'anatomie, l'histologie (ou aspect microscopique) et les fonctions du cœur et des vaisseaux nous permettra de comprendre aisément l'effet utile ou nocif des diverses substances qui circulent dans le sang.

Le cœur est le muscle le plus puissant du corps. Il commence à battre chez le fœtus dès le premier mois de la conception et joue le rôle d'une pompe aspirante et refoulante.

Il appelle dans ses cavités le sang qui circule dans les veines et le chasse par deux artères, l'artère pulmonaire qui conduit le sang au poumon où il est réoxygéné et l'aorte qui irrigue l'ensemble de l'organisme par un réseau complexe d'artérioles et de capillaires (appelés ainsi parce que leur diamètre est égal à l'épaisseur d'un cheveu).

Le cœur est situé à la partie moyenne de la cavité thoracique, entre les deux poumons, au-dessus du diaphragme.

Il est composé de deux parties : le cœur droit qui reçoit du sang veineux et le cœur gauche qui transporte le sang artériel.

Chaque côté est subdivisé en deux cavités superposées, au-dessus l'oreillette, au-dessous le ventricule avec lequel l'oreillette communique à travers un orifice bordé par des valves mobiles.

Les deux cœurs sont séparés par une cloison verticale.

L'oreillette droite reçoit par les deux veines caves tout le sang veineux provenant de la partie supérieure et inférieure du corps. Elle l'envoie au ventricule droit qui, en se contractant, le dirige par l'artère pulmonaire à l'intérieur des deux poumons où il va s'oxygéner.

Le sang oxygéné revient par quatre veines pulmonaires vers l'oreillette gauche qui l'expédie dans le ventricule gauche, et ce dernier en se contractant le propulse dans l'aorte qui en se subdivisant apportera de l'oxygène et des nutriments à l'ensemble de nos tissus.

Un cœur normal, au repos, envoie cinq litres de sang dans la circulation générale en une minute, en ne se contractant que 70 à 80 fois, comme on le constate aisément lorsque l'on prend le pouls d'une personne.

Le cœur est nourri par deux petites artères qui naissent à la base de l'aorte et cheminent sur la face antérieure et la face postérieure du cœur, à l'intérieur duquel elles envoient de petites ramifications.

Ce sont les artères coronaires dont la moindre anomalie de remplissage provoque, suivant son degré, soit de l'angine de poitrine, soit un infarctus du myocarde.

Une mauvaise oxygénation du cœur peut être provoquée par un spasme des artères coronaires mais aussi par un rétrécissement progressif de leurs parois sur lesquelles peuvent se déposer peu à peu des plaques d'athérome constituées de graisses saturées emprisonnant du calcaire.

SURVEILLER SON ACTIVITÉ CARDIAQUE

La surveillance de l'activité du cœur repose sur un interrogatoire cherchant à mettre en évidence une gêne thoracique, des douleurs précordiales ou un essoufflement.

L'examen clinique passe par la prise de la tension artérielle, la maxima correspondant à la contraction des ventricules et la minima étant le témoin d'une phase de repos pendant laquelle les oreillettes remplissent les ventricules avec le sang provenant des grosses veines qui leur sont annexées et où les artères, que comprime l'appareil de tension, sont au calme.

Il sera fait ensuite un électrocardiogramme qui apporte des informations sur le fonctionnement électrique de chacune des parties du cœur. Des examens plus sophistiqués interviennent lorsque le praticien a une inquiétude et qu'il souhaite la vérifier.

Un bilan sanguin s'impose à chaque fois et fera la part de la surcharge du corps en cholestérol, en graisses ou en autres substances à risque.

La ménopause comme l'andropause sont en cardiologie une période de transition et la situation est très variable d'un individu à l'autre.

Une hygiène de vie associée suivant le cas à des oligo-éléments, des plantes ou de la réflexothérapie viendra souvent compléter de façon heureuse les médicaments importants (que nous reverrons) justifiés par des symptômes bien définis.

Il est d'ailleurs fréquent de constater la survenue de varices accompagnées de lourdeurs de jambe, d'impatiences, d'œdèmes qui gênent la marche, un peu comme si tout le système circulatoire souhaitait marquer sa désapprobation devant un vieillissement tissulaire qu'il ne sait pas naturellement compenser.

PROBLÈME DE POIDS ET DIABÈTE

Le surpoids et l'état d'obésité en ménopause et en andropause constituent un réel problème de santé publique dans les pays industrialisés.
L'obésité peut être définie de trois façons différentes.

L'OBÉSITÉ STRUCTURELLE

On dit qu'elle est structurelle parce que les graisses du corps sont augmentées. La masse grasse est donc plus importante que les autres compartiments de l'organisme. Un homme normal de 70 kg a habituellement une masse grasse de 10 kg, alors qu'un obèse de même poids est souvent plus petit et a une masse grasse de 20 à 25 kg.

Dans le détail, pour l'homme comme pour la femme, on sait que pour 70 kg les organes essentiels comme le cœur, les poumons, le foie et les reins pèsent 26 kg ; les os et les muscles qui les entourent représentent 17 kg : on les appelle tissus de soutien ; et il reste encore de 17 à 18 kg de liquides répartis dans le tissu sous-cutané appelé tissu conjonctif.

Un obèse aura seulement 17 kg de masse active (cœur, foie,

poumons, reins, etc.), 14 kg de tissu de soutien, 13 kg de liquide sous-cutané, le reste étant constitué par la masse grasse qui dépasse de 15 kg le taux considéré comme normal.

Il est possible de mesurer cette masse grasse en laboratoire par l'utilisation d'une substance radioactive dont on étudie la dilution dans les diverses parties du corps. Une façon beaucoup plus simple consiste à mesurer l'épaisseur du pli cutané avec une sorte de compas à branches courtes, qui pincera la peau sous une certaine pression et déterminera en millimètres la distance entre les deux plis.

Les plis habituellement choisis sont situés sur la face postérieure du bras, sa face antérieure, l'abdomen et l'épaule.

L'addition de l'épaisseur de ces quatre plis permet d'estimer à 10 % près la teneur en graisse de l'organisme. Une petite nuance doit être introduite pour tenir compte du sexe, de la musculature et aussi de l'âge.

Des tableaux ont établi que si l'addition des quatre plis dépasse 100 mm, la femme a 30 % de masse grasse à 50 ans, 25 % à 30 ans, 40 % s'il s'agit d'un homme de cinquante ans et enfin 35 % pour un homme de 30 ans, ces différence étant dues à la répartition très différente des cellules graisseuses en fonction du sexe et de l'action des différentes hormones.

On estime qu'un individu est gras et gros lorsque la masse grasse dépasse 15 % chez l'homme ou 25 % chez la femme.

UN SURPOIDS OBJECTIF

Une autre définition de l'obésité est pondérale : il s'agit d'une définition relativement précise qui permet de calculer un poids idéal théorique correspondant au risque minimum de maladie et de mortalité.

On a pris l'habitude d'utiliser en France la formule de Lorentz qui se calcule de la façon suivante.

On prend la taille d'un individu en centimètres ; on retire 100 et on retire ensuite le résultat d'une fraction qui comporte comme dénominateur la taille en centimètres moins 150 et en dividende le chiffre 4 lorsqu'il s'agit d'un homme et le chiffre 2 lorsqu'il s'agit d'une femme.

Exemple : pour un homme de 1 mètre 70
170 - 100 - [(170 - 150) : 4] = 65 kg

L'indice actuellement plus volontiers utilisé est l'indice de masse corporelle — qui s'appuie sur la surface du corps et est calculé de la façon suivante :

On prend le poids actuel en kilogrammes et on le divise par la surface du corps qui correspond à la taille multipliée par elle-même, le résultat étant donné en mètres carrés.

Le chiffre idéal est de 22 chez les femmes et de 21 chez les hommes. Le surpoids est compris entre 23 et 30 et on affirme l'obésité lorsque le chiffre dépasse 31.

UN SURPOIDS SUBJECTIF

Il existe enfin une définition du surpoids qui est subjective et qui vient perturber les calculs savants des nutritionnistes. Elle correspond à l'interprétation personnelle de chaque individu qui se juge maigre ou gros en fonction de critères qui lui sont propres et dans lesquels, très souvent, n'interviennent ni la raison ni la logique.

L'ORIGINE HÉRÉDITAIRE DE L'OBÉSITÉ

Les causes de l'obésité sont multiples, la plus importante étant l'origine génétique et familiale.

On sait maintenant que la plupart des sujets obèses ont des obèses dans leur famille et que 70 % des couples obèses ont des enfants obèses alors que seulement 10 % de couples non obèses ont avec leurs enfants ce problème.

Une étude a été faite sur des vrais jumeaux et des faux jumeaux par la mesure des plis cutanés et on s'est aperçu qu'entre les faux jumeaux existaient des écarts parfois supérieurs à 20 kg, alors qu'entre les vrais jumeaux l'écart de poids ne dépassait jamais 3 %, quel que soit l'environnement.

La plupart des chercheurs sont cependant d'accord pour dire que nous avons tous une sensibilité particulière et que nous répondons à des causes déclenchantes, chacun à notre façon : ceci explique pourquoi, devant un même événement, certains d'entre nous perdront du poids, d'autres grossiront, d'autres encore auront des réactions de dépression ou encore d'hyperexcitation nerveuse, sans que leurs poids soit modifié.

50 ANS, UNE ÉTAPE IMPORTANTE DANS L'EXCÈS DE POIDS

S'il est vrai que le combat contre l'excès de poids est permanent pour la plupart des Européens, l'âge de 50 ans marque cependant une étape importante dans les réactions biochimiques et endocriniennes particulières qui président à l'activité des adipocytes ou cellules graisseuses enfermées dans notre hypoderme et dans les tissus profonds.

L'accumulation de graisse passe en effet, nous le reverrons, par un processus endocrinien complexe qui met en jeu à la fois les hormones de notre hypophyse, comme l'hormone de croissance, les hormones du pancréas, comme l'insuline et le glucagon, et enfin les hormones génitales, folliculine, progestérone chez la femme, testostérone chez l'homme, sans oublier la surrénale et la médullosurrénale qui interviennent par deux de leurs hormones dans le métabolisme de l'eau et du sucre et, par leur hormone proche de la testostérone, sur le tissu graisseux.

LES FONCTIONS DE L'ALIMENTATION

L'Organisation mondiale de la santé définit les buts de l'alimentation de la façon suivante :
— entretenir un bon état de santé ;
— permettre le travail avec un rendement optimum ;

— édifier, construire et maintenir notre organisme en bon état en coordonnant ses réactions.

Il faut ajouter à ces besoins essentiels la nécessité d'éliminer dans de bonnes conditions les déchets et les produits toxiques accumulés dans l'organisme.

L'ensemble de l'énergie dégagée par l'alimentation doit donc assurer un métabolisme basal qui correspond à l'activité de nos organes (reins, foie, poumons, cœur, etc.) et offrir à notre corps une énergie supplémentaire pour lui permettre d'avoir une activité tournée vers l'extérieur de type professionnel, sportif, physique ou autre.

On estime qu'un homme de taille moyenne a besoin de 2 200 à 2 600 kilocalories par jour alors qu'une femme a besoin de 300 à 400 kilocalories de moins.

Les aliments sont ingérés, absorbés, transformés par l'organisme qui disposera ainsi de substances de nature variée pour répondre à tous ses besoins tissulaires et énergétiques.

Nous puisons notre nourriture dans les trois règnes, animal, végétal et minéral. L'organisme, pour couvrir ses besoins, exige et n'absorbe que des aliments simples. C'est la digestion qui va rendre ce service par ses nombreuses enzymes qui réussiront dans des délais raisonnables à désagréger les molécules complexes contenues dans les produits que nous ingérons et à les rendre assimilables.

LES COMPOSANTS DE NOTRE ALIMENTATION

Les aliments sont divisés en trois variétés : les glucides, les protides et les lipides. L'énergie habituellement nécessaire au fonctionnement harmonieux de l'organisme est puisée dans la combustion des glucides et des lipides. Les protéines donnent par contre les éléments nécessaires à la reconstitution des cellules ou à l'activation de la croissance chez le jeune, et interviennent rarement pour leur richesse en calories.

Un gramme de glucides fournit 4 kilocalories.
Un gramme de lipides fournit 9 kilocalories.

Un gramme de protides (ou protéines) fournit 4 kilocalories.
Un gramme d'alcool fournit 7 kilocalories.

L'organisme a par ailleurs besoin de sels minéraux à des doses variables suivant le sel considéré et d'eau, puisque nos cellules contiennent en moyenne 60 % d'eau.

Les *protéines* servent au développement, à la réparation, à l'entretien et au remplacement des cellules vieilles. On les appelle des molécules de structure et elles sont constituées de carbone, d'oxygène, d'hydrogène et d'azote et parfois de soufre.

Les éléments de base s'appellent acides aminés et leur regroupement en chaînes très longues donne d'abord des polypeptides puis des protides.

L'ADN, que l'on sait porteur de notre hérédité, est une chaîne d'acides aminés dessinant une double hélice.

On sait depuis le début du XXe siècle que huit acides aminés sont essentiels parce qu'ils ne peuvent pas être synthétisés par l'organisme lui-même et qu'ils doivent être obligatoirement fournis par l'alimentation. Ces huit acides aminés sont présents dans les viandes, les poissons, les œufs. Ils manquent dans certains végétaux et une alimentation strictement végétarienne devra faire appel, pour couvrir ces besoins, à plusieurs sortes de végétaux qui se compléteront l'un l'autre.

Il faut à un adulte un gramme de protéine par kilo et par jour. Les besoins sont plus élevés chez l'enfant pour atteindre 4 g par kilo dans la première enfance. Ils ne sont que de 0,60 g par kilo et par jour chez l'homme ou la femme de 65 ans.

Les *glucides* comportent deux variétés : des glucides simples comme le glucose et le fructose trouvés dans les fruits, le miel, certains végétaux et des glucides complexes riches surtout en amidon que l'on trouvera dans les graines de blé, de riz, de seigle ou d'avoine ou encore dans les pâtes ou les pommes de terre.

La plus grande partie des recherches actuelles sur le meilleur réglage alimentaire en ménopause et en andropause porte sur la digestibilité des glucides simples et complexes et les compatibilités alimentaires.

Une nuance importante les sépare : les glucides simples sont directement et rapidement absorbés par l'intestin grêle sans subir de modification, alors que les glucides complexes doivent être scindés en molécules plus petites et parvenir au stade de glucose pour être absorbés : leur digestion est donc beaucoup plus lente et ils ne provoquent pas dans le sang de surcharge brutale en sucre, n'obligeant donc pas notre organisme à réagir pour rétablir l'équilibre par une sécrétion exagérée d'insuline, dont nous verrons les effets parfois malfaisants dans le domaine de la prise de poids.

La cellulose comme la pectine sont aussi des variétés de glucide mais elles présentent la particularité de ne pas être digérées dans les conditions normales. Elles ressortent donc comme elles sont entrées... en jouant cependant un rôle utile par leur avidité en eau.

Elles sont désignées sous le nom général de fibres, sont très avides d'eau et augmentent donc de façon sensible le volume du bol alimentaire qui chemine dans le tube digestif.

Elles stimulent ainsi la musculature intestinale et facilitent le transit, en évitant la constipation et les malaises qui l'accompagnent.

Cinquante pour cent de la ration énergétique générale doivent être fournis par les glucides, ce qui équivaut à environ 300 g de glucides par jour (4 à 5 g par kilo de poids et par jour).

Les *lipides* sont en chimie une union entre des acides gras et un alcool appelé glycérol. Certains lipides sont essentiels comme certains acides aminés et doivent être obligatoirement fournis par l'alimentation.

De nombreuses vitamines sont liposolubles et contenues dans les huiles ou le beurre dont la non-consommation systématique se révèle être une faute contre nos besoins vitaux. Nous perdrions alors les effets bénéfiques de la vitamine A indispensable pour la préservation de la qualité de la peau et notre vision nocturne, la vitamine E, appelée vitamine de la fertilité et dont on sait l'action presque magique dans les retards de cicatrisation, la vitamine D qui permet la pénétration dans de bonnes conditions du calcium à travers les membranes de nos cellules intestinales et enfin la vitamine K qui commande à notre coagulation et est un agent important de lutte contre les hémorragies.

Il ne faut pas oublier encore que nos cellules nerveuses se nourrissent de phospholipides et que la qualité de notre mémoire et de notre intelligence est en relation directe avec la concentration de ces substances aux endroits utiles.

Les acides gras peuvent être saturés ou non saturés, donc avoir des atomes d'hydrogène ou en manquer. Cette banale structure chimique a une très grosse importance vitale et on fait une grande différence entre les lipides saturés qui sont responsables d'artériosclérose et d'adiposité et les lipides insaturés qui, au contraire, nous protègent contre la stase et les complications cardio-vasculaires.

Si le poisson sous toutes ses formes est autant conseillé en alimentation, c'est parce qu'il est particulièrement riche en acides gras insaturés et qu'il apparaît comme notre meilleur soutien dans la lutte contre le vieillissement. Il doit être accompagné d'huiles insaturées comme les huiles vierges de première pression à froid d'olive, de noix, de tournesol ou de colza.

Dans les conditions normales, l'organisme a besoin d'un gramme de lipides par jour et par kilo avec une proportion de 60 % de lipides insaturés et de 40 % de lipides saturés, et il retire 35 % de son énergie de leur combustion.

COMPATIBILITÉ ET INCOMPATIBILITÉ DES ALIMENTS

Tout excès risque de s'accumuler et de participer au surpoids que redoutent la plupart des nutritionnistes qui insistent également dans leurs conseils diététiques et dans leurs réglages alimentaires sur la compatibilité et l'incompatibilité des aliments.

Cette notion longtemps méconnue s'appuie sur une meilleure connaissance des phénomènes enzymatiques pendant le transit des aliments le long du tube digestif.

Dans la bouche, les glandes salivaires fabriquent une

enzyme nommée ptyaline qui découpe, en milieu alcalin, les glucides lents qui y séjournent.

L'estomac fabrique de l'acide chlorhydrique et de la pepsine et est chargé de digérer les protéines, en milieu très acide, ce qui risque de bloquer le processus qui a commencé dans la bouche.

Le pancréas et l'intestin grêle fabriquent des enzymes polyvalentes chargées de digérer les trois sortes de nutriments absorbés, mais elles ne peuvent le faire qu'en milieu alcalin.

Notre instinct nous permet bien souvent d'ingérer des aliments qui ne perturberont pas les séquences digestives prévues. Toute inattention est vite punie et la colite, les brûlures d'estomac, les fermentations et les sensations de malaise postprandiaux (*i.e* : après les repas) sont la sanction d'imprudences qu'il faut savoir éviter : nous aurons l'occasion d'en reparler.

La surveillance du poids n'offre donc pas, à première vue, de difficulté particulière et la plupart des nutritionnistes se contentent, en organisant le régime de leurs patients, d'insister sur les quantités ingérées et sur les aliments qu'il faut privilégier à certains moments de la journée.

Il est ainsi possible d'obtenir des résultats satisfaisants sans faire intervenir de médicaments lourds susceptibles d'ajouter au désagrément de suivre un régime des effets inattendus de mauvaise tolérance.

HORMONES ET SURPOIDS

Il est pourtant admis dans le grand public que les hormones ont leur part de responsabilité dans les processus que l'on étudie et il est courant de constater à la ménopause et à l'andropause une prise graduelle et discrète de poids que l'on rapportait jusqu'à présent simplement au manque d'exercice physique et à l'action de rétention exercée par certains produits chargés de réduire la déprime presque constante ressentie à cette période.

Une analyse du comportement des cellules graisseuses a démontré, comme nous l'ont appris des chercheurs français, qu'elles n'avaient pas un comportement équilibré suivant leur emplacement dans notre organisme.

Même si la raison a très peu de place dans cette découverte, force est de constater que jusqu'à la ménopause, la plupart des femmes portent leur surpoids au-dessous de la ceinture, sur les hanches et sur les fesses.

Les régimes les plus draconiens ne peuvent rien pour elles et nous savons qu'elles font la fortune des chirurgiens esthétiques qui savent, sous anesthésie, aspirer leur charge graisseuse et leur rendre une morphologie plus longiligne.

Il suffit qu'elles atteignent la ménopause, en gardant leurs habitudes alimentaires, pour que tout se déplace et qu'elles s'arrondissent de partout, remplissant ainsi leurs hanches, leur taille et leur ventre d'une graisse mal aimée.

A contrario, l'homme n'aura, au cours de sa vie, jamais eu ce problème et les bons gros que nous croisons et que nous fréquentons sont gras à tous niveaux, du thorax à l'abdomen, et gardent des cuisses et des jambes sveltes, même si le reste est très empâté.

Les hormones n'interviennent pas seulement dans la morphologie ; elles jouent un rôle essentiel dans la santé.

Vous ne verrez jamais une jeune femme à grosses hanches présenter de maladie grave que l'on puisse rapporter à son excès de poids. Les grosses cuisses la protègent de l'hypertension artérielle, du diabète, de l'angine de poitrine ou de toute autre maladie cardio-vasculaire grave.

Il n'en est plus de même lorsque les cycles sont terminés et lorsque les cellules graisseuses du haut du corps commencent à se remplir. La femme devient alors aussi fragile que l'homme et « bénéficie » comme lui des maladies de civilisation.

Ce n'est pas en réalité la graisse de surface qui est responsable de ces maladies, mais l'expérience a prouvé que, lorsque la graisse encercle la taille, elle occupe également les espaces qui entourent les organes profonds comme le foie, le cœur et les reins dont elle empêche le fonctionnement régulier.

GYNOÏDES ET ANDROÏDES

Il se crée ainsi une sorte de « fatigue » des organes qui finissent par présenter avec le temps un fonctionnement de plus en plus perturbé.

On distingue donc deux catégories de personnes chez les sujets gros mangeurs et gourmands : les gynoïdes dont les hanches sont plus larges que la taille et les androïdes chez lesquels la largeur de la taille mesurée au centimètre est égale ou supérieure à la largeur des hanches.

Cette différence est due aux sécrétions hormonales.

Les hormones féminines ont une action spécifique sur les adipocytes situés à la hanche et sur le haut du fémur. Tout excès de sucre et de graisse pénètre librement dans ces cellules et y crée des dépôts qui ne cherchent qu'à augmenter.

Les hormones masculines ont en revanche un effet de perméabilisation sur les cellules adipeuses du thorax, de l'abdomen et des organes profonds. Ces cellules présentent au niveau de leurs membranes des sites qui jouent presque le rôle d'un aimant. Ces sites attirent les hormones dont la présence déclenche un certain nombre de phénomènes biochimiques, le principal étant une perméabilité très large aux acides gras qui circulent dans le sang environnant.

À la ménopause, les ovaires ne sécrètent plus d'hormones féminines et on a la surprise dans les dosages de constater la présence d'hormones masculines provenant pour partie des ovaires eux-mêmes et pour partie de la surrénale.

Ces hormones mâles ont donc le champ libre pour sensibiliser les adipocytes situés au-dessus de la taille et les femmes s'arrondissent et changent complètement d'aspect, lorsque rien n'est fait pour leur redonner des cycles artificiels qui rétabliraient leurs règles et « l'ambiance » d'autrefois.

L'INSTALLATION DU DIABÈTE

C'est dans ce contexte que le diabète peut un jour s'installer. Il ne s'agit pas d'une maladie aux contours bien définis. Il faut souvent un certain esprit de finesse au médecin pour y penser. Les symptômes présentés frappent par leur banalité et sont rarement évocateurs seuls.

Parfois la consultation est justifiée par une fatigue anormale surtout trois ou quatre heures après un repas avec tremblement et sensation de malaise.

Incidemment, le patient explique qu'il a toujours soif et qu'il boirait sans arrêt. Il peut se plaindre d'avoir très souvent envie d'uriner. On l'entend mettre l'accent sur son appétit féroce que rien ne vient vraiment freiner, ou au contraire sur une baisse anormale de l'appétit que n'expliquent ni une volonté de maigrir ni un gros chagrin perturbateur.

Il peut signaler une baisse brutale de la vision avec exagération de la myopie, ou des vertiges avec ou sans bourdonnements d'oreille. Le médecin peut encore être consulté pour des affections dermatologiques qui guérissent rarement toutes seules ou, chez la femme, pour une irritation vulvovaginale empoisonnante et rebelle.

On doit donc savoir demander des examens de routine ; la recherche de sucre dans le sang (glycémie) et dans les urines (glycosurie) devrait être proposée systématiquement une fois par an à toute personne qui vient consulter, même sans symptômes bien définis, dès qu'elle atteint l'âge de 50 ans.

On est autorisé à se dire diabétique lorsque le taux de sucre dans le sang total dépasse 1,60 g par litre à n'importe quel moment de la journée. On ne peut être diabétique si le taux de glycémie est inférieur à 0,80 g par litre.

Lorsque le médecin soupçonne le diabète et que les chiffres sont intermédiaires, les biologistes ont recours à une épreuve supplémentaire qui consiste à faire deux prises de sang, une à jeun et une autre une heure après un solide petit déjeuner (glycémie postprandiale). Le médecin connaît ainsi les taux à partir desquels il peut inquiéter son patient.

Le diabète dépend pour partie de l'hérédité et pour une plus grande partie encore, dans les diabètes de gravité moyenne qui n'obligent pas à des piqûres pluriquotidiennes, des mauvaises habitudes alimentaires et de la sensibilité au stress : la ménopause et l'andropause sont des moments privilégiés de sa découverte.

Il est en effet admis que la glycémie s'élève dans le sang parce que les cellules du tissu humain ont perdu leur capacité d'absorber le glucose circulant dans le sang, par usure et vieillissement.

Le foie, alerté par l'ensemble des organes, répond maladroitement en augmentant sa propre production de glucose avec le faux espoir que son glucose sera mieux absorbé que celui qui se trouve déjà dans le sang du patient. Les reins, débordés par cette hyperproduction, laissent passer le sucre qui apparaît dans les urines, dont la quantité augmente progressivement jusqu'à atteindre trois à quatre litres par jour. Le patient se met alors à boire beaucoup pour ne pas être déshydraté et fait appel à ses réserves de lipides et de protides pour fabriquer du glucose et compenser ainsi la fuite urinaire.

Il s'installe ainsi, si rien n'est fait, un système de déséquilibre qui mène à une série de catastrophes aisées à deviner. La faute en revient au pancréas, grosse glande située au-dessous et en arrière de l'estomac, qui refuse de fabriquer en quantité suffisante une hormone appelée insuline.

Cette insuline a la propriété d'ouvrir les membranes cellulaires et de permettre au sucre de quitter le sang pour rentrer dans les cellules et y remplir ses trois fonctions : production d'énergie, stockage et transformation partielle en graisse de réserve. Chaque organe porte dans ses membranes cellulaires des récepteurs à insuline qui lui apprennent à prélever, dans les conditions normales, la quantité de glucose dont il a besoin pour fonctionner correctement.

L'insuffisance du pancréas peut être héréditaire. Dans

la plupart des cas, le pancréas vieillit prématurément sous l'effet des toxines, des déchets et des substances oxydantes accumulés dans la circulation générale. Il ne sait plus livrer aux moments utiles sa production. Il se sclérose, comme les ovaires chez la femme ou les testicules chez les hommes... et tous les traitements actuels visent à lui rendre un tonus nécessaire.

Le diabète ne serait qu'une aventure limitée s'il n'était pas responsable de grosses complications. La peau, les bronches, la gorge et les reins sont les principaux points faibles d'un organisme trop riche. Sachons aussi que trop de cholestérol et trop de triglycérides sur la tunique interne d'une artère rétrécissent son diamètre, diminuent sa souplesse et durcissent l'ensemble de la paroi.

Les tissus seront alors mal oxygénés et il suffit que notre sujet soit un grand nerveux pour que des spasmes surviennent et que des vaisseaux essentiels cardiaques, rétiniens, rénaux se bouchent et entraînent soit un infarctus, soit une cécité, soit un blocage rénal.

L'intérêt d'une autosurveillance aux périodes critiques de notre vie est donc une obligation naturelle d'hygiène et de prévention, nous aurons l'occasion de le redire.

LES OS ET LES ARTICULATIONS

Il ne faut pas accepter que la ménopause soit liée dans l'esprit du public à la seule ostéoporose. À 50 ans, et plus, nos os et nos articulations, surtout lorsque nous n'avons rien fait pour nous ménager, peuvent comporter des lésions variées que les rhumatologues savent distinguer et auxquelles ils opposent des traitements très diversifiés.

Il suffit en effet qu'une mauvaise oxygénation associée à une alimentation maladroite ou à des troubles circulatoires mal contrôlés persiste pendant un certain temps, pour que notre squelette commence à souffrir et à se détériorer.

L'interdépendance de nos organes et de certaines parties de notre corps

Il existe en effet une étroite corrélation d'origine embryologique entre certaines parties de notre corps. La souffrance d'un secteur aura des retentissements privilégiés sur les autres secteurs dépendant du même feuillet ovulaire.

Nous savons que la division de l'œuf aboutit à trois semaines de la fécondation à un stade dit des trois feuillets dans lequel le fœtus est prédéterminé.

Le feuillet médian ou mésoblaste a une quadruple mission.

— Il est l'intermédiaire obligé entre la peau et le système nerveux et l'ensemble des organes digestifs. Il facilitera ainsi l'implantation des différents plexus dans les secteurs stratégiques, notamment le plexus solaire qui régente la totalité de notre métabolisme.

— Il donne à notre corps son assise verticale en construisant notre squelette avec sa colonne vertébrale faite de vertèbres empilées les unes au-dessus des autres et les os longs des membres qui seront à la fois notre moyen de communiquer et de mobiliser notre organisme et, pour ce qui est de la main, des outils perfectionnés, les muscles venant dans un deuxième temps recouvrir cette charpente osseuse.

— Il développe notre capacité de reproduction puisqu'il contient les cellules souches de nos ovules ou de nos spermatozoïdes et qu'il les enfermera ensuite dans les testicules et les ovaires qu'il construira secondairement.

— Enfin, notre organisme lui doit son appareil respiratoire étroitement lié au cœur et aux vaisseaux, sans lequel l'oxygénation indispensable à notre vie quotidienne ne serait pas possible.

Toute altération d'une de ces fonctions a donc de près ou de loin un retentissement sur la nutrition et le fonctionnement de nos os et de nos articulations, notre immunité générale étant également sensible aux mêmes processus.

Des troubles respiratoires prolongés entraîneront par exemple une décalcification ; une mauvaise circulation générale empêchera l'arrivée attendue des matériaux indispensables à un renouvellement osseux nécessaire et, enfin, un défaut de sécrétions hormonales, quelle que soit la glande endocrine intéressée, aura un rôle perturbateur plus ou moins important.

Encore convient-il de bien connaître les éléments du dossier et c'est l'articulation qui en donne la meilleure image.

Les os et les articulations

QU'EST-CE QU'UNE ARTICULATION ?

Une articulation est, d'après Testut, un des grands maîtres de l'anatomie française, un ensemble de parties par lesquelles s'unissent deux ou plusieurs os voisins. C'est le cartilage articulaire qui en constitue l'élément le plus fragile. Il s'agit d'une sorte de surface de glissement lisse et nacrée qui recouvre chaque extrémité osseuse à qui elle permet des mouvements doux et harmonieux.

Le cartilage est en partie recouvert d'un tissu très fin, en forme de dentelle, appelé tissu synovial, qui sécrète un liquide épais de lubrification : le liquide synovial.

L'articulation est entourée d'une poche hermétique appelée capsule articulaire et l'ensemble est maintenu par des cordages fibreux, les ligaments, qui s'opposent à ce que les mouvements des deux extrémités osseuses se fassent dans n'importe quelle direction.

De part et d'autre de l'articulation viennent s'insérer les tendons musculaires des muscles volontaires, chargés de la mise en mouvement des os intéressés.

Ce qui est vrai pour les os longs de nos membres est également vrai pour la colonne vertébrale qui comporte 7 vertèbres cervicales, 12 vertèbres dorsales, 5 vertèbres lombaires, 6 vertèbres sacrées soudées l'une à l'autre et enfin 5 petites vertèbres coccygiennes recourbées en hameçon.

Il faut cependant noter deux différences :

— chaque articulation intervertébrale possède en plus des éléments que nous avons décrits une sorte de coussinet élastique, sur lequel prennent appui les deux vertèbres voisines dans leurs mouvements limités par de petites articulations annexes qui les brident ;

— la vertèbre, contrairement aux os de nos membres qui sont longs avec une partie centrale arrondie (la diaphyse) et des extrémités épaisses ou épiphyses, est un os plat, presque cubique avec en arrière un dispositif qui enferme la moelle épinière dans sa partie centrale et livre latéralement passage à des nerfs qui iront apporter leurs messages à l'ensemble de nos organes.

L'ARTHROSE

L'arthrose est à 50 ans la maladie rhumatismale la plus répandue ; appelée rouille articulaire, elle est plus fréquente chez les obèses et dans la population sédentaire qui perd, en raison de sa faible activité physique, sa musculature de soutien et déforme sans le vouloir les axes mécaniques osseux sur lesquels elle s'appuie.

Ce sont les grosses articulations qui sont le plus souvent atteintes et tout commence par le cartilage qui s'érode, se fissure, se craquelle et finit par mettre à nu l'os sous-jacent qu'il ne protégera plus.

Il faut remarquer que le cartilage n'est pas nourri par des vaisseaux sanguins mais par les substances dissoutes dans le liquide synovial qui le baigne.

Une diminution de la production de ce liquide, quelle qu'en soit la raison, modifie la mobilité et la qualité des points d'appui de l'articulation.

Une réaction curieuse et repérable à la radiographie accompagne les lésions initiales. De l'os va proliférer à partir du point de rencontre de la capsule articulaire et de la gaine synoviale et former des sortes de becs pointus qui irriteront par leur présence les ligaments, muscles et nerfs avoisinants.

Les signes d'alarme sont avant tout la douleur présente à deux moments privilégiés de la journée : le matin au réveil parce qu'il faut que l'articulation se réchauffe et en fin de journée, à cause de la fatigue.

Chez la femme peu active, le simple fait de se lever et de s'asseoir s'accompagnera très volontiers de craquements et d'une douleur aiguë qui disparaîtra spontanément à la marche régulière.

La douleur est responsable d'une impotence fonctionnelle :

un certain nombre de mouvements sont supprimés ou par la douleur ou par des blocages articulaires. L'environnement de la patiente se rétrécit et la perte partielle de l'autonomie s'accompagne presque toujours d'un petit état dépressif qu'il faut aussi soigner.

Les atteintes les plus fréquentes et les plus invalidantes sont celles de la hanche et du genou ; il faut se méfier des troubles associés : varices, jambes lourdes et œdémateuses et retentissement secondaire sur la partie inférieure de la colonne vertébrale (lombo-sciatique) qui devient douloureuse et détermine fréquemment des attitudes antalgiques qui aggraveront les lésions locales.

En fait, les hommes sont, à 50 ans, plus souvent atteints que les femmes et on accuse volontiers les sécrétions endocriniennes irrégulières de l'hypophyse d'être responsables de cette anomalie.

Le terrain, sur lequel nous pouvons d'ailleurs agir maintenant, joue un rôle important dans cette maladie et tout le monde connaît des familles de rhumatisants dans lesquelles l'âge ne nous est d'aucune aide dans la recherche d'une explication.

LES RHUMATISMES INFLAMMATOIRES

À côté de l'arthrose, simple dégradation articulaire et osseuse due à la sénescence, existe le rhumatisme inflammatoire bien plus redoutable parce que peu sensible aux thérapeutiques allopathiques ou naturelles.

Il atteint surtout les petites articulations des mains et la colonne vertébrale et prend pour cible la synoviale dont le tissu épaissi ne sécrète plus de liquide de lubrification.

Les os viennent alors presque au contact les uns des autres et leur motilité se trouve réduite par la disparition progressive de tout espace de glissement.

On voit cependant rarement de nos jours les grosses mains aux doigts boudinés et aux articulations très augmentées de volume qui empêchaient toute action utile. On ne voit plus non plus ces dos ankylosés qui tordaient les patients en avant et donnaient à leur démarche une allure simiesque.

L'usage rapide des antibiotiques ou des antiseptiques a souvent bloqué à temps la prolifération anormale de certains germes responsables qui ne demandaient qu'à essaimer.

La surveillance du transit intestinal permet une meilleure élimination des toxines organiques et gêne la cristallisation des déchets autour des secteurs peu riches en vaisseaux capables de les rejeter convenablement dans le milieu extérieur.

Les hormones n'ont aucune part dans cette catégorie d'atteinte ostéo-articulaire. Il faut cependant signaler que la plupart des explosions rhumatismales, en dehors du rhumatisme articulaire aigu qui touche uniquement les jeunes, surviennent pour les femmes plus que pour les hommes autour de la cinquantaine.

Elles sont souvent alors le témoin d'autres atteintes organiques rénales, cardio-vasculaires ou digestives qu'il faut systématiquement rechercher et soigner intensément pour éviter des aggravations brutales et inattendues.

L'OSTÉOPOROSE

Ce n'est que beaucoup plus tard qu'apparaît l'ostéoporose dont la grande presse a fait la punition obligée des ménopauses non soignées.

Une grande confusion règne même dans l'esprit des médecins sur la signification de ce mot.

L'os n'a pas une structure homogène dans toutes ses parties. Si on examine au microscope un os long comme le fémur coupé en travers, on distingue facilement trois parties :

— une partie extérieure dure et pierreuse appelée corticale constituée de lamelles osseuses très serrées les unes contre les autres, sans espace intermédiaire : c'est l'os compact ;

— une partie moyenne. friable au toucher, faite de travées

lâches, bien individualisées, entre lesquelles circule le sang : c'est l'os spongieux ;
— la partie médiane est constituée de la moelle de l'os, molle et graisseuse, riche de matériaux divers à partir desquels naîtront les globules rouges.

Le tissu osseux est un tissu conjonctif transformé avec ses cellules spécialisées, les ostéoblastes, ses fibres collagènes ou élastiques qui constituent les travées osseuses et des cellules additionnelles ou ostéoclastes aux fonctions particulières.

Les ostéoblastes fixent le calcium et le phosphore dans des proportions bien précises sur les fibres qu'elles ont fabriquées alors que les ostéoclastes détruisent le capital osseux local pour en permettre le renouvellement.

Cette activité physiologique fait intervenir des hormones, le soleil, l'alimentation, l'âge et l'hérédité, donnant à la masse osseuse une densité mesurable, dont il est important d'étudier la variation au cours du temps.

La distribution de l'os compact et de l'os spongieux n'est pas uniforme dans notre organisme. L'os spongieux prédomine dans les os longs à leurs deux extrémités et dans la partie centrale des os plats vertébraux.

L'os compact occupe la partie moyenne des os longs ou diaphyse que l'on sait très résistante aux chocs et aux traumatismes.

Il ne faut pas confondre déminéralisation et ostéoporose

Il faut bien distinguer la déminéralisation et l'ostéoporose qui ne donnent absolument pas les mêmes lésions.

La déminéralisation ou décalcification correspond à une mauvaise assimilation du calcium soit par non-absorption par la muqueuse intestinale au moment de la digestion soit par maladie des ostéoblastes qui ne savent pas utiliser le matériel que le sang met à leur disposition.

Un traitement adapté doit donc intervenir sur les quantités de calcium et de phosphore en appréciant le déficit et en le compensant.

L'ostéoporose traduit la disparition progressive des travées osseuses de l'os spongieux par résorption accélérée non compensée par une reconstruction attentive.

Si on laisse la maladie s'installer, on verra progressivement à la radio l'os devenir transparent et fragile. L'accident le plus léger sera alors capable de provoquer une fracture dite spontanée. Les régions les plus touchées sont le col du fémur, le cubitus et le radius au niveau du poignet. Les vertèbres dorsales et lombaires participent au même processus et dans un premier temps se fissurent, craquent, se déforment, s'aplatissent et perdent une partie de leur hauteur, incurvant la colonne vertébrale et diminuant au cours des années de plusieurs centimètres la taille des femmes qui en sont atteintes.

Le nécessaire dépistage précoce de l'ostéoporose

Il faut donc y penser très tôt chez la femme puisqu'il a été démontré que dès l'âge de 40 ans, elle aura perdu, surtout si elle est maigre et peu sportive, 25% de sa masse osseuse, la perte atteignant chaque année 2 à 3% supplémentaires.

Certains signes attirent l'attention et donnent l'alerte :

— une douleur brutale après un effort de soulèvement, calmée par le repos, exagérée par les mouvements du tronc, la toux, avec parfois une extension des douleurs de la région dorsale ou lombaire vers la partie postérieure des deux jambes. Il s'agit dans ce cas d'un tassement vertébral instantané qui devient spontanément silencieux en trois, ou quatre semaines ;

— il peut s'agir aussi de la fracture du col du fémur ou de l'extrémité inférieure du radius ;

— on peut aussi remarquer une perte de taille progressive associée à des douleurs rachidiennes traînantes et à une atrophie musculaire qui rend tout effort difficile.

Toutes les recherches de la médecine du troisième âge portent actuellement sur le dépistage précoce de l'ostéoporose et sur les mesures de prévention visant à empêcher que de tels accidents se produisent.

Les Américains, qui ont évalué le prix payé aux accidents de l'ostéoporose tant en souffrances inutiles qu'en invalidité permanente et en charge économique, ont réagi depuis de nombreuses années à ces risques et engagé des campagnes d'information puissantes pour encourager surtout les femmes à ne pas accepter cette évolution autrefois inexorable et à écouter les conseils de leurs praticiens préalablement formés à cette prise en charge particulièrement délicate.

Les analyses sanguines telles que numération globulaire, vitesse de sédimentation, dosage de calcium ou de phosphore dans le sang sont normales puisque la maladie ne porte pas sur un manque de calcium ou de phosphore que l'organisme continue à absorber normalement mais sur la diminution chiffrable des travées osseuses capables de les fixer.

La radiographie simple était autrefois le seul moyen diagnostique mais son manque de sensibilité était reconnu ainsi que son incapacité de déceler une transparence anormale des os longs ou des vertèbres au-dessous d'un déficit de 30 % de la masse osseuse.

Il était alors trop tard pour agencer une thérapeutique préventive ou même curative et le taux des fractures, malgré un traitement institué à ce stade, variait peu.

Une technique de dépistage faible

La tomodensitométrie a modifié notre approche et sa fiabilité permet à la fois de faire un diagnostic de suspicion, par comparaison à des normes bien établies, et d'organiser une surveillance pour apprécier les qualités d'un traitement et son efficacité

Le principe en est le suivant. On envoie dans le site choisi, habituellement une vertèbre lombaire, dont l'état reflète bien l'ensemble du système osseux, deux faisceaux de rayons X filtrés, avec une énergie différentielle. On mesure l'atténuation du rayonnement qui a traversé le corps. L'absorption, différente selon les tissus, permet d'obtenir une image informatisée de la quantité d'os présente dans un volume déterminé.

On obtient ainsi :

— une évaluation du contenu minéral osseux de la vertèbre qui donne le poids des minéraux de l'os en grammes ;

— une évaluation de la densité minérale qui rapporte la masse trouvée au volume de la vertèbre, en grammes par centimètre carré ;

— une mesure en grammes par centimètre de hauteur calculant la quantité de minéraux sur un centimètre de hauteur de la vertèbre, pour tenir compte de la taille du sujet.

Le seuil fracturaire, retrouvé chez 90 % des patients victimes d'une fracture spontanée, se situe au-dessous de 0,7 g par centimètre carré. Le chiffre d'un gramme par centimètre carré qui sert de référence est celui de la femme de stature moyenne, en bonne santé, de 45 ans.

De longues recherches ont été nécessaires pour bien définir les instruments de mesure, les statistiques de la population normale et éliminer les causes d'erreurs dont pouvaient être responsables les amas graisseux abdominaux, une arthrose accentuée associée, des calcifications tendineuses ou portant sur l'aorte qui passe juste devant la vertèbre mesurée, une mauvaise position de la patiente, l'ingestion d'un repas opaque aux rayons X ou encore l'examen fait chez une femme qui serait restée alitée pour une autre maladie au-delà de quinze jours puisque l'on sait qu'un alitement prolongé réduit la masse osseuse de 1 % par mois même si on compense l'obligation de rester allongée par une diététique appropriée.

Le problème actuel n'est plus médical mais d'ordre économique et les responsables de la santé publique se demandent s'il est rentable de condamner des femmes à un traitement continu de plus de dix ans pour éviter des accidents qui apparaîtront souvent après 70 ans et qui ne toucheront en moyenne que 25 % seulement de la population à risque.

LA PEAU, LES CHEVEUX ET LES ONGLES

La peau a une surface de 1,8 m². Elle pèse 3 kg, soit un kilo de plus que le foie, considéré après le cœur comme un organe indispensable.

Elle est devenue pour les Américains le meilleur *marqueur* de l'âge et certaines compagnies d'assurances n'acceptent de signer un contrat qu'après un examen médical qui comprend, outre les résultats classiques de laboratoire, une photographie en couleurs et en gros plan de leur futur client, portant à la fois sur sa morphologie générale et sur le visage et le dos de la main, considérés comme les meilleurs témoins de la détérioration organique et du vieillissement dus à la ménopause ou à l'andropause.

Nous en sommes d'ailleurs parfaitement conscients et le regard que nous jetons sur nos interlocuteurs a coutume d'embrasser d'un coup d'œil rapide tous les secteurs de peau nue qu'ils offrent à notre jugement et nous permet généralement de les classer dans une fourchette d'âge précise.

La lutte que menaient les femmes et plus rarement les hommes pour masquer et remanier leurs traits était autrefois uniquement un « sacrifice » à la Beauté et au désir de plaire. Elle est devenue aujourd'hui, en plus, sous l'influence de la médecine traditionnelle chinoise, le moyen de prouver à l'entourage sa bonne santé, la peau étant, à juste titre, le témoin irremplaçable du fonctionnement harmonieux de nos organes.

La peau saine normale apparaît à l'œil nu comme un tissu brodé, lisse et uni. Son épaisseur varie suivant les régions : elle est particulièrement mince au niveau des paupières et au niveau de la face postérieure des oreilles alors qu'elle est épaisse à la plante des pieds et à la paume des mains où elle dépasse quatre mm.

Elle est parcourue par des sillons et des plis très nets au niveau des surfaces de flexion des articulations, comme les poignets, la paume des mains ou les plis du coude.

LES MULTIPLES FONCTIONS DE LA PEAU

On lui reconnaît de nombreuses fonctions.

— Elle est capable de nous défendre contre les agents infectieux et contient des agents immunisants encore imparfaitement connus... que le lavage intensif et répété lui retire !

— Elle offre une protection mécanique par sa résistance aux étirements, aux chocs et à la pénétration des différentes substances avec lesquelles elle peut entrer en contact.

— Elle intervient dans la régulation de la température interne par son adaptation aux conditions de froid ou de chaud auxquelles elle peut être soumise.

— Elle est un excellent agent d'information puisqu'elle contient de très nombreuses terminaisons nerveuses, spécialisées ou non.

— Elle a enfin le pouvoir, lorsque les agressions ne sont pas très violentes, de s'autogérer par la mise en place au-dessus de sa couche superficielle d'une solution nutritive et hydratante (le film hydro-lipidique), sécrétée en quantité réglable par des glandes sudoripares (ou glandes de la sueur) et des glandes sébacées annexées aux poils.

LA STRUCTURE DE LA PEAU

La peau est constituée de trois couches superposées dont la sénescence physiologique modifie de façon variable la structure et le fonctionnement aussi bien chez les hommes que chez les femmes.

La couche superficielle ou épiderme est formée de la superposition de plusieurs couches cellulaires dont l'aspect particulier résulte de la transformation progressive des cellules de la couche basale.

C'est elle qui contient, outre des cellules riches en mélanine (les mélanocytes), pigment responsable du bronzage, des cellules germinatives qui vont très rapidement se diviser, quitter leur emplacement charnière avec le derme sous-jacent et constituer une sorte de palissade étoilée, épaisse, nommée corps muqueux de Malpighi.

Les cellules plus jeunes repoussant les anciennes, celles-ci vont réagir en élaborant une substance qui rend la peau imperméable et prend la forme de petits grains bien visibles au microscope. Cette substance ou kératine est une protéine, c'est-à-dire une molécule complexe riche en soufre, en carbone, en oxygène, en hydrogène et en azote. À un stade ultérieur, on assiste à une déshydratation générale. Les cellules les plus superficielles vont s'aplatir et mourir avant de s'éliminer de façon inapparente, sauf dans les grandes fièvres éruptives comme la rougeole ou la scarlatine ou encore dans les bronzages mal surveillés où la peau pèle...

La particularité de cet épiderme est son absence d'autonomie. Pas un seul vaisseau sanguin ne le traverse, pas une seule cellule nerveuse n'y envoie de ramification. Il doit l'ensemble de sa vitalité au derme sous-jacent, tissu complexe qui confère à la peau sa tonicité et ses qualités plastiques.

C'est pourtant lui qui est responsable des phénomènes immunologiques. Les dermatologues, qui ont longuement étudié l'effet du soleil sur nos tissus, attachent une grande importance à une variété de cellules qui se « faufilent » entre les cellules germinatives pour y jouer un rôle de premier plan.

Il s'agit de la cellule de Langerhans, dont il faut absolument retenir le nom parce qu'elle est « la sentinelle périphérique du système immunitaire ». Elle a pour fonction d'absorber tout corps étranger posé au contact de la peau (on dit antigène), de le présenter ensuite à des lymphocytes T qui vont élaborer des anticorps étrangers, puis récupérer ces anticorps afin d'exacerber leur action pour finalement, grâce à eux, rejeter efficacement et régulièrement « l'ennemi ».

Il a été constaté, dans les tumeurs de la peau, que la proportion des cellules de Langerhans était toujours très inférieure au taux normal, livrant donc, avec des défenses très amoindries, l'organisme à toutes les agressions. La vitamine F et certains antioxydants semblent capables de bloquer la mort antinaturelle de ces cellules. Nous aurons l'occasion d'en reparler.

Le derme est formé d'une substance visqueuse — appelée substance fondamentale — dans laquelle s'entrecroisent des fibres d'élastine et de collagène fabriquées par des cellules spécialisées nommées fibrocytes. On y trouve également des vaisseaux, des cellules nerveuses spécialisées dans la transmission de la chaleur, du froid, du tact et de la douleur.

Il a de ce fait la mission d'assurer la nutrition de l'épiderme sus-jacent grâce à un réseau sanguin particulièrement riche dans sa partie superficielle. Il présente des élevures ou papilles remplies de pelotons artério-veineux qui plongent dans la basale de l'épiderme, en lui donnant un aspect contourné, découpé et festonné.

Un traitement esthétique dynamique doit à la fois régénérer l'épiderme, stimuler la couche germinative et activer la nutrition du derme et des glandes qui lui sont annexées.

L'hypoderme, situé sans démarcation nette au-dessous du derme, est un coussinet confortable et pneumatique créé par une nuée de cellules adipeuses (adipocytes), serrées dans un tissu conjonctif lâche. Ce sont elles qui profitent de nos erreurs alimentaires pour prendre du poids et engranger des réserves inutiles et bien difficiles à réutiliser.

L'hypoderme intervient largement dans le phénomène du vieillissement parce qu'il porte les troncs des gros vaisseaux nourriciers de la peau et que rien n'est possible si ces vaisseaux se rétrécissent, écrasés par les adipocytes en excès ou étouffés par des plaques calcaires d'athérome.

À la peau sont annexés les poils, les cheveux et les ongles dont l'aspect microscopique est bien particulier.

LE CHEVEU, CARACTÉRISTIQUES ET CROISSANCE

Le cheveu a un aspect variable suivant l'origine raciale. La race blanche dispose d'une palette de couleurs importante puisqu'elle va du blond au roux, du châtain au noir avant de passer au blanc pur à mesure que l'âge avance. Les cheveux des Asiatiques sont raides et noirs ; ceux des Africains sont bouclés et crépus.

On doit à l'activité des mélanocytes, responsables de l'élaboration d'un pigment appelé mélanine, ce camaïeu de couleurs auquel nos yeux sont habitués. La composition chimique de cette mélanine est variable avec la teinte rencontrée ; sa production diminue avec les années ; les petits grains de pigment qui remplissaient les cellules se raréfient et les cheveux blanchissent de façon inexorable, le processus étant cependant lié à notre constitution héréditaire.

Un cuir chevelu bien fourni comporte 150 000 cheveux. Habituellement, 100 cheveux tombent naturellement chaque jour et sont remplacés par des cheveux jeunes. Le renouvellement en est incessant et la vitesse de croissance est d'environ 0,4 mm par jour. La croissance est influencée par des caractères génétiques, familiaux et raciaux.

Interviennent également des facteurs alimentaires et nous savons tous qu'une mauvaise nutrition entraîne une finesse excessive, puis une chute de cheveux avec la perte du pigment des cheveux et des poils. Certains constituants des aliments sont d'ailleurs indispensables à leur croissance, comme le soufre, des acides aminés et des vitamines. Il ne faut pas oublier des hormones surtout masculines et féminines dont l'action complexe est controversée. Pour être complet, il faut encore tenir compte des saisons et de la force du soleil sous lequel on vit.

Le cheveu est graissé au cours de son ascension vers l'extérieur par un produit riche en lipides sécrété par les glandes sébacées, qui sont fortement influencées dans leur fonctionnement par les hormones mâles, présentes aussi bien chez l'homme que chez la femme.

Trois phases commandent la vie d'un cheveu.
— Une longue période de croissance d'environ cinq ans. Pendant tout ce temps, le cheveu s'allonge.
— Puis lui succédera une période de repos de deux mois pendant laquelle la racine du cheveu est inactive. Le cheveu ne pousse plus !
— Le cheveu meurt dans la dernière phase et est repoussé à l'extérieur par un petit cheveu qui l'a remplacé et que le bulbe pileux réveillé a constitué très rapidement.

Chaque follicule pileux, au cours d'une vie, donne ainsi naissance à une vingtaine de cheveux. La construction d'un cheveu dépend entièrement de l'épithélium et se passe de la façon suivante.

À certains endroits de la surface cutanée, l'épithélium s'enfonce profondément à l'intérieur du derme pour recouvrir une anse vasculaire dermique. Les cellules germinatives se mettent alors à se multiplier intensément et se remplissent progressivement de kératine qui les durcit au fur et à mesure qu'elles s'élèvent vers la surface en s'enroulant les unes sur les autres pour constituer la tige du cheveu.

La coupe de cette tige présente trois parties : la moelle qui contient de grosses cellules actives riches en lipides, à sa périphérie, une écorce constituée de cellules épithéliales remplies du pigment mélanique responsable de la couleur du cheveu et, en dehors, une cuticule dont les cellules sont cornées, en écailles imbriquées les unes sur les autres, à la manière des tuiles d'un toit.

Le cheveu devient alors une fibre solide puisqu'il peut supporter sans se rompre un poids de cent grammes ; il est également élastique, peut être déformé sous l'influence de la chaleur, frisé par frottement en se chargeant d'électricité statique et sait absorber toutes sortes de composés, qu'ils soient organiques comme le sébum ou hydrosolubles comme la plupart des colorants.

L'ONGLE, UNE PROTECTION

L'ongle est une annexe de la peau. Il protège la face dorsale de l'extrémité des doigts et des orteils. Sa croissance normale est de 0,1 mm par jour mais il pousse plus le jour que la nuit et l'été que l'hiver.

Comme pour la croissance des cheveux, il est indispensable d'apporter à l'organisme des acides aminés comme la cystine, de l'eau, des lipides, du fer. La vitamine A est indispensable comme la vitamine D et toute la série des vitamines B.

L'ongle protège le bout des doigts, permet la préhension d'objets fins, est un outil qui gratte, qui raye, qui déchire ou qui coupe. Il est enfin indispensable à la sensibilité de la pulpe du doigt.

LES TRANSFORMATIONS

La cinquantaine est pour l'homme et la femme une étape que la peau et les phanères n'apprécient pas. Les modifications sont sournoises, difficiles à percevoir et rarement combattues par une prévention efficace, faute d'information. Il est difficile d'ailleurs de faire la part du vieillissement dû à l'âge et à un état de sénescence accélérée provoquée par des facteurs extérieurs, le principal étant l'exposition prolongée et mal protégée au soleil. L'agent responsable est la déshydratation qui atteint de façon concomitante à la fois l'épithélium, le derme et les glandes sudoripares qui « oublient » de fonctionner !

Les conséquences en sont les suivantes :
— une perte de souplesse ;
— une modification de la surface de la peau qui devient rugueuse et sèche ;
— et une diminution générale de son épaisseur, permettant parfois de voir les vaisseaux par transparence, comme dans la couperose.

Parfois au contraire la peau s'épaissit, surtout dans les régions du corps exposées au soleil ; elle prend alors une couleur jaunâtre et les sillons sont accentués tant au niveau des joues que du front et de la nuque. On a alors la surprise de voir réapparaître comme chez les jeunes gens des kystes et des comédons sur une peau qui dessine des territoires quadrillés particulièrement nets au niveau de la nuque.

Un des autres signes marquants de l'âge est la survenue de taches pigmentaires qui coloniseront le visage et le dos des mains, par hyperproduction inhabituelle et non expliquée de cellules pigmentaires ou mélanocytes.

Les troubles du métabolisme cutané donnent encore naissance à des verrues, ou élevures brunâtres riches en kératine, liées, semble-t-il, à des anomalies de la jonction dermo-épidermique.

Le soleil est souvent mis en accusation en dermatologie et on le considère comme responsable de l'apparition de petites tumeurs cancéreuses ou précancéreuses dans les régions nues, c'est-à-dire exposées aux rayons ultraviolets. Les poils et les cheveux se décolorent, se raréfient et on constate aussi bien chez l'homme que chez la femme un arrêt de leur développement et un blocage de la sécrétion de sébum... nous l'avons déjà vu, par atrophie des bulbes pileux qui ne sont pas capables, faute de stimulation « vitale », de reprendre leur activité, après la phase physiologique de repos.

On assiste également à un ralentissement de la croissance des ongles. Une meilleure connaissance de ces faits permet de combattre cette inertie et de faire repartir des cycles de développement ; nous aurons l'occasion de le revoir ensemble dans la dernière partie de notre ouvrage.

Une étude microscopique et biochimique de la peau confirme les trois remaniements principaux dont on peut accuser le temps :
— un amincissement de l'épiderme dans ses couches moyennes avec augmentation de la desquamation des cellules superficielles (la durée moyenne de vie des cellules qui était de 100 jours dans l'enfance passe à 40 jours à 50 ans) ;
— l'altération du derme touche particulièrement les faisceaux de fibres collagènes et les fibres élastiques : leur solubilité, leur résistance à la rupture et leur pouvoir hydratant ne sont plus les mêmes ;
— la substance fondamentale dans laquelle baignent ces fibres souffre également et les molécules qui la constituent sont altérées. Alors que, dans les conditions normales, elle est une sorte de rivière que traversent facilement des cellules migrantes ou de grosses molécules de toute nature, elle devient, avec l'âge, un ruisseau boueux qui bloque la mobilité de tous les « passants » et crée, autour de ces îlots de substances emprisonnées, une amorce de tumeur bénigne ou maligne, suivant la qualité de la résistance que nous pouvons encore opposer.

Le tissu musculaire et le tissu adipeux participent à ce processus de dégradation et d'atrophie ainsi que les vaisseaux sanguins et lymphatiques.

Pour les pessimistes et pour ceux qui acceptent sans réagir l'action de la « nature », à 50 ans, les altérations des fonctions cutanées ont les conséquences suivantes :
— diminution de la rapidité de cicatrisation ;
— mauvaise réponse aux traumatismes ;
— suppression du rôle de barrière protectrice ;

— diminution de la perception des sensations tactiles, douloureuses ou thermiques ;
— réponse immunitaire diminuée ou supprimée, d'où l'apparition de réactions allergiques inattendues ;
— mauvaise adaptation aux variations de la chaleur interne ou extérieure ;
— anomalie de la production de vitamine D, localisée sous forme de provitamine dans le derme, d'où troubles permanents de l'ossification ;
— autoprotection modifiée face à la lumière solaire du fait de l'irrégularité de la production de mélanine.

RIDES ET RIDULES

C'est au niveau des rides et des ridules du visage que les phénomènes de vieillissement peuvent être le mieux suivis. Il existe des tableaux des modifications des rides en fonction de l'âge.

On distingue deux catégories de rides.

● Les rides d'expression qui sont :
— les petites rides de l'angle externe de l'œil (la patte d'oie) accentuées dans le rire et le sourire ;
— les rides horizontales du front accentuées dans l'expression du doute ;
— les rides verticales intersourcilières qui donnent un air sévère ;
— les rides jugales verticales ;
— les rides nasogéniennes qui relient l'angle du nez à l'angle de la bouche.

● Les autres rides dites d'affaissement modifient l'ovale du visage et fabriquent les bajoues, le double menton, les poches sous les yeux. Cette ptose du tissu graisseux accentue également les plis nasogéniens qui deviennent alors très profonds.

À 35 ans, on constate une accentuation des ridules du contour des yeux et de l'espace intersourcilier. On note également une légère atonie de l'ovale du visage et parfois le contour des lèvres présente déjà des ridules d'expression.

Entre 45 et 55 ans, les rides sont marquées autour du contour des lèvres et la texture de la peau est différente au niveau du cou. Les rides horizontales du front sont nettes et les sillons nasogéniens se creusent.

Après 55 ans, l'âge associe un relâchement cutané au niveau des joues et un épaississement général de la texture de la peau.

Les cosmétologues savent maintenant mesurer toutes ces anomalies et obtiennent par des techniques simples des renseignements sur l'élasticité cutanée, sur le relief de la peau, sur son hydratation et sur son comportement électrique.

Il est ainsi possible d'évaluer l'âge de la peau étudiée puis son évolution sous traitement externe et général, comme nous le verrons ultérieurement.

LES BOUFFÉES DE CHALEUR

Les bouffées de chaleur sont le symptôme principal de la période ménopausique. Il est certain que si elles n'existaient pas, la disparition des règles et du pouvoir fécondant aurait beaucoup moins d'importance et serait presque calmement acceptée par le public féminin.

En revanche, il est peu connu que les hommes en situation d'andropause ont pratiquement les mêmes symptômes, mais ne savent pas les interpréter ni se plaindre avec la même intensité que leurs compagnes. On les entendra parfois dire qu'ils ont chaud et on constatera avec surprise leur ostentation à vouloir des fenêtres ouvertes et à ne porter que des vêtements légers alors que leur entourage additionne gilets, pull-overs ou écharpes.

UNE EXPLICATION HORMONALE

Dans les deux cas, l'explication est simple : il y a une perturbation des réglages hormonaux et toute compensation interne d'une insuffisance persistante des glandes donne lieu à des réactions exagérées de certains centres qui débordent sur leurs voisins et les excitent de façon anormale. On verra donc participer aux efforts de l'hypophyse pour rétablir un équilibre qui lui échappe le centre de la faim, et il est classique de dire que la ménopause fait grossir. S'y ajoute le centre de la thermorégulation qui, dans ces conditions particulières, « oublie » de maintenir à leur température usuelle de fonctionnement les viscères et les tissus cutanés. Il existe également des centres vasomoteurs qui commandent la vasodilatation ou la vasoconstriction des vaisseaux. On notera encore les centres sécrétoires qui activent directement les glandes sudoripares sous-cutanées.

On s'est demandé si les animaux connaissaient des phénomènes analogues et des centaines de bêtes de toute taille et de toute forme ont été mises en cage sous surveillance vidéo avec des électrodes implantées dans leurs tissus, sans que les résultats soient probants : la ménopause n'existe pas chez les autres mammifères et la femelle reste féconde et ovule jusqu'à la fin de sa vie... Même en dehors de tout phénomène hormonal, il n'a jamais été constaté de tableaux comparables à ceux que les femmes de la cinquantaine nous décrivent et que nous pouvons d'ailleurs souvent constater nous-mêmes si nous savons avec discrétion les regarder à ce moment-là.

Une relation avec la structure de notre système nerveux

Le grand remue-ménage déclenché ainsi s'appuie sur une structure nerveuse complexe et bien hiérarchisée qu'il faut distinguer de notre système nerveux central, uniquement préoccupé par la commande des gestes qui nous mettent en relation avec autrui.

On distingue en effet en médecine, bien que l'origine embryonnaire soit la même, deux organisations nerveuses : la plus importante fait intervenir la volonté et nous permet d'utiliser nos muscles squelettiques et nos membres pour accomplir des tâches variées ; les centres de commande sont localisés dans le cortex, partie la plus précieuse de notre cerveau, où se projettent des aires de sensibilité, des aires de commande de mouvements et les centres de la parole, de la mémoire et de l'intelligence.

La seconde structure correspond au système neurovégétatif, uniquement préoccupé de donner à l'ensemble de nos organes et de nos tissus superficiels et profonds les ordres nécessaires pour établir et conserver un bon équilibrage des fonctions.

Toutes les connexions se font à bas bruit sans que notre conscience soit alertée, la responsabilité des ordres donnés étant dévolue à des noyaux de cellules nerveuses très hiérarchisés. Ils sont situés sur trois niveaux interdépendants et gardent des relations avec la région corticale du cerveau qui de temps en temps les renseigne sur ce qui se passe à l'extérieur.

Cette influence est d'ailleurs redoutée et peut, lorsque les informations sont trop violentes — on dit alors qu'il s'agit de stress —, perturber pendant une période plus ou moins longue toute la physiologie de notre organisme.

Le niveau le plus bas est très proche de l'organe ; il comporte de petites centrales nerveuses très obéissantes à qui il est juste demandé de transmettre des sensations vers les centres supérieurs et d'exécuter les ordres qu'elles reçoivent : on les verra suivant les circonstances faire contracter, faire relâcher ou faire sécréter les viscères auxquels elles sont attachées ou les glandes dont elles occupent le voisinage.

Les influx nerveux transitent par la moelle épinière et aboutissent à la partie haute du cou dans des concentrations nerveuses situées dans la protubérance et le bulbe rachidien où ils sont filtrés et orientés.

La base du cou est de ce fait une région importante de stockage et c'est de là que partent les commandes de régulation des mouvements du cœur, du rythme respiratoire ou de la sécrétion d'enzymes digestives qui avant d'atteindre leur objectif se relaieront dans des plexus (ou enchevêtrements) nerveux bien connus des anatomistes, des acupuncteurs et de la médecine traditionnelle indienne.

Ces plexus suivant leur niveau s'appellent plexus cardio-pulmonaire, plexus solaire, plexus hypogastrique... et chacun d'eux se projette sur la peau en un endroit très précis que les acupuncteurs peuvent piquer avec leurs aiguilles, dans le cadre d'une réflexothérapie intelligente, et que les Indiens et les spécialistes du yoga identifient à des chakras.

Notre cerveau comporte en son centre des cavités remplies d'un liquide proche par sa formule de la composition de l'eau de mer. Ces cavités appelées ventricules sont bordées, surtout à leur partie inférieure, de languettes de substance nerveuse où se concentre la direction du système végétatif avec ses différents départements.

On trouvera donc surtout, à la base du troisième ventricule médian, l'hypothalamus connu par tous ceux qui essaient de maigrir par l'homéopathie, parce qu'il contient le pondérostat, c'est-à-dire le centre de régulation de l'appétit. L'administration d'hypothalamus (extrait d'organe) à une certaine dilution a, chez les personnes sensibles, un effet direct sur la sensation de faim qui se trouve ainsi apaisée.

La concentration des centres de commande est considérable et l'hypothalamus gère aussi bien le fonctionnement des glandes endocrines du corps (ovaire, testicule, thyroïde, parathyroïde, corticosurrénale, pancréas...) que le tonus de tous les vaisseaux et de tous les organes sécrétoires. Il agit rarement seul mais s'appuie sur une petite glande voisine, que nous connaissons déjà, l'hypophyse, qui dans ce contexte est très souvent sollicitée.

Il y a une sorte de balancement entre les ordres donnés et, suivant les circonstances, il y aura une exagération ou un ralentissement de fonctionnement des organes cibles. On dit habituellement que ces organes subissent une influence sympathique ou parasympathique.

QUE SONT LES BOUFFÉES DE CHALEUR ?

La bouffée de chaleur qui correspond au dérèglement des centres sécrétoires commandés par le centre de la thermorégulation est une poussée non justifiée de flux sympathique, survenant sans horaire précis, quelles que soient les circonstances, avec cependant une fréquence plus grande en phase émotive.

Elle est indolore, ne dure jamais trop longtemps, a des préférences pour la tête et le cou et oblige l'ensemble du corps à participer à l'aventure. Chaque femme vit ce trouble de manière personnelle et raconte toujours de façon imagée ce qu'elle a senti bouger dans son corps à qui elle pardonne difficilement de lui échapper.

Son sens de l'esthétique et les soins qu'elle donne à son corps et à son visage sont constamment mis en défaut par ce petit cataclysme qui ne respecte rien et qui présente des tableaux cliniques fort différents. Savoir les distinguer n'est pas du temps perdu depuis que des gynécologues homéopathes s'efforcent d'intervenir dans le processus et adaptent aux troubles observés, avant d'utiliser les hormones, des produits homéopathiques à différentes dilutions.

À un stade minimal, la bouffée peut se réduire à une sensation de congestion cérébrale : à l'examen, la face et la tête sont chaudes à l'exclusion du reste du corps qui demeure froid, alors que les yeux sont injectés et que les pupilles sont largement ouvertes (mydriase), comme au décours d'une anesthésie générale. Le corps est endolori et semble couvert de contusions (docteur Lea de Mattos). On peut encore sentir battre les carotides sur les faces latérales du cou et la moindre secousse augmente un mal de tête (on dit céphalée en médecine) qui s'impose par ses élancements subits et violents.

La véritable bouffée de chaleur a une manifestation tout à fait différente : elle semble monter de l'intérieur et du bas du corps comme un gros fleuve chaud qui roule. La gêne est souvent importante et donne dans certains cas l'impression à la tête de vouloir éclater. Elle envahit la face et le sommet du crâne et, par diffusion, descend parfois jusqu'au bout des doigts. Le cœur est souvent accéléré et donne une impression de constriction qui fait craindre une crise d'angine de poitrine. Un vêtement serré autour du cou est insupportable et la recherche d'un courant d'air frais est de règle, qu'il y ait angoisse associée ou non.

À un degré plus avancé, la sensation de chaleur, qui s'accompagne pratiquement toujours d'une transpiration abondante chaude ou froide et surtout riche au niveau du visage et des aisselles, devient une sensation de brûlure diffuse avec une nette exaspération au niveau de la paume des mains et de la plante des pieds, dont le toucher est infiniment désagréable.

Les troubles annexes sont fréquents, puisque tout le système neurovégétatif est perturbé par cette aventure, et la patiente signalera une sensation de vide ou de creux à l'estomac, des vertiges à la station debout, une réelle fatigue qui peut aboutir à un évanouissement et aussi, plus accessoirement, une salivation exagérée dans la moitié des cas.

Signalons encore, mais il est évident que chaque femme n'éprouve pas l'ensemble de ces symptômes, ce qui lui permet dans la plupart des cas, de les cacher à son entourage, un tremblement intérieur comparable à celui d'une maladie de « vieux », la maladie de Parkinson, qui associe à un remue-ménage interne des tremblements visibles des mains surtout lorsqu'il est décidé de les utiliser pour un acte utile et précis.

LES TROUBLES DES RÈGLES

La période de la ménopause engendre des troubles des règles qui peuvent prendre divers aspects. La ménopause s'installe en effet rarement rapidement, sauf après une intervention chirurgicale qui enlève les ovaires ou après un grand stress chez une femme sensible, déjà sujette antérieurement à des perturbations hormonales.

Il existe donc des étapes qui ont chacune leur explication et leur spécificité et auxquelles il est possible de proposer à chaque fois un traitement de régulation avec des « outils » choisis dans la grande palette thérapeutique dont nous disposons, étant entendu que derrière les perturbations cycliques n'est retrouvée aucune lésion bénigne ou maligne, mais qu'il s'agit à chaque fois d'un simple dysfonctionnement.

Un certain nombre de mots techniques empruntés au jargon médical sont incontournables et nous interviendrons sur les « spanioménorrhées », les « oligoménorrhées », les « ménorragies », les « polyménorrhées », les « aménorrhées » ou les « métrorragies ».

Peut-être faut-il insister sur la chance de 30 % des femmes pour lesquelles les lois de la physiologie féminine s'appliquent de façon mécanique et mathématique. Leur premier jour des règles appelé J1 (J est mis pour jour) est le début d'un cycle qui comporte toutes les phases connues : ovulation à J14, nidation à J23 dans un utérus préparé correctement par les hormones, lorsque la fécondation s'est produite, comme cela a été constaté sous cœlioscopie, au tiers externe de la trompe, ou apparition des règles à J28, en absence de grossesse débutante.

Cette femme va donc pendant 40 à 45 ans (de la puberté à 11 ans en moyenne à la ménopause à 55 ans) vivre une aventure cyclique qui n'a pas son équivalent chez l'homme et qui lui permet à travers les péripéties de ses sensations de manifester un courage que peu d'hommes savent reconnaître.

LES DIFFÉRENTS TYPES D'EXAMEN

Le gynécologue dispose d'une gamme d'examens complémentaires qui lui permettent à chaque fois de comprendre les problèmes posés. Le plus banal est le frottis de dépistage exigé pour toute surveillance sérieuse en gynécologie.

On lui demande de nous fournir plusieurs renseignements.

— Tout d'abord nous prouver qu'il n'y a pas dans le prélèvement de cellules anormales qui nous obligeraient à des recherches plus approfondies pour éliminer un cancer débutant. L'emplacement de ce cancer peut être défini par la nature des cellules recueillies, puisqu'on examine des cellules que l'on retire par une sorte de coton tige du fond du vagin, du col de l'utérus dans sa partie externe et dans sa partie centrale interne et de l'intérieur de l'utérus pour les cellules de la muqueuse endométriale.

— La forme des cellules nous renseigne aussi sur la vitalité des tissus auxquels elles appartiennent.

La muqueuse du vagin est particulièrement sensible aux variations hormonales et un professeur suisse, pour bien connaître ses patientes, les obligeait à venir faire un prélèvement tous les trois jours sur deux ou trois cycles, pour déterminer si leur fonctionnement endocrinien était satisfaisant. Il avait prouvé que les cellules examinées se modifiaient au cours de ces 28 jours de sorte que, lorsque la région n'était pas perturbée par une infection, les œstrogènes et la progestérone dans leurs variations naturelles étaient détectées par une signature cellulaire.

Ce qui est vrai pour le cycle l'est encore plus pour les âges de la vie : lorsque nous avons étudié la peau, nous avons repéré qu'elle comportait trois couches, se succédant de la profondeur à la surface, appelées couche basale, couche intermédiaire et couche superficielle.

Plus les tissus sont jeunes et bien nourris, plus on trouve dans le frottis de cellules superficielles de couleur rose (on dit éosinophiles) en réaction aux colorants utilisés pour les mettre en évidence. Dans la majorité des cas, les noyaux de ces cellules sont atrophiés et apparaissent comme des traits épais et noirs : leur taux doit dépasser 25 % pour être considéré comme satisfaisant.

En périménopause, apparaissent des cellules de la couche intermédiaire et ce n'est que lorsque la ménopause est très ancienne que l'on recueille des cellules de la couche basale qui signent une atrophie profonde et une réduction « dramatique » de l'épaisseur de la muqueuse vaginale, particulièrement sensible alors à toutes les infections et à toutes les irritations.

Des renseignements identiques peuvent encore être fournis par la biopsie de l'endomètre qui consiste à prélever à divers moments d'un cycle, avec une sorte de sonde spéciale, des fragments de la muqueuse de l'utérus.

On connaît le développement régulier et les modifications que subissent les tissus génitaux. On cherchera donc, par l'examen microscopique des fragments recueillis, à vérifier si est atteint au cours du cycle le stade de dentelle utérine, futur nid de l'œuf, preuve de la bonne imprégnation hormonale des tissus étudiés. Cette biopsie peut bien entendu ramener des cellules anormales qui obligent à pousser les recherches plus avant.

Il ne faut pas oublier un examen simple que demandaient surtout nos prédécesseurs : la courbe thermique qui consiste à prendre chaque matin au réveil sa température rectale, à l'inscrire sur une feuille et à en suivre l'évolution sur un ou deux cycles. Dans les conditions normales, la température est au-dessous de 37° les 14 premiers jours du cycle, passe à 37,2° quelques heures après l'ovulation, persiste à ce chiffre pendant environ 14 jours et s'effondre en absence de grossesse au moment de l'apparition des règles. Toute perturbation doit donc être retenue et comparée pour être comprise aux autres troubles présentés.

Le médecin exigera également une échographie pelvienne, inspirée du principe du radar, qui lui permettra d'étudier à la fois la morphologie des organes internes et leur dimension, avec en supplément, si cet examen est répété au cours du cycle, la possibilité de voir grandir un follicule porteur d'un œuf qui subit au cours du temps des transformations bien précises. Cette méthode est d'emploi courant dans les services de stérilité où l'on déclenche artificiellement la maturation ovulaire pour pouvoir obtenir au moment opportun un certain nombre d'œufs que l'on recueillera par cœlioscopie pour les féconder artificiellement, avec le sperme du mari ou le sperme d'un donneur, à la demande du couple consultant.

Parfois l'échographie est insuffisante pour préciser la nature d'une lésion aperçue et un scanner s'impose, dont le principe est de découper radiologiquement en tranches très fines le petit bassin, ce qui permet sur des images presque anatomiques de comprendre tout ce qui s'y trouve.

Des dosages hormonaux dans le plasma de la patiente

complètent la série. Étudiant à la fois le taux des hormones sécrétées par l'hypophyse, les ovaires et les surrénales, ils traduiront un déséquilibre par des chiffres bien codifiés qui tiennent à la fois compte des manques, des excès relatifs de certaines hormones par rapport à d'autres ou encore d'une poussée d'hormones mâles qui expliquerait l'apparition de poils superflus, le changement d'humeur avec agressivité et même la modification de la voix qui devient plus grave et plus assourdie.

L'INSTALLATION DES DÉRÈGLEMENTS

Une grande plage de temps est donc consacrée par la femme de cinquante ans à lutter contre des alternances de règles insuffisantes, de règles trop prolongées ou de règles irrégulières, sans que sa volonté ou son hygiène de vie y puissent rien.

Entre 45 et 50 ans, elle aura la surprise de voir ses règles se rapprocher, et adopter un rythme de 21 jours et même moins. À cette gêne banale, s'ajouteront une série de troubles généraux inhabituels qui risquent de transformer considérablement sa personnalité.

Sa poitrine gonfle dès le dixième jour du cycle ; un examen attentif y décèle de petits nodules bien réguliers et sensibles qui prédominent à la partie externe et supérieure du sein : il s'agit, et les examens complémentaires le confirment, d'un engorgement des glandes mammaires ou mastose, qu'un traitement dépuratif bien conduit supprimera facilement.

Son poids augmente dans des proportions inattendues pour se réduire imparfaitement quand les règles sont terminées. Il est difficile de lutter avec des coupe-faim, des algues ou des leurres pour réduire les sécrétions digestives. L'appétit n'est en effet jamais modifié : tout est affaire de métabolisme interne ; les distributions de nutriments se font mal, des blocages apparaissent qui freinent les éliminations, de l'eau inutile s'accumule dans l'ensemble du tissu conjonctif de l'organisme et certaines femmes, se souvenant encore des publicités d'autrefois, viennent se plaindre de l'effet « bibendum » de leurs irrégularités menstruelles.

Il est inutile de dire que ces « tiraillements » internes ont des conséquences néfastes sur l'humeur de la femme qui, d'abord passive et résignée, se révèle capable de devenir, comme l'ont écrit certains psychologues, une louve agressive et insatisfaite, dont les revendications, si justifiées soient-elles, dépassent largement par leur ampleur l'intensité des symptômes présentés.

Souvent à cette occasion, pour augmenter les sensations de malaise général ressenties, apparaissent des varicosités d'abord sur le haut des cuisses puis sur la face interne des jambes, associées à des lourdeurs de jambes, et surtout à une sensation désastreuse d'enlaidissement progressif que la femme ne se pardonne pas et qui la conduit à faire la tournée des spécialistes de médecine ou de chirurgie esthétiques et à tester leurs talents controversés.

Le fait de connaître l'explication de ses troubles ne lui apporte aucun apaisement et l'excès de folliculine par rapport à la progestérone avec souvent une absence d'ovulation au moment opportun ne l'incite pas à l'apaisement et à la bonne volonté.

L'autre facette des soucis de la femme de 50 ans (les Américains, inspirés par Asimov, utilisent le terme de décade considéré comme moins péjoratif, donc de la femme qui atteint cinq décades) est l'espacement des règles qui n'arrivent spontanément que toutes les six semaines, avec une régularité controversée et une atténuation estimable des signes secondaires, un peu comme si les écoulements de sang s'excusaient de se faire un passage à travers l'utérus vers la région vulvaire.

Nous entrons le plus souvent alors dans l'ère des lamentations et de la fatigue permanente, avec somnolence, paresse digestive, disparition sévère de la libido, que ne viennent même pas compenser des souvenirs des périodes précédentes. Une sorte de voile couvre la mémoire des moments heureux et on assiste et on participe, si on se laisse gagner par cette ambiance négative, à un remue-ménage intellectuel qui met uniquement en avant les accidents de parcours malheureux. Les statistiques ont d'ailleurs montré que le deuxième pic des divorces se situe autour de ces moments.

Nous avons appris que les ovaires, ayant épuisé leurs ressources, ne fabriquent plus que des quantités minimes de folliculine et de progestérone, à peine suffisantes pour mal développer la muqueuse utérine.

Leur variation, n'obéissant à aucune commande précise, n'arrivera que difficilement à créer une hémorragie de privation suffisamment active pour donner des règles que l'on remarque. Nous sommes alors en période d'oligoménorrhée ou de spanioménorrhée associant un espacement vrai des règles à une diminution nette de leur quantité globale.

Les ménorragies par trouble hormonal (durée prolongée de l'écoulement menstruel) sont par contre très rares et correspondent presque toujours à des lésions bénignes ou plus sérieuses dont il faut faire la preuve.

Il en est de même pour les métrorragies, qui interviennent entre deux règles sans horaire ni raison précis et qui doivent être à chaque fois rapportées à une cause qu'il faut absolument s'efforcer de bien identifier.

Au début du XXe siècle, un médecin gagnait sa réputation parce qu'il avait un bon diagnostic. La maladie connue, il laissait à ses assistants le soin de choisir une thérapeutique dont il attendait rarement une guérison, voire une amélioration. Il était de coutume de dire qu'on laissait faire la nature et qu'il fallait accepter son verdict.

Les temps ont changé et la polyvalence des produits médicamenteux disponibles exige moins de rigueur de la part du praticien mais une meilleure écoute et une plus grande disponibilité à l'évolution des progrès : il en est ainsi pour les troubles des règles que le seul interrogatoire permet de situer dans leur devenir hormonal et pour lesquels existe à chaque fois une sanction thérapeutique qui les fait disparaître ou en retarde, dans les cas rebelles, la réapparition.

LES AFFECTIONS GYNÉCOLOGIQUES

L'attention du gynécologue est tellement orientée vers la surveillance de la ménopause et de ses incidents, que le dépistage des maladies graves en est facilité. Il n'existe pas de prédilection pour telle ou telle affection, mais les variations hormonales incohérentes et une particulière sensibilité aux stress rendent quelquefois plus dramatiques les circonstances de découverte et gênent une évolution favorable que les médecins auraient programmée.

Une consultation complète de gynécologue est donc orientée vers les deux pôles génitaux qui méritent une égale attention : le sein et l'ensemble des organes génitaux.

LES PATHOLOGIES DU SEIN

La région mammaire est considérée comme la plus fragile et la plus capable de se modifier en période de ménopause, les causes n'étant pas très claires et donnant lieu à des polémiques nombreuses.

Citons tout d'abord les hormones, dont l'usage mal réglementé peut déclencher un surcroît de divisions cellulaires et une multiplication anarchique de certaines zônes glandulaires qui progressivement vont occuper le terrain. On a aussi incriminé les traumatismes violents suivis d'hématomes, dont la résorption par l'activation de toutes les cellules incriminées peut être responsable d'anomalies. Le tabac, les alcools, la drogue sous toutes ses formes ne semblent en aucune façon influencer le système mammaire alors que tous les accidents de la vie psychique pèsent lourdement sur la région.

On a accusé également le mode alimentaire et il est presque prouvé qu'un milieu pauvre en zinc et en silicium facilite les dérapages, d'où l'intérêt dans la bataille pour une vie tranquille de supplémenter son alimentation et de prendre par cure certains des minéraux que les conditions particulières de préparation industrielle d'une partie de notre nourriture oublient.

Le réflexe médical est satisfaisant qui exige, à partir de 40 ans, que chaque femme soit complètement examinée au moins une fois par an par son gynécologue et que tous les deux ou trois ans soient pratiquées une mammographie et une échographie mammaire, à la recherche des signes spécifiques de cancer que sont des microcalcifications regroupées en bouquet ou en étoile dans telle ou telle partie du sein.

L'attention est rarement attirée par une douleur de sein qui amène une consultation d'urgence. Les seins douloureux, sauf à un stade avancé de la maladie, ne sont jamais cancéreux. Il s'agit plus souvent d'une petite boule découverte fortuitement par une femme à l'occasion d'une douche, boule dont l'existence était jusqu'alors ignorée et qui s'isole bien du tissu alentour.

Elle est le plus souvent située dans le quart externe et supérieur du sein et la palpation par un praticien averti apporte trois types de renseignements :
— une vérification qui permet de distinguer la petite masse signalée du reste du tissu mammaire avec ses limites assez nettes et une certaine dureté, parfois difficile à apprécier lorsque le sein est volumineux ;
— le diamètre de la masse, les cancérologues nous ayant

appris que le pronostic des tumeurs était bien meilleur si la tumeur était découverte à un stade précoce, avant qu'elle ait atteint 2 cm de diamètre ;
— et surtout sa mobilité, sa souplesse, son degré d'adhérence à la surface de la peau ou aux plans profonds.

Un palper mammaire se termine toujours par la recherche des ganglions lymphatiques qui peuvent être envahis en même temps que le sein. Ces ganglions se trouvent dans les aires régionales correspondantes : creux axillaire pour les cancers du sein de siège externe ; région parasternale pour les cancers internes ; creux sus-claviculaire dans les deux cas, et certains ganglions ne sont décelés que par des radiographies. Ils ont la forme de toutes petites olives, attachées les unes aux autres, roulant rarement sous le doigt mais donnant l'impression d'être enfermées dans une sorte de gangue un peu épaisse et peu mobile.

Une attitude de rigueur s'impose et fait appel à la radiologie dans un premier temps, sans négliger, en l'absence de certitude, la résonance magnétique qui est un perfectionnement du scanner, puis à l'examen direct des fragments retirés soit par une simple biopsie qui ramènera des parcelles de tissu à vérifier sous microscope, soit par une intervention qui offrira aux anatomopathologistes toute la tumeur avec son environnement ; on dira alors qu'il s'agit d'une mastectomie.

Un cancer du sein n'est presque plus jamais mortel et les centres spécialisés savent faire la part des traitements utiles, les médecines naturelles ne jouant dans cette partie qu'un rôle effacé de traitement de terrain, par application des règles qui découlent du bilan bioélectronique de terrain dont nous avons déjà parlé.

Il ne faut pas refuser le bilan complet parfois demandé qui recherchera dans le sang, outre les constantes habituelles et leur variation, des marqueurs dont certains sont assez précis pour signer la maladie et indiquer sa gravité et, par radiographie sur le reste du corps, la présence de métastases (ou fragments de tumeur) au niveau du foie, de la colonne vertébrale, des os longs ou du poumon.

LE DÉPISTAGE DU CANCER DU COL DE L'UTÉRUS

Au pôle opposé, le cancer le plus fréquemment rencontré est le cancer du col de l'utérus, dont le frottis de dépistage a réduit le danger puisqu'il permet de le détecter à un stade précoce et localisé.

L'utérus a la forme d'une poire renversée, insérée dans le vagin qui lui sert de fourreau. Le col de l'utérus est la partie inférieure de cette poire et est entièrement entouré par le haut du vagin qui dessine tout autour de lui des culs-de-sac souples et dépressibles.

Nous disposons de deux moyens pour bien le connaître cliniquement.

— Le toucher vaginal qui permet de le comparer à une sorte de bouchon rigide de 3 ou 4 centimètres de long, porteur d'un orifice en son milieu. On en apprécie la consistance, la situation par rapport à la cavité pelvienne et surtout la mobilité : il faut en effet impérativement que les deux doigts de l'examinateur puissent faire bouger ce col pratiquement dans toutes les directions sans ressentir un effet de traction latérale, sans déclencher de douleur et sans que le doigt ait l'impression qu'il existe un secteur latéral ou postérieur empâté.

— L'autre technique est l'examen au spéculum. Le spéculum est un système en plastique stérile, constitué de deux valves que l'on introduit, serrées l'une contre l'autre, à l'intérieur du vagin et que l'on ouvre largement ensuite pour apercevoir le fond du vagin dans lequel s'ouvre le col, dont on distingue bien l'orifice central, rond chez la femme qui n'a jamais accouché, horizontal et élargi chez les autres.

Autour de cet orifice, recouvert de la même muqueuse que l'intérieur de l'utérus, se trouve le col proprement dit dont le tissu de recouvrement est le même que celui du vagin, ressemblant alors à une muqueuse ou à la peau sans sa couche desquamante.

Pratiquement tous les cancers du col naissent à la jonction de l'exocol que nous venons de décrire et de l'endocol, dont l'orifice constitue la partie tout inférieure. Ils seront découverts parfois par hasard, à l'occasion d'un frottis de dépistage qui montrera des cellules suspectes. On donne un numéro à la qualité des cellules recueillies lors du frottis : la classe 1 est la meilleure, les cellules sont propres, nettes et rigoureusement normales.

La classe 2 ne comporte aucune cellule suspecte mais on note la présence de germes de natures diverses qui salissent la lame de verre sur laquelle on a étalé le frottis. Il faut donc déterminer le germe responsable et le traiter convenablement.

La classe 3 est suspecte : certaines cellules sont nettement différentes des autres, elles portent des noyaux monstrueux, leur cytoplasme est mal coloré ; elles sont regroupées en amas.

Décider qu'il s'agit d'un cancer est une lourde responsabilité et il est de coutume, devant une classe 3, d'instituer un traitement anti-infectieux énergique d'une quinzaine de jours et de refaire le frottis, avec l'espoir qu'une infection peut-être ancienne et très riche en germes a pu détériorer les couches des cellules qui ont été recueillies.

Le résultat est souvent à la hauteur de l'espoir qui l'a suscité et le frottis revient souvent classe 2 ou classe 1, une surveillance étant cependant nécessaire et obligeant la patiente à refaire au moins trois frottis dans l'année qui suit l'irruption de ce problème dans sa vie.

Le frottis classe 4 et le frottis classe 5 sont très mauvais et apportent la certitude de la maladie cancéreuse. Il faut alors retourner voir le col et choisir, après l'avoir coloré d'une certaine façon et l'avoir observé avec une sorte de loupe appelée colposcope, la région qui semble suspecte et dont on prélèvera un fragment pour analyse détaillée.

La découverte d'un cancer du col déclenche des investigations supplémentaires, surtout pour faire le point sur sa localisation, son extension et l'infection associée. La précocité du diagnostic est là aussi indispensable et il est d'une importance essentielle qu'il n'ait pas eu le temps de franchir la barrière constituée par la couche basale de l'épiderme.

Dans la majorité des cas, lorsque le frottis n'est pas pratiqué de façon régulière, le cancer du col se révélera par de petites hémorragies qui surviennent à l'occasion d'un rapport sexuel, au cours d'une toilette profonde ou spontanément en dehors des règles, accompagnées souvent d'un excès de sécrétions en relation avec une infection associée.

Ces métrorragies (nom donné à des saignements qui surviennent entre les règles) sont toujours suspectes et doivent insuffler au gynécologue la crainte de laisser une lésion méconnue. Il doit étayer ses présomptions avec des examens complémentaires, et éventuellement faire revenir rapidement sa patiente après un traitement test anti-infectieux, anti-inflammatoire et circulatoire.

Même si ce traitement ne peut rien contre le cancer lui-même, on sait qu'il présente l'avantage de supprimer toutes les réactions annexes et d'isoler le cancer qui pourra alors être mieux pris en charge par une chirurgie conservatrice et le risque de complications per et postopératoires sera d'autant réduit.

Il est évident, et nous avons eu plusieurs fois l'occasion de l'écrire, que le traitement hormonal de la ménopause est formellement contre-indiqué, quelle que soit l'hormone choisie, l'expérience ayant démontré la fréquence des poussées évolutives sous ces traitements.

Une autre localisation cancéreuse, plus rare avant 50 ans, est le cancer de l'endomètre, c'est-à-dire le cancer ayant pour point de départ la muqueuse de l'utérus, dont on a accusé les œstrogènes seuls d'être responsables.

Il est également découvert par l'apparition inhabituelle de saignements en dehors des règles souvent associés à des douleurs du petit bassin que la femme localise difficilement, les confondant parfois avec des signes de cystite ou des spasmes abdominaux rapportés à une colopathie ou à une colite ancienne et durable.

Le geste du praticien est à chaque fois le même : il s'efforce de confirmer ses intuitions par un examen clinique bien fait, il procède aux prélèvements indispensables, recherche la souplesse et la mobilité des organes génitaux internes et fait pratiquer en dernier ressort une hystérographie ou radio de l'utérus obtenue par injection à partir du col d'une substance opaque aux rayons X, qui de ce fait moulera bien l'intérieur de l'utérus et mettra en évidence des irrégularités et des aspects déchiquetés de la paroi, bien caractéristiques de la lésion.

Un examen plus récent, qui nécessite une anesthésie générale, est l'hystéroscopie qui consiste à enfoncer, dans des conditions techniques bien précises, un tube lumineux à l'intérieur de l'utérus et à regarder en tous sens, de façon rapprochée, la muqueuse suspecte. Cet appareil permet en outre de recueillir des fragments multiples que l'on soumettra à l'analyse, après les avoir numérotés pour bien repérer les emplacements d'où ils ont été retirés.

Les Américains, qui ont pendant longtemps soigné les bouffées de chaleur et les autres troubles de la ménopause avec seulement des œstrogènes, sans aucun médicament de compensation, détiennent le record mondial des cancers de l'endomètre, étonnés d'avoir dû apprendre chez les Européens qu'une complémentation hormonale avec de la progestérone était indispensable pour éviter toute anarchie réactionnelle.

LES PATHOLOGIES DE L'OVAIRE

Les kystes de l'ovaire n'ont pas d'histoire particulière au cours de la cinquantaine. Leur découverte est le fait du hasard et signe leur présence ancienne. La structure et la taille de certains d'entre eux (ils peuvent être séreux, muqueux ou dermoïdes et dépasser le diamètre de 5 cm à deux examens successifs, taille à partir de laquelle on est tenu d'intervenir) méritent une intervention chirurgicale d'ablation ou de contrôle, les décisions étant facilitées par la pratique de plus en plus répandue de la cœlioscopie qui consiste à faire pénétrer dans la cavité abdominale un long tube lumineux et aussi des instruments chirurgicaux de toute nature qui permettent des résections, des exérèses, ou des plasties locales parfaitement licites et bien supportées. La durée d'hospitalisation est considérablement raccourcie et les convalescences n'engendrent ni fatigue anormale ni découragement.

Les ovaires payent pourtant un certain tribut au cancer mais un peu plus tard dans la vie de la femme. Le cancer de l'ovaire apparaît plus volontiers vers l'âge de 60 ans que vers 50. Il est difficile d'y penser parce que peu de signes attirent l'attention ; l'ovaire n'étant pas relié directement au vagin, il ne se manifestera pas, lorsqu'il est malade, par des hémorragies. Comme d'autre part la cavité abdominale est large et relativement libre, on ne s'apercevra que tardivement de la présence d'une grosse tumeur à l'intérieur du ventre, d'autant plus que, pendant des mois, l'augmentation progressive de volume ne se fait qu'à bas bruit sans qu'il y ait de symptômes disponibles sinon indirects traduisant la compression du gros intestin en arrière ou de la vessie en avant.

Encore heureux si le cancer de l'ovaire est un cancer hormonal et sécrète des hormones à sa façon : le tableau clinique en est profondément modifié et la surprise de voir réapparaître des règles, cinq à six ans après leur arrêt complet, et sans qu'aucun traitement ait été proposé, est — contrairement à la joie de certaines femmes, de compter à nouveau sur une sorte de revitalisation naturelle — tout à fait suspecte et signe presque à coup sûr ce diagnostic d'autant plus redoutable qu'on en guérit très mal, avec de grosses séquelles.

LES FIBROMES

La ménopause est aussi la période des poussées fibromateuses et des grandes anémies. Le dictionnaire du *Grand Robert* définit le fibrome comme une tumeur bénigne bien limitée par une capsule et formée à partir du tissu musculaire lisse de l'utérus et de son tissu conjonctif dans sa partie fibrillaire faite de fibres collagènes et élastiques. Un fibrome ne deviendra jamais cancéreux mais il peut cependant être responsable de bien des soucis par sa taille, son siège et les accès congestifs qui le modifient et qui perturbent les tissus alentour.

La recherche de la cause est rarement couronnée de succès. On retient le facteur racial, sans raison apparente, bien que le fibrome soit particulièrement présent dès 35 ans chez la femme noire. Le terrain hormonal est bien entendu accusé, depuis les expériences d'un très grand chercheur parisien qui a réussi, chez les rates et les souris, à provoquer des tumeurs rigoureusement identiques aux fibromes, en leur injectant sous la peau et dans l'abdomen des doses bien précises de substances œstrogènes. On admet donc qu'une surcharge d'œstrogènes provoque un remaniement tissulaire susceptible de donner à un utérus « l'envie » de constituer la tumeur.

Hors du terrain hormonal, est aussi décrite une typologie de la femme le plus souvent atteinte. Il s'agira d'une femme obèse, légèrement hypertendue, souvent porteuse d'un petit goitre et d'une poitrine lourde et sensible, et d'humeur plutôt dépressive.

Les échographies, dont l'usage s'est multiplié à toutes les phases de la vie génitale de la femme et de l'homme, réussissent à détecter les fibromes dès leur apparition, sous forme de nodules que l'on verra grandir progressivement au cours du temps, en l'absence de traitement.

Ces fibromes sont le lot de près de six femmes sur dix dès que la quarantaine est passée. Certains de ces fibromes resteront silencieux parce qu'ils sont situés à la partie externe de l'utérus et qu'ils n'entraînent aucun trouble.

Certains d'entre eux se manifestent par des douleurs pelviennes intenses, surtout à l'approche des règles qui sont responsables physiologiquement de leur congestion active qui peut les faire doubler de volume en très peu de temps. Les douleurs sont parfois remplacées par des ménorragies qui correspondent à des règles longues et prolongées, souvent accompagnées de caillots. On note plus rarement des pertes liquidiennes ou hydrorrhées, comme si toutes les glandes de l'utérus, par irritation de voisinage, subissaient une mutation et adoptaient le comportement des glandes sudoripares de la peau, en fonctionnement accéléré.

Il s'ensuit une forte déperdition d'oligo-éléments comme le

potassium, le chlore, le sodium, le cuivre ou le zinc et l'organisme perd sa vitalité, son dynamisme et sa créativité. Les femmes porteuses de fibrome sont souvent anormalement fatiguées, récupèrent difficilement leur tonus, surtout si elles ne sont pas prises en charge avec suffisamment de sérieux.

À l'examen clinique, comportant toucher vaginal et palper abdominal combinés, l'utérus apparaît irrégulier, dur et comme boursouflé par des nouures ou noyaux qui le parsèment et l'alourdissent.

La sanction thérapeutique était autrefois univoque : un fibrome devait être enlevé chirurgicalement et certains chirurgiens enlevaient également l'utérus pour éviter des récidives, même quand cela n'était pas nécessaire. Des milliers de femmes vivent ainsi avec la « totale » qui les a mises en ménopause précoce, devançant ainsi de dix ans et plus un retour d'âge naturel. Les solutions modernes ont beaucoup modifié ces avenirs trop sombres.

LA PROSTATE

Les hommes n'ont pas de chance avec leur prostate : elle semble avoir été inventée pour leur apporter des soucis quel que soit le moment de leur vie où cet organe est sollicité.

S'ils sont jeunes et qu'ils ne soignent pas avec une assiduité suffisante les petites infections que leurs rencontres sexuelles peuvent leur faire attraper, ils feront une prostatite et, malgré les progrès de l'antibiothérapie et des vaccins disponibles, ils garderont une pesanteur du petit bassin qui diminuera forcément leurs capacités sexuelles, sans oublier des douleurs sourdes en urinant qui feront d'eux des consommateurs obligés de médicaments sur de très longues périodes.

S'ils ont réussi à échapper à l'infection qui dans cette région-là passe presque automatiquement à la chronicité, la prostate attendra son heure et dès 50 ans, sous prétexte d'une baisse modérée des hormones sexuelles, se mettra à grossir et à écraser avec plus ou moins de sadisme les régions où elle se trouve jusqu'à ce que des urologues la retirent, créant alors des problèmes sexuels étendus qui terniront les désirs pourtant toujours présents de l'homme mûr.

Beaucoup d'inconvénients pour peu d'avantages

Cet organe pourtant ne pèse que vingt grammes, ressemble à une petite châtaigne allongée, pointe en bas, et mesure deux centimètres de haut, trois centimètres de large et un centimètre et demi d'avant en arrière.

La prostate ne compense pratiquement par aucun avantage les inconvénients dont elle est responsable. Il s'agit d'une masse fibreuse et musculaire, à l'intérieur de laquelle se sont développées des glandes en forme de grappes de raisin qui sécrètent un liquide visqueux, épais, à peine riche en sucre et en oligo-éléments. Ce liquide peut se mélanger aux urines parce que de petits orifices d'écoulement s'ouvrent dans l'urètre et le laissent passer de façon continue ; le liquide peut aussi se mélanger au sperme au moment où il sort par les canaux éjaculateurs et contribuer à épaissir un peu la masse légèrement gélatineuse qui sera projetée au moment de l'éjaculation.

Des chercheurs ont voulu donner au liquide prostatique des lettres de noblesse en affirmant qu'il diminuait la résistance de la glaire cervicale à la présence de corps étrangers, permettant ainsi aux spermatozoïdes d'être mieux tolérés. Ils ont ajouté que l'acidité dont il était porteur donnait aux spermatozoïdes qui ne l'aimaient pas une stimulation et un réflexe de fuite qui allaient faciliter leur progression et leur course vers l'ovule à travers tous les obstacles de la sphère génitale. On leur prête encore la propriété de diluer les spermatozoïdes et de rendre plus fluide le milieu dans lequel ils baignent : il s'agit d'une erreur maintenant corrigée, les responsables de la bonne qualité du sperme étant les vésicules séminales, tout à fait indépendantes de la prostate à la fois par leur situation et par leur développement.

Une structure complexe pour un organe de petite taille

Même si elle est petite, la prostate a une conformation complexe qu'il faut connaître pour bien comprendre les ennuis que nous lui devons. Elle est située à la base de la vessie et entoure l'urètre qui est le conduit par lequel sort l'urine dès que la vessie est pleine et que la pression intravésicale dépasse un certain taux : il faut habituellement 300 ml d'urine dans la vessie pour que l'envie d'uriner devienne consciente. Certains individus ne réagissent que lorsque la vessie est beaucoup plus remplie, surtout les femmes qui ont une tolérance bien plus grande que les hommes.

Au début de l'urètre, à la partie inférieure de la vessie, se trouve le col de la vessie, entouré par une organisation musculaire circulaire qui est appelée le sphincter lisse de la vessie. Cet urètre est donc, à sa naissance, entouré par la prostate sur trois centimètres.

Il pénètre ensuite dans une région remplie de tissu conjonctif, de cloisons et de muscles, appelée région périnéale : il est alors appelé urètre membraneux et sa longueur dans ce secteur ne dépasse pas deux centimètres.

Dans un troisième temps, l'urètre poursuit sa route dans un tissu spongieux, érectile qui l'emprisonne complètement sur plus de douze centimètres. Cet urètre spongieux aboutira au méat urinaire par lequel l'urine s'écoule à l'extérieur, ainsi que le sperme au moment de l'éjaculation.

L'urètre vésical présente au cours de son trajet des dilatations : la plus importante siège juste derrière le méat urinaire et s'appelle fossette naviculaire, la plus spectaculaire siège à la partie moyenne de la prostate qui encercle l'urètre et le modèle d'une façon particulière.

En arrière, on voit une crête verticale — appelée *veru montanum* — qui se divise à sa partie supérieure en deux petites bosselures appelées freins du veru et qui se prolonge à sa partie inférieure par une bosselure qui s'atténue progressivement.

Ce *veru montanum* est percé de trois orifices. L'orifice médian est appelé utricule et est l'aboutissement d'une sorte de sac qui ressemble à un utérus féminin, riche en glandes, capable de constituer, en augmentant de volume, une sorte de lobe médian indépendant, et repoussant d'une part les autres parties de la prostate sur les côtés, d'autre part le veru montanum en avant dans l'urètre, rétrécissant ainsi et déformant le conduit. En dehors de cet orifice médian, s'ouvrent latéralement, à droite comme à gauche, deux orifices qui sont l'aboutissement des canaux éjaculateurs qui enverront le sperme dans l'urètre au moment de l'éjaculation pour qu'il soit exporté.

Le canal éjaculateur est le confluent de deux conduits qui auront au préalable longé la face postérieure de la vessie. Nous connaissons déjà le premier, appelé canal déférent, qui amène les spermatozoïdes du testicule par un trajet assez long qui passe par les bourses puis le creux inguinal pour pénétrer finalement à l'intérieur du petit bassin et cheminer derrière la vessie vers la ligne médiane : on notera que ce canal se dilate à son extrémité juste avant de se joindre aux vésicules séminales, en une large cavité appelée l'ampoule du déférent.

La vésicule séminale peut être comparée à nos glandes salivaires : elle mesure cinq à six centimètres, présente un trajet sinueux et est tapissée de glandes qui fabriquent le liquide dans lequel baigneront les spermatozoïdes et où ils trouvent tous les éléments nécessaires à la conservation de leur vitalité, ce que le liquide prostatique ne sait absolument pas faire.

La vésicule séminale et l'ampoule du déférent se rencontrent à la base de la prostate juste au-dessous de la vessie et vont constituer en se réunissant, comme nous l'avons dit, le canal éjaculateur qui va cheminer entre les glandes prostatiques en séparant de façon objective le côté droit du côté gauche.

La prostate présente donc trois lobes : un lobe médian constitué dans sa plus grande partie de l'utricule et de ses glandes et deux lobes latéraux qu'il est même possible de sentir lorsque l'on fait un toucher rectal à un homme dont la prostate est quelque peu dilatée.

LES EXAMENS DE LA PROSTATE

Il faut savoir que les urologues recommandent à tout homme au-delà de 50 ans de se faire examiner, même s'il ne présente aucun trouble, et l'examen essentiel est le toucher rectal qui permet de sentir en avant, à trois ou quatre centimètres de l'orifice anal, une masse ferme et régulière, bilobée, à la base de la vessie.

Lorsque la prostate est malade, sa consistance change de nature et on pourra soit apprécier simplement une augmentation de volume global ou portant sur un lobe seulement (on pensera alors à un adénome de la prostate), le tout formant une masse qui fait saillie dans la cavité intestinale et garde une consistance ferme, élastique, lisse et régulière, non douloureuse, soit trouver un nodule dur, plus ou moins irrégulier qui traduirait la présence d'un cancer dont la surveillance et l'évolution ont été considérablement modifiées depuis les progrès récents.

Avant la découverte de l'échographie, le médecin ne disposait que de ses mains pour faire un diagnostic et la mise en évidence d'une prostate malade était un événement tardif qui ne permettait pas toujours de bloquer le processus évolutif, qu'il s'agisse d'une pathologie bénigne ou d'une pathologie sérieuse.

L'échographie soit abdominale soit intrarectale avec une petite sonde adaptée permet de voir directement la prostate dans sa morphologie, dans sa taille et dans son environnement. Le scanner vient bien entendu confirmer et préciser des anomalies rencontrées et même des tests biologiques renforcent l'opinion du médecin, en cas d'hésitation, le principal étant le PSA, marqueur spécifique, qui augmente lorsque les glandes prostatiques sont en hyperactivité, surtout lorsque des cellules sont cancéreuses (le taux normal ne doit jamais dépasser 25 unités).

LA PRISE D'HORMONES

Il a été démontré que l'adénome de la prostate qui se développait pratiquement chez plus de la moitié des hommes à partir de 55 ans est en relation directe avec une baisse du taux d'hormones mâles dans la circulation générale.

Des médecins, surtout américains, ont pris l'habitude de donner régulièrement à petite dose des hormones mâles aux hommes, avec l'espoir de stopper cette maladie. Les Européens sont plus réticents parce qu'existe le cancer de la prostate qui est freiné par des hormones féminines et donc stimulé par les hormones mâles. Il faut donc agir avec la plus grande prudence chez l'homme dès que la prostate a augmenté de volume et commence à provoquer des signes d'appel. La certitude de l'absence d'un cancer n'est jamais acquise et une intervention dans cette région est suffisamment délicate pour qu'on n'en accélère pas volontairement le moment.

LES PROBLÈMES D'ÉJACULATION

L'attention sera attirée vers la prostate dans plusieurs circonstances. La plus fréquente au début est la modification de la qualité de l'éjaculation. Chez un jeune homme, l'éjaculation projette le sperme brutalement à 4 ou 5 cm du méat urinaire pendant que la verge diminue de volume sur une trentaine de secondes. Chez l'homme de 50 ans et plus, lorsque la prostate pose un problème, l'érection reste bien entendu possible, et l'ensemble des sensations suit le cycle décrit par Masters et Johnson.

La grande différence réside dans la nature de l'éjaculation qui est lente, baveuse, peu dynamique, parfois douloureuse et s'accompagne d'une sensation d'incomplétude que rien ne peut remplacer. On l'explique par une mauvaise contractilité de la prostate elle-même, dont il ne faut pas oublier qu'elle est riche en fibres musculaires périglandulaires, et aussi par le rétrécissement des canaux éjaculateurs et de leur orifice comprimé par l'adénome.

L'ENVIE FRÉQUENTE D'URINER

La deuxième catégorie de signes est expliquée par l'irritation vésicale. La vessie est amenée à lutter contre le rétrécissement de son col et donne ainsi des envies fréquentes d'uriner associées à une pesanteur pelvienne qui oblige l'individu qui en souffre à fuir les réunions, les spectacles et les cérémonies, son premier réflexe étant à chaque fois de repérer avant d'aller s'asseoir les toilettes et la distance à parcourir pour y parvenir.

Cette envie fréquente d'uriner, qui l'obligera souvent à se réveiller trois ou quatre fois la nuit pour un petit besoin, peut également être expliquée par une infection urinaire due à une rétention vésicale et aux facilités ainsi offertes aux germes par de l'urine stagnante. Plus directement reliées à la prostate sont la qualité du jet urinaire et la quantité émise par unité de temps.

Nous avons tous en mémoire des grands-parents obligés parfois de s'asseoir pour uriner convenablement, la position assise facilitant la pression des muscles abdominaux sur la vessie et permettant de forcer l'obstacle que représente le rétrécissement de l'urètre prostatique.

La courbure du jet urinaire a son importance dans notre diagnostic et combien sont à plaindre les hommes dont le jet s'incline très rapidement pour devenir vertical, tout en étant presque filiforme, et dont l'émission urinaire dure des minutes entières qu'ils pourraient consacrer à tout autre chose. Même parfois, alors que leur besoin est pressant, la mise en route de la miction demande du temps et l'angoisse qui la précède est difficile à prendre en charge. Tout excès de boisson ou excès alimentaire, de même que la constipation ou le froid rendront d'autant plus désagréable le rapport de l'homme avec sa vessie.

Un adulte normal doit uriner 20 ml par seconde et la quantité totale d'urine émise pendant une miction doit avoisiner 300 ml. Tout chiffre différent doit conduire à un examen pour vérifier l'intégrité de l'arbre urinaire.

LA RÉTENTION D'URINE

Quelquefois, les premiers symptômes sont graves d'emblée et on consultera pour une incapacité absolue d'uriner : c'est la rétention d'urine qui exige une attitude d'urgence pour évacuer la vessie. Parfois, le simple sondage ne suffit pas et la ponction transabdominale s'avère nécessaire.

Dans d'autres circonstances, outre des brûlures en urinant, on notera des urines sanglantes (ou hématuries) toujours suspectes d'une affection grave qui pourrait cependant se limiter à des calculs rénaux ou urinaires ou à des polypes intravésicaux dont la preuve sera apportée par une urographie intraveineuse, examen radiologique dangereux, à cause de l'iode des produits que l'on injecte, ou, lorsqu'on soupçonne simplement la partie basse de l'appareil urinaire, par une cystoscopie qui consiste, sous anesthésie générale, à aller voir directement ce qui se passe sur l'urètre et dans la vessie.

Rappelons qu'il ne suffit pas de savoir que la prostate présente un adénome (ou hypertrophie des glandes prostatiques ressemblant beaucoup à l'adénome des seins féminins, pourtant rapporté à une tout autre cause) pour organiser un traitement. Un bilan complet s'impose, appréciant le retentissement sur les reins, sur l'état général, sur l'état psychologique et aussi sur les différents organes, surtout s'il y a doute quant à la nature de la maladie prostatique et qu'il faut chercher la présence d'éventuelles métastases.

Rien en médecine n'étant simple, on aura parfois la surprise d'avoir de tout petits troubles alors que la prostate est volumineuse et encombre par sa présence l'ampoule rectale, et des troubles majeurs avec une toute petite prostate parce que l'adénome dans la gêne éprouvée a été remplacé par une sclérose progressive de la paroi de l'urètre prostatique, cette sclérose ayant la même origine que celle qui peut atteindre nos artères ou notre visage quand nous voyons, avec le temps, les rides le creuser.

Toute la vie sexuelle de l'homme dépend du bon état morphologique et fonctionnel de sa prostate. C'est dire les efforts, non encore entièrement récompensés, des chercheurs scientifiques et médicaux, pour apporter dans les temps à venir les mêmes avantages que ceux que les femmes en ménopause ont su retirer des expériences et des produits fabriqués pour elles. Peut-être, en ce domaine, faut-il reprocher à l'homme de ne pas se plaindre assez et de ne pas savoir, par pudeur, attirer suffisamment l'attention des praticiens sur ses problèmes et sur sa volonté de ne pas laisser faire la nature et le temps.

LES TROUBLES DE LA SEXUALITÉ CHEZ L'HOMME

La sexualité préoccupe aussi bien le monde médical que l'individu lui-même et la plupart des praticiens sont harcelés de questions et passent une partie de leur temps à expliquer à leurs clients les normes communément admises et les exemples qu'il faut prendre si on tient absolument à être aussi « performant » que les autres.

Les Américains ont pris une très grande avance en ce domaine et les statistiques proposées servent depuis de nombreuses années de référence à l'ensemble des « andrologues » spécialisés dans les « faiblesses » masculines.

Les chiffres les plus couramment cités sont les suivants. Entre 25 et 30 ans, le nombre de relations sexuelles par semaine est de 3 pour les hommes mariés alors qu'il piétine autour de 3 par quinzaine chez les célibataires. Les périodes les plus actives se situent pour l'homme marié entre 20 et 25 ans (où est atteint le chiffre de 4 relations et plus par semaine), alors que le célibataire, même à 35 ans, n'est encore que moitié moins actif.

À partir de 50 ans, quels que soient le niveau d'instruction, la profession ou la situation financière, les chiffres s'abaissent et dépasseront à peine 3 relations par quinzaine pour l'homme marié contre une ou deux relations maximum pour le veuf ou le célibataire (ces deux derniers sont classés par les chercheurs sur le même plan).

La crainte des maladies vénériennes a considérablement modifié les conditions et l'attirance vers les relations sexuelles et la plupart de ces chiffres, surtout pour les personnes isolées, doivent être révisés à la baisse, en attendant la mise au point de thérapeutiques préventives ou efficaces.

La discussion relative à la fréquence ne doit pas masquer la qualité de l'acte sexuel, étudiée par Masters et Johnson, qui se trouve complètement modifiée par le vieillissement.

Il est bien entendu que tous les hommes ne se trouvent pas également touchés et que sortent du lot tous ceux qui ont réussi au cours de leur vie à observer une certaine régularité dans leurs ébats et un intérêt non démenti pour la joute sexuelle et le romantisme affectif.

Un rappel anatomique est indispensable et permet de bien comprendre les différences apparues. Nous avons déjà proposé une description microscopique des organes génitaux mâles lorsque nous avons ensemble étudié la spermatogénèse.

LES ORGANES EN JEU PENDANT L'ACTE SEXUEL

L'acte sexuel mobilise dans sa totalité :
— le testicule, à l'intérieur duquel sont fabriqués les spermatozoïdes ;
— l'épididyme qui est une sorte de réservoir qui gardera pendant quelque temps les spermatozoïdes avant de les laisser transiter dans le canal qui lui fait suite, le canal déférent, qui les amènera aux abords de la partie basse de la vessie, un peu après la naissance de l'urètre dans lequel il les déversera au moment de l'éjaculation.

En fait les spermatozoïdes laissés à eux-mêmes n'ont aucun pouvoir ; il est prévu que la prostate, grosse masse musculaire, glandulaire et fibreuse, en forme de poire renversée, qui entoure ce carrefour de rencontre, et la vésicule séminale, petite glande indépendante annexée à la terminaison du canal déférent, fabriqueront ensemble un liquide dont la formule est très proche du sérum concentré, qui permettra aux spermatozoïdes de découvrir le mouvement et de commencer à s'agiter.

Il leur restera alors un grand trajet à parcourir puisqu'ils descendront à l'intérieur de l'urètre pour aboutir au méat urétral, ou partie terminale du pénis, après un trajet de 15 cm et plus, et pénétrer par projection à l'intérieur du vagin dans lequel au préalable le pénis aura effectué un certain nombre de mouvements de va-et-vient.

Cette relation sexuelle n'est possible que si le pénis est en érection et cette érection exige le regroupement d'un certain nombre de conditions :

— une intervention psychologique créatrice d'une envie et d'un besoin ;

— un fonctionnement équilibré du système neurovégétatif qui intervient par le biais de certains nerfs de la région lombaire et de la région sacrée sur le tonus des veines et des artères régionales ;

— une intégrité de la verge et donc de son contenu que l'on schématisera de la façon suivante.

Il s'agit d'un cylindre divisé par des cloisons fibreuses longitudinales en deux parties.

— Une partie haute ou supérieure occupée par deux sortes de sacs (droit et gauche) allongés, lisses à l'extérieur et très irréguliers intérieurement. Ces sacs, appelés sinus caverneux, sont alimentés par des branches artérielles dépendant des artères honteuses internes, spasmées lorsque la verge est au repos, ouvertes lorsque l'érection se produit. Les muscles de ces artères sont commandés par le système neurovégétatif : les stress qui excitent le système sympathique les resserrent alors qu'une atmosphère de détente et de bien-être les relâche et leur permet de remplir les sinus : il s'agit alors d'une commande parasympathique.

— La partie basse du pénis est occupée par un seul sac de nature presque identique appelé le corps spongieux. Ce corps spongieux a deux particularités : il contient dans sa partie centrale l'urètre qui le traverse tout entier, d'arrière en avant, et transportera le sperme jusqu'à son émission ainsi que l'urine, de façon habituelle, dans les périodes d'exclusion des relations sexuelles.

La deuxième particularité est la présence à sa partie toute postérieure d'un renflement appelé le bulbe, qui gonfle avant toute éjaculation et se trouve être pour le médecin qui surveille ce problème l'indice du bon fonctionnement de l'ensemble. Ce bulbe est situé juste en avant de la région anale, à faible profondeur et sa tension peut être sentie au moment opportun ; elle est un élément positif dans la mise en route d'un traitement dont on cherche à apprécier le caractère utile.

Tout ce sang artériel est drainé par un réseau veineux qui se doit d'être paresseux et d'évacuer très lentement le sang très oxygéné introduit par les artères. Il est donc important, et nous le reverrons, de savoir contrôler à chaque instant la qualité de la circulation sanguine à l'intérieur de la verge. De nombreux moyens existent qui permettent de faire un bilan très précis des anomalies susceptibles d'expliquer un déficit dont on serait venu se plaindre.

LES QUATRE PHASES DE L'ACTE SEXUEL

Les études américaines ont réussi à découper l'acte sexuel en quatre phases bien précises dont la variation au cours de l'âge explique fort bien les plaintes rencontrées à partir d'un certain moment.

Ces phases se retrouvent également chez la femme, des correspondances ayant été établies entre les diverses portions anatomiques génitales et leurs réactions aux stimulations habituelles.

Le premier temps est appelé phase d'excitation et se manifeste par le passage de la verge de l'état de flaccidité à l'état d'érection. Cet état peut être maintenu pendant de nombreuses minutes si on sait varier la nature des stimulations ; par contre, un retour à un état de repos peut être obtenu si l'attention du sujet est perturbée par des excitations bruyantes, des changements de luminosité ou des stress d'ordre psychologique.

Le sujet entre ensuite dans la phase en plateau qui correspond à l'introduction du pénis à l'intérieur du fourreau vaginal et à sa mobilisation plus ou moins active. La durée de cette phase en plateau est variable avec chaque individu : un certain nombre de transformations surviennent et donnent à la verge son volume et sa longueur définitifs. Des variations de couleur ont quelquefois été perçues et la partie toute terminale du pénis ou gland est souvent rouge marbré surtout à sa limite postérieure.

L'orgasme correspond à des contractions extrêmement violentes et incontrôlables d'une série de muscles dont les uns entourent les bulbes caverneux et le corps spongieux, d'autres la partie externe du sphincter de l'urètre et les muscles du périnée, habituellement transversaux et situés entre l'anus en arrière et l'insertion du scrotum en avant.

L'ensemble de l'urètre est ainsi sollicité et ces contractions vont faire progresser le sperme depuis la zone prostatique jusqu'à l'extrémité de l'urètre. Sous la forte pression ainsi occasionnée, le sperme est projeté à l'extérieur à plus d'un demi-mètre de distance.

L'intensité du jet décroît dès la quatrième contraction et la fin de l'éjaculation est baveuse et laisse couler un liquide blanchâtre et un peu épais le long du gland.

C'est la quatrième phase qui fait la différence entre l'homme et la femme. En effet, à peine l'éjaculation terminée, la verge perd de sa rigidité sans retrouver sa dimension de départ et le sujet doit attendre de longues minutes avant d'espérer une nouvelle érection. De toute façon, dans des relations qui se succéderont, les sensations érotiques seront nettement moins intenses et la quantité de sperme comme la force de sa projection seront considérablement réduites. Il n'en est pas de même chez la plupart des femmes dont la phase de résolution est extrêmement courte et qui sont donc capables, si les stimulations existent, de programmer plusieurs orgasmes très rapprochés avec souvent une augmentation à chaque fois du potentiel de plaisir.

UNE VIE SEXUELLE DIFFÉRENTE AVEC L'ÂGE

L'homme âgé a un comportement différent et les constatations faites sur des volontaires mis en condition ont permis à des auteurs déjà cités d'introduire les différences suivantes, chez des sujets sains, ayant une vie sexuelle moyenne, et non intoxiqués par des traitements généraux trop dangereux, comme les bêtabloquants, des anti-inflammatoires ou des anxiolytiques.

Dès l'âge de 50 ans, l'homme de façon générale a besoin, même avec une stimulation érotique de bonne qualité, de huit à vingt secondes pour entrer en érection. Rappelons que le jeune était prêt beaucoup plus vite et que deux à cinq secondes lui suffisaient. En revanche, l'homme d'un certain âge peut conserver cet état d'érection environ deux fois plus longtemps que le sujet jeune qui a besoin, s'il souhaite obtenir les mêmes délais, d'un entraînement personnel individualisé.

On ne sait pas si ce contrôle de l'érection est dû à la qualité obtenue par de nombreuses répétitions ou s'il s'agit d'une diminution de la sensibilité du pénis à la stimulation.

À noter aussi : l'homme plus âgé perdra sa capacité de se mettre à nouveau facilement en érection, si des circonstances étrangères sont intervenues et l'ont supprimée. Le jeune par contre, même s'il perd son érection sans éjaculer, pourra assez rapidement la retrouver avec des stimulations moyennes.

Une autre particularité concerne la qualité de l'érection : chez le jeune, elle est complète tout de suite et la verge atteint sa longueur et son volume avant la phase en plateau et les mouvements qu'elle exige. Chez l'homme plus âgé, et l'explication n'en est pas facile, l'érection peut être de qualité moyenne, avec une verge juste assez dure pour qu'elle puisse être introduite à l'intérieur du vagin. Dans la majorité des cas, cette érection se complétera pendant la relation sexuelle à proprement parler et précédera de très peu de temps l'éjaculation proprement dite.

L'orgasme non plus n'est pas le même : il correspond chez le jeune à un certain nombre de contractions rapprochées des muscles de la région qui poussent le liquide séminal brutalement vers l'extérieur. Il existe une certaine paresse musculaire chez l'homme de plus de 50 ans : l'éjaculation est beaucoup moins puissante, le nombre de contractions n'est plus le même et il arrive bien souvent que la sensation orgasmique, relativement terne, soit isolée sans éjaculation ou avec une éjaculation baveuse, épaisse, comme un suintement, le liquide séminal n'étant plus maintenu sous pression par déficit musculaire pelvien, peut-être aussi parce que la prostate ne se contracte plus avec la même intensité et qu'elle ne participe donc pas vraiment à l'événement. Aussitôt après cette éjaculation, la verge diminue rapidement de volume et on entre dans une phase réfractaire très longue avec, dans la majorité des cas, une impossibilité d'assurer un deuxième rapport dans la même journée.

Si l'homme de 50 ans, en moyenne, se comporte de la façon décrite, il en est un grand nombre qui continuent à avoir des satisfactions sexuelles identiques à celles de leur jeunesse ou de leur adolescence, parce qu'ils ont su planifier leur activité physique et sexuelle et prendre à chaque fois un plaisir renouvelé.

LES CAS D'IMPUISSANCE ET LES TESTS POUR LES METTRE EN ÉVIDENCE

Outre la difficile érection que nous avons décrite, existent des cas typiques d'impuissance où, malgré les stimuli habituels, rien ne se produit parce que les artères nourricières de la verge refusent de se décontracter et de laisser passer le flux sanguin.

Un certain nombre d'examens complémentaires sont alors nécessaires pour séparer les impuissances dues à des lésions locales plus ou moins importantes et les impuissances dites psychogènes, parce qu'elles sont directement provoquées par un manque de confiance en soi et une accumulation de stress inhibiteurs.

Le test le plus simple est jugé dégradant par les médecins qui n'osent pas le conseiller : il consiste à attacher du sparadrap en papier autour de la verge juste avant le coucher puis à constater le lendemain matin si ce sparadrap a craqué ou non. S'il est resté en l'état, c'est la preuve qu'il n'y a pas eu d'érection nocturne et qu'il y a donc probablement des lésions au niveau de la verge qu'il faudra explorer de façon plus attentive. Si le papier a craqué, c'est la preuve du bon fonctionnement de la verge ; des travaux nous ont en effet appris que l'érection se produisait naturellement chez tous les hommes pendant leur sommeil, à un moment particulier appelé le sommeil paradoxal qui est également la petite période pendant laquelle apparaissent les rêves qui ont tant enrichi les connaissances psychanalytiques. La nuit et le sommeil étant des moments où la conscience est au repos, on peut donc à partir de cette banale épreuve affirmer que l'impuissance est psychologique lorsqu'il y a des modifications la nuit ou qu'elle est organique lorsque rien ne se produit.

Ce test injustement méprisé a été remplacé par deux examens couplés beaucoup plus désagréables et peu fiables parce que susceptibles de se modifier sous l'effet de stress ou simplement des conditions d'inconfort dans lesquelles il est habituellement pratiqué.

La *pletysmographie* consiste à installer dans un premier temps des électrodes sur le cuir chevelu pour enregistrer pendant une ou deux nuits les ondes du cerveau, à l'affût du sommeil paradoxal. On place en même temps un anneau autour de la verge du patient, qui subira des pressions en cas d'érection et est relié à un appareil enregistreur qui inscrit sur du papier qui se déroule et sur un écran les variations de pression qui peuvent apparaître. Je vous laisse imaginer l'état mental du sujet testé et l'inquiétude grandissante avec laquelle il suit des courbes dont il ne comprend bien souvent pas la signification.

Il a donc fallu trouver des méthodes moins pénibles et on sait maintenant prendre la tension artérielle de la verge que l'on compare à la tension artérielle du bras. On sait également, par le Doppler, apprécier la circulation sanguine à l'intérieur de la verge en phase de relâchement ou au moment d'une érection lorsqu'on a la chance de pouvoir l'obtenir sans manœuvre spéciale et sans difficulté majeure.

L'échographie, ce radar qui a révolutionné la surveillance de la grossesse et la cardiologie, est une aide puissante au diagnostic. Elle offre même la couleur aux appareils de prise de vue et il est possible, comme en obstétrique, de tourner des films vidéo que l'on visionnera ensuite calmement, en prenant un temps suffisant pour une analyse fine des ombres renvoyées.

Les Américains ont gardé pendant longtemps, parce qu'ils l'avaient inventé, le principe du petit anneau autour de la verge. Acceptant de ne plus condamner leur patient à passer des nuits blanches, ils l'ont stimulé avec des films pornographiques, cherchant ainsi, par excitation visuelle, à créer les conditions d'une érection facile. Les échecs rencontrés par défaut d'adhésion du patient au programme présenté n'ont pas permis de détenir enfin les preuves qui permettraient d'affirmer de façon catégorique que l'impuissance a une cause réelle ou une cause uniquement psychologique.

Il restait encore à apprécier directement l'état des sinus caverneux et le diamètre des artères nourricières. Des méthodes appelées invasives parce que douloureuses et dangereuses ont été proposées : la première, abandonnée parce que responsable de phénomènes allergiques rapides dont certains ont été mortels, consistait en l'injection dans l'aorte d'une substance iodée qui allait très vite remplir les artères honteuses internes et montrer si elles étaient rétrécies ou non. La maladresse de certains praticiens, la mauvaise tolérance à l'iode et le fait que beaucoup de clichés pris trop rapidement étaient illisibles ont eu raison de cette tactique.

La deuxième, encore employée, est utile : on remplit les corps caverneux avec un liquide opaque aux rayons X et on a ainsi des renseignements à la fois sur la morphologie de ces longs cylindres et sur la quantité de liquide nécessaire pour créer une érection et celle qui convient pour la maintenir. Il ne faut jamais oublier en effet que la verge, comme tout autre organe de notre corps, est parcourue par un courant circulatoire : du sang artériel qui remplit les espaces caverneux et le bulbe et du sang veineux qui est ensuite évacué par des veines latérales ou dorsales de la verge qu'un anneau musculaire comprime quelque peu, au moment de l'érection, pour que l'évacuation soit la plus lente possible et ne contrarie pas la relation sexuelle qui est prévue.

Certaines épreuves fonctionnelles utilisent encore des produits vasodilatateurs qui auront une fonction diagnostique et permettront aussi de pallier des insuffisances lorsqu'ils sont utilisés de façon régulière et dans des conditions techniques maintenant bien codifiées. Nous aurons l'occasion de longuement les décrire dans la partie thérapeutique de cet ouvrage.

LES TROUBLES DE LA SEXUALITÉ CHEZ LA FEMME

La femme souffre beaucoup plus que l'homme de la baisse de ses sécrétions hormonales. Il existe une étroite interdépendance entre l'aspect morphologique de la région vulvo-vaginale, la sensibilité propre qui lui est attachée et les quantités minimes et pourtant indispensables d'hormones circulantes.

Chaque partie a sa propre histoire, sa façon particulière de s'atrophier et de souffrir et ce qui se passe au niveau des organes génitaux externes s'étend également aux seins qui suivent de façon moins bruyante un processus d'involution identique.

ANATOMIE DES ORGANES SEXUELS FÉMININS

Il faut accepter de suivre un petit cursus d'anatomie lorsque l'on cherche à comprendre.

La partie visible et externe de la région génitale de la femme est la vulve qui comprend trois parties : des lèvres ou formations labiales, un espace interlabial et un organe aux réactions particulières qui en font le pivot de la sexualité, le clitoris.

La vulve est limitée en avant du pubis par une surface

saillante et bordée de poils, appelée mont de Vénus, formée d'une masse de graisse sur laquelle la peau est directement appliquée. Son épaisseur, ordinairement de 2 ou 3 cm, peut atteindre chez les sujets obèses 7 ou 8 cm. Elle est de consistance élastique et est le support d'une sensibilité érotique très atténuée.

Les grandes lèvres sont des éminences allongées d'avant en arrière, qui commencent au mont de Vénus et se terminent à un pouce en avant de l'anus en se réunissant pour former la fourchette. Elles mesurent 7 à 8 cm de longueur sur 3 cm de large. Elles sont épaisses, fermes et résistantes chez les jeunes femmes mais peuvent devenir minces et flasques si on ne les entoure pas d'un soin mérité. Elles présentent deux faces et deux extrémités : la face externe, toujours de coloration foncée, est recouverte de poils et séparée de la cuisse par un profond sillon. La face interne, rosée à sa partie antérieure mais ombragée de poils à sa partie inférieure, répond à la petite lèvre dont la sépare un sillon. Nous connaissons l'extrémité postérieure appelée fourchette ; quant à l'extrémité antérieure, elle forme avec celle de l'autre côté une sorte d'arcade qui se termine à la base du mont de Vénus.

Les petites lèvres sont des replis cutanés, situés en dedans de la grande lèvre. Leur taille ne dépasse pas 3 cm en longueur et 10 mm en largeur. On les appelle également nymphes en hommage aux nymphes de la mythologie qui avaient pour mission de surveiller l'écoulement de l'eau des fontaines, parce que l'on pensait dans les anciens temps qu'elles étaient destinées à diriger le jet des urines et qu'elles présidaient à leur émission. Leur face externe est adossée à la grande lèvre et la face interne domine une cavité complexe appelée l'espace interlabial. L'extrémité inférieure se perd insensiblement sur la face interne de la grande lèvre correspondante. Seule est importante pour les sexologues l'extrémité antérieure qui se dédouble en deux feuillets, l'antérieur passe en avant du clitoris qu'il protégera en formant une sorte de capuchon alors que le postérieur, très court, s'unit à celui du côté opposé et prend le nom de frein du clitoris.

C'est à la base des petites lèvres que viennent s'accoler les bulbes du vagin, dont le remplissage intense par du sang veineux au moment des jeux érotiques est un élément important de quantification des sensations que la femme peut additionner pendant ses relations sexuelles. Ces bulbes sont donc équivalents aux bulbes de la verge de l'homme dont le remplissage efficace rend le pénis érectile. L'espace interlabial a la forme d'un entonnoir dont le fond allongé présente d'avant en arrière le vestibule qui succède au clitoris, l'orifice urinaire ou méat et l'orifice inférieur du vagin, fermé chez la jeune femme vierge par une membrane appelée hymen.

Le vestibule est un triangle de peau limité latéralement par les petites lèvres. Il sépare, nous l'avons vu, le clitoris de l'urètre. On ne lui reconnaît aucune qualité particulière.

Le clitoris présente une extrémité en forme de gland arrondi et imperforé. Juste au-dessus de la partie visible se trouvent deux corps caverneux, sortes de sacs membraneux et vasculaires qui se remplissent sous l'effet d'une excitation et cheminent sous les branches osseuses correspondant à la partie inférieure du bassin (les branches ischio-pubiennes).

L'orifice du vagin a une forme qui diffère avec l'âge de la femme : chez la jeune fille, il est caché par l'hymen, membrane circulaire percée d'un orifice en son milieu. Après les premiers rapports, sa forme devient ovale et on le voit bordé de petits tubercules dits myrtiformes qui correspondent à la cicatrisation des divers fragments de l'hymen déchiré. La couleur en est rose framboise et, d'une façon générale, on y perçoit toujours une certaine humidité qui correspondrait à une lubrification naturelle favorisant l'intromission du pénis. Des glandes riches en liquide visqueux et adhérent ou très fluide, voire filant suivant le moment du cycle, sont d'ailleurs attachées à la région. Les principales, ou glandes de Bartholin, sont regroupées à la partie toute postérieure de l'intérieur du vagin, à un centimètre de son entrée, et elles déversent leur produit de sécrétion par un petit canal qui s'ouvre entre les petites et les grandes lèvres.

Quant au vagin, on le compare à un conduit cylindrique

membraneux de 8 à 10 cm de long, dirigé en haut et en arrière vers l'utérus dont il enserre le col, à l'intérieur du bassin. Sa largeur est relativement petite à son entrée vulvaire, mais elle s'élargit en profondeur, ce qui, joint à son élasticité, lui permet dans certaines conditions d'atteindre une longueur par extension de plus de 20 cm.

L'ensemble de la vulve reçoit des nerfs des plexus sacré et hypogastrique : c'est donc à la base du dos, à la sortie des nerfs rachidiens d'origine médullaire (provenant de la moelle épinière), que s'élaborent, dans un premier temps, les diverses étapes d'un futur orgasme, à partir d'une analyse des sensations réflexes qui proviennent de la région que nous avons décrite.

Les seins participent également à l'atrophie générale, de façon moins visible et moins pénible. Situés sur la face antérieure et supérieure de la poitrine, ils ont la forme d'une demi-sphère qui présente sur le milieu de sa partie saillante ou convexe le mamelon dont la forme offre de nombreuses variétés. Le sein mesure en moyenne 10 cm de hauteur sur 12 cm de largeur et son épaisseur atteint 6 cm lorsqu'il est en parfait état. Ce volume présente des variations individuelles fort étendues et l'on sait qu'il n'est pas toujours en rapport avec l'aptitude à allaiter.

Le sein comporte plusieurs éléments : la glande proprement dite en forme de grappe de raisin avec des grains appelés globules dans lesquels est sécrété le lait.

Ces globules sont reliés entre eux par des canaux galactophores dans lesquels ils envoient leur production et ces derniers finissent par aboutir à un grand canal lobaire qui débouche au niveau du mamelon. Le mamelon est le point de rencontre de dix à douze canaux lobaires et sa stimulation après un accouchement déclenche un phénomène général interne de sécrétion lactée. Les parties glandulaires du sein sont enfermées dans un tissu graisseux de volume variable qui est seul responsable de la forme et du volume du sein. Son évolution dépend donc pour une grande part du mode alimentaire, tout en restant peu sensible aux variations des taux d'hormones. La rétention d'eau qui alourdit les seins et les rend douloureux, dans la période qui précède les règles, atteint l'ensemble des tissus et dépend, quant à elle, des taux des hormones circulaires.

DÉSHYDRATATION ET DÉVITALISATION

Déshydratation et dévitalisation sont les termes habituellement utilisés par les dermatologues pour expliquer l'ensemble des phénomènes qui vont chronologiquement atteindre à la fois les parties visibles vulvaires et les tissus vaginaux. Qu'il s'agisse de la peau ou des muqueuses, le microscope constatera une dégradation de la circulation vasculaire et un épaississement de la substance fondamentale qui baigne les cellules conjonctives et les fibres qu'elles produisent. Le blocage des déchets locaux entraînera une réaction de sclérose et finira par donner à la région un aspect ridé et décoloré qu'un observateur attentif décèlera facilement. À un stade avancé, le toucher révèle un tissu sec, rugueux, sensible et dépourvu de tout attrait érotique. Il ne faut pas oublier que les poils de la toison pubienne (ou mont de Vénus) se sont clairsemés, ont blanchi, et ont réduit leur diamètre.

Seule la région clitoridienne garde son statut : elle est encore capable de congestion active sous l'effet d'une stimulation manuelle, mais la disparition de son manteau de protection par atrophie des petites lèvres la livre à toute irritation de contact et on notera fréquemment à son niveau de l'inflammation, des rougeurs associées à des sécrétions muqueuses blanchâtres traduisant une colonisation par des champignons (ou mycoses).

Les grandes lèvres, déshabitées par les amas graisseux qui leur donnaient consistance et esthétique, s'effondrent et sont proches par leur aspect de deux sacs presque vides qui pendent. Les petites lèvres auront presque disparu et ne joueront plus leur rôle protecteur et sensoriel. Même le méat urétral changera d'aspect : il se projettera un peu en avant, deviendra nettement plus visible et s'entourera de petits polypes saignant facilement au contact, qu'il faudra sans cesse cautériser pour les empêcher de prendre un volume inquiétant.

L'entrée du vagin, habituellement souple et extensible, finit par s'entourer d'une sorte de cordon rigide et dur, difficile à vaincre, douloureux à la palpation ou à la pénétration de l'organe masculin ou, pour le gynécologue, d'un spéculum, à l'occasion d'un frottis. Le vagin lui-même aura perdu de sa longueur, ne répondra pas à des sollicitations sexuelles par une élasticité suffisante et ne procurera qu'exceptionnellement un plaisir orgastique valable.

Au rétrécissement de la taille et de l'axe vertébral provoqué par l'ostéoporose, répondra une région génitale dont tous les composants seront devenus pâles, petits, étriqués avec, en prime, des démangeaisons fréquentes, parfois féroces, qu'aucune lésion microbienne ou allergique n'expliquera.

Une attitude dynamique

Tableau pessimiste sans doute, que deux attitudes peuvent contrebalancer : un traitement de ménopause dont nous verrons les modalités et surtout une attitude dynamique de la femme qui, ayant refusé son âge et ce qui en est dit, saura, avec un partenaire de bonne qualité, continuer une vie sexuelle régulière dont il a été démontré qu'elle joue un rôle prédominant dans le maintien anatomique de la qualité de ses tissus, les plexus nerveux constamment sollicités activant, sans scrupule, la nutrition et l'hydratation de la région.

LES TROUBLES DU SOMMEIL

Les recherches relatives au sommeil sont devenues une des préoccupations les plus habituelles du citoyen français et il n'est pas de semaine où ne paraissent, dans les journaux et revues de vulgarisation, des articles faisant état des derniers progrès réalisés tant dans la compréhension des phénomènes neurologiques qui président à la mise en route régulière de nos périodes de repos que dans les usages possibles de nouvelles médications empruntées le plus souvent à la biochimie et plus rarement à la médecine par les plantes ou à la médecine énergétique.

Cette impression de temps perdu volé à l'action préoccupe depuis des centaines d'années à la fois les ergonomes chargés de rentabiliser dans les meilleures conditions le travail ouvrier et les philosophes qui se demandent pourquoi la nature a créé des cycles qu'elle oblige l'homme à respecter.

Le tiers de notre vie (huit heures sur vingt-quatre, en moyenne) est occupé par le sommeil et le quart de ce temps (soit deux heures) est occupé par les rêves, beaucoup plus intenses, plus variés et plus longs dans la deuxième partie de notre sommeil, vers la cinquième, sixième heure, qu'au tout début de notre endormissement.

Si on devait définir le sommeil, on dirait, comme J. F. Cier, que le sommeil est un besoin impérieux de repos et de détente imposé par la nature à notre organisme qui suspend complètement à cette occasion sa volonté et sa conscience et la plupart de ses sensations comme la faim, la douleur, la chaleur ou le froid. Le sommeil permet ainsi de payer une dette compensatrice à notre activité quotidienne et il est prévu que le sommeil cesse dès que cet objectif est atteint.

Notre position horizontale, notre immobilité, nos paupières closes et nos pupilles resserrées font de nous quelques heures chaque jour des êtres sans défense, soumis aux caprices de notre environnement. Il a été constaté que plus nous vieillissons, moins nous acceptons cette pression du temps et de l'entourage et moins nous aimons dormir, surtout lorsque nous sont restés une curiosité de la vie et un désir d'entreprendre, le sommeil étant considéré comme une perte de temps irréparable que compense mal la sensation de détente donnée par une nuit de bonne qualité.

COMMENT DORMENT LES ANIMAUX

Les expériences prouvent cependant que le sommeil, dans l'état actuel de nos connaissances, est indispensable à tout mammifère, quelles que soient sa taille et l'organisation dans le temps de son activité. Les animaux à sang froid (serpents, lézards, crocodiles), par contre, ont des phases de sommeil très particulières, difficiles à systématiser et qui n'offrent aucun élément de comparaison avec l'expérience que nous avons de notre propre comportement. Il semblerait que le sommeil, tel que nous le définissons, a besoin pour se produire d'un cerveau relativement développé et que l'archéocérébellum des reptiles ne possède pas les synchroniseurs qui lui permettraient de commander les cycles très précis auxquels nous obéissons, dans les conditions normales.

La durée de ce sommeil et la façon de dormir, de même que les attitudes adoptées, sont par contre très variables d'une espèce à l'autre et, de façon maintenant prouvée, il est difficile de rapporter à l'homme toutes les expériences qui ont pu être réalisées dans les laboratoires, même lorsqu'on emploie le chat à qui on doit la découverte du sommeil paradoxal et des minutes de rêve dont notre nuit est parsemée. Citons, à titre d'exemples, la chauve-souris qui dort la tête en bas, les souris qui dorment de préférence le jour, le cheval qui ne peut dormir que debout alors que l'éléphant commence à dormir debout puis se couche toujours sur le même côté, son sommeil ne dépassant jamais trois heures par vingt-quatre heures. Quant au dauphin, il ne dort que d'un seul côté de son cerveau, c'est-à-dire avec un seul hémisphère, puisqu'il est dans l'obligation de respirer régulièrement et qu'il ne peut le faire que si son corps garde une activité permanente entretenue par l'hémisphère qui ne dort pas et qui est, aux enregistrements, porteur d'ondes électriques d'activités complètement désynchronisées.

L'albatros a posé un très grave problème aux chercheurs parce qu'il vole parfois pendant de très longues périodes qui dépassent le rythme circadien (de vingt-quatre heures) au cours de ses migrations : il semblerait donc que certains automatismes s'installent au niveau de ses centres supérieurs, pour lui permettre de continuer à voler tout en dormant de façon non apparente. Les canards et les cygnes dorment d'ailleurs en nageant alors que la cigogne s'installe sur une seule patte et que les ruminants, pour des raisons inexpliquées, ne parviennent jamais à un sommeil véritable, de même que les écureuils ou les lièvres, capables de se réveiller à la moindre excitation.

LES RYTHMES DU SOMMEIL

Le principe des recherches effectuées est cependant le même pour tous et fait appel à l'électronique sous la forme suivante. On fait accepter à l'animal et à l'homme un casque muni d'électrodes que l'on place sur la tête. Ce casque est relié par des centaines de fils à un appareil d'enregistrement permanent et on attend que le sommeil se déclenche, en le forçant un peu chez l'animal mais en acceptant, parce que la loi refuse une expérimentation trop rigide, les aléas du comportement chez l'homme. Tous les soubresauts, tous les va-et-vient, toutes les agitations naturelles et artificielles sont ainsi inscrites sur de grandes feuilles qui tournent sous des plumes traceuses à des vitesses bien codifiées.

La longueur moyenne des feuilles utilisées pour une étude de vingt-quatre heures est de quatre cent cinquante mètres, auxquels on peut ajouter les enregistrements complémentaires de plus en plus demandés de la température corporelle, de la tension artérielle, du rythme cardiaque, de l'amplitude respiratoire et même des mouvements musculaires de telle ou telle partie du corps, à cause des soubresauts signalés à certains moments du sommeil. On n'oublie pas, bien entendu, parce que cela est indispensable, un diagramme des mouvements oculaires dont on croit savoir qu'ils correspondent, lorsqu'ils sont très intenses, à l'installation de rêves, comme s'il y avait, à ce moment-là, une vision interne projetée sur la face arrière de nos paupières d'images qui se forment au-delà de notre conscience.

Après vingt-quatre heures ou davantage, est commencé un décryptage que l'ordinateur a rendu plus facile depuis quelques années, sans pourtant apporter une solution définitive et permettre de répondre à toutes les questions posées. Il lui est en effet demandé de relever les ondes lentes, très lentes, en fuseau ou rapides : il répond donc par un chiffrage précis mais il n'apporte aucune nuance interprétable sur les corrélations ou les profondes différences qui peuvent cœxister entre certaines parties du cerveau, au même moment. Il est en effet couramment constaté que les ondes recueillies par exemple à la base du cerveau, à droite ou à gauche, ne sont pas identiques à celles dessinées par la région frontale, la région occipitale ou la région pariétale de notre cerveau. D'autre part, souvent d'une nuit à l'autre, les schémas obtenus ne se recouvrent pas.

Il a cependant bien fallu décomposer le sommeil en plusieurs phases pour leur donner, avec toutes les réserves d'usage, un rôle référentiel permettant des comparaisons chronologiques et cliniques. On peut donc dire que pour la moyenne des Européens le sommeil est constitué d'une succession de cinq à six cycles de quatre-vingt-dix minutes, chacun des cycles étant lui-même subdivisé en périodes très tranchées qui se suivent *théoriquement* de façon régulière et homogène. Ce sont les conditions requises pour que le repos ainsi obtenu puisse être convenablement réparti et porter son bénéfice périodique à l'ensemble des tissus de manière coordonnée.

En fait, l'analyse du sommeil ne s'appuie que sur le témoignage d'enregistrements électriques et on ne sait pas vraiment ce qui se passe dans le conscient et le subsconscient des dormeurs. L'électrocardiogramme traduit, comme l'électro-encéphalogramme, les activités électriques des différents secteurs examinés et les électrodes apportent chacune pour son propre compte des renseignements qui viennent s'ajouter à ceux de leurs voisines. La forme des ondes recueillies est spécifique du secteur étudié et se traduit, pour le cerveau, par des ondes alternées par rapport à la ligne médiane horizontale, comme si le cerveau était soumis à un battement tantôt positif et tantôt négatif, de plus ou moins grande intensité et de plus ou moins grande fréquence.

On a longtemps pensé que les ondes transmises par la calotte crânienne étaient les mêmes que celles que l'on aurait obtenues en mettant directement les capteurs sur le cerveau dénudé. Des expériences ont d'abord été tentées chez les animaux, puis au cours d'interventions neurochirurgicales chez l'homme et les différences sont tout à fait patentes, laissant donc une très grande incertitude à ceux qui aimeraient, comme le souhaite tout scientifique, ranger les constatations dans un cadre bien précis et bien réglementé. Ce que nous allons donc étudier est l'état de la question chez l'homme à la fin de ce XXe siècle : il est vraisemblable que les possibilités techniques modernes offriront un champ d'expérience beaucoup plus impressionnant dans quelques années, lorsque les techniques dynamiques de résonance magnétique permettront de voir le cerveau respirer, au cours de ses activités multiples pendant la journée ou pendant la nuit, et que l'on pourra même, avec certains artifices de préparation, voir des substances biochimiques entrer et sortir de certains noyaux gris centraux, comme en compte beaucoup la partie médiane de notre cerveau.

Le chat a servi à l'école lyonnaise de matériel d'expérimentation et c'est lui qui a permis la distinction entre le sommeil lent et le sommeil rapide ou paradoxal, que l'on a ensuite retrouvés chez l'homme. Peu de progrès ont par contre été réalisés sur l'explication technique et physiologique de l'apparition du sommeil. Une coutume que nous avons déjà rencontrée dans les chapitres précédents veut que toutes les fois que manque une explication nette et précise, on invoque la ronde des neurotransmetteurs, c'est-à-dire des substances fabriquées par les terminaisons nerveuses et qui ont pour mission d'acheminer des ordres d'une cellule nerveuse à l'autre, en les activant, en les modulant ou au contraire en les inhibant. Il en est donc ainsi pour le sommeil et on accusera l'acétylcholine d'être excitante et de favoriser l'éveil, alors qu'on offre à la sérotonine un rôle plus mitigé, puisqu'elle est découverte à certains endroits du cerveau pendant les activités d'éveil et à certains autres endroits pendant l'endormissement ou l'installation d'un sommeil profond. La dopamine, le gaba sont également cités ainsi que la noradrénaline et il est important, pour celui qui recherche la vérité, d'attendre et de la voir évoluer au rythme des publications scientifiques.

Même la division du sommeil lent en quatre phases acceptée depuis plus de vingt ans par tous les professionnels est actuellement remise en question depuis que l'on s'est aperçu que certains stades, au lieu de rester figés pendant un certain nombre de minutes, puis d'évoluer vers les suivants, « décidaient » de faire marche arrière pour retraverser dans le sens opposé ce qui venait de se ranger spontanément et simplement.

Le cerveau humain reste donc pour partie inexploré et les équipes de recherche de nombreux pays savent que leur activité et leurs expérimentations continueront à être utiles et permettront sans doute, un jour, d'avancer en territoire connu. Dans l'état actuel de la science, que l'étude se fasse chez les adultes ou chez les personnes en état reconnu d'andropause, le sommeil se décompose de la façon suivante.

— En activité normale, dite d'éveil, le cerveau est parcouru par des ondes *bêta,* rapides, comprises entre 16 et 32 mégahertz. On note parfois des ondes *thêta,* beaucoup plus lentes, de 3 à 7 herz. Rappelons qu'un herz est défini par le dictionnaire *Grand Robert* comme une unité de fréquence égale à un cycle par seconde, le cycle étant un des éléments de la mesure du courant alternatif cérébral.

— Lorsque les yeux se ferment, s'installe un rythme *alpha* de 8 à 12 herz, mêlé à un peu de rythme *bêta*.

— Survient alors la phase d'endormissement, qui durera en moyenne 5 à 10 min., pendant laquelle les ondes *alpha* disparaissent, les ondes *bêta* diminuent et les ondes *thêta* augmentent.

— On entre enfin dans le sommeil lent du stade deux, appelé lent léger, rempli d'ondes *thêta* et de quelques ondes *delta* de très grande amplitude, comprises entre 1 et 3 herz.

On note, de plus, une organisation des ondes cérébrales en fuseaux, comme de petits trains d'ondes de 12 à 14 herz, correspondant à une certaine synchronisation de l'activité cérébrale de repos.

— Les stades trois et quatre ou zones de sommeil lent et profond comportent, pour le stade trois, environ 30 % d'ondes *delta* et, pour le stade quatre, plus de 50 %.

Les stades deux, trois et quatre durent environ 70 à 80 min. au début du sommeil, 50 à 60 min. dans la deuxième partie de la nuit. Ce sommeil lent est brutalement remplacé en quelques secondes, dans un sommeil régulier, par un sommeil paradoxal de 5 à 10 min., très caractéristique.

— Des ondes *bêta* très désynchronisées apparaissent alors que le sommeil est très profond et qu'il est extrêmement difficile de réveiller le dormeur.

— On note une irrégularité du rythme respiratoire et du

rythme cardiaque ; même la tension artérielle et la température se modifient rapidement.

Est caractéristique de cette période l'existence de mouvements oculaires rapides que l'on dit associés aux rêves, dont on sait qu'ils n'apparaissent qu'à ce moment-là : la plupart des personnes réveillées juste à ce stade sont capables de raconter leur rêve immédiatement, alors que si on attend la réinstallation d'un nouveau cycle de sommeil lent, deux à trois personnes seulement sur dix seront capables de se souvenir du rêve qui les a « traversées ». L'apparition d'une érection involontaire, à laquelle les sexologues attachent une très grande importance, puisqu'elle est la preuve de l'absence de lésions organiques dans l'explication d'une impuissance, fait également partie des symptômes inattendus de ces dix minutes d' « attraction ». Le corps est habituellement devenu très lourd avec effondrement total du tonus musculaire : c'est le moment où la tête bascule par hypotonie des muscles de la nuque chez un individu qui se serait endormi assis. On note toutefois, et c'est la raison pour laquelle ce sommeil est dit paradoxal, des sursauts, des soubresauts ou des mouvements brusques pouvant affecter à la fois les membres supérieurs et les membres inférieurs.

Au total, les stades un et deux occupent 60 % de la nuit totale alors que les stades trois, quatre et le sommeil paradoxal couvrent les 40 % restants. Il convient encore de signaler que le sommeil est ponctué de nombreux éveils plus ou moins longs dont habituellement nous nous souvenons très peu, sauf si nous sommes insomniaques et que nous avons du mal à nous rendormir.

LES MODIFICATIONS DU SOMMEIL AVEC L'ÂGE

L'avancée en âge a des conséquences sur la qualité de notre sommeil : l'insomnie augmente et les plaintes sont nombreuses. Elles portent à la fois sur la difficulté à l'endormissement, sur la quantité inhabituelle d'éveils nocturnes et sur la précocité du réveil matinal. Le sommeil se trouve ainsi fragmenté et le rapport entre le temps dormi et le temps passé au lit diminue, d'autant plus que le sujet d'un certain âge a tendance à prolonger la durée de son séjour au lit de façon habituelle.

À l'électroencéphalogramme, les ondes sont perturbées et l'organisation que nous avons décrite est exceptionnellement retrouvée : les changements de stade sont fréquents, les ondes *delta* vont et viennent, le sommeil profond de stade quatre est rarement au rendez-vous et l'on assiste à une instabilité électrique qui correspond bien souvent à des anomalies psychologiques maintenant bien connues. Il est vrai que ce mauvais sommeil est parfois compensé par une somnolence diurne qui, en fait, ne parvient jamais à elle seule à compenser les manques notés par le patient.

De nombreux médecins ont essayé de savoir pourquoi l'insomnie était la maladie de l'andropause et de la ménopause non soignées et pourquoi tant de comprimés hypnotiques étaient consommés à partir de 50 ans, sans pour autant apporter une solution solide à ce problème. Les causes en médecine sont complexes et les explications passent par l'étude des causes internes, des causes externes et même de la personnalité. Les causes internes sont en premier lieu les douleurs quelle que soit leur origine et il est vrai que se coucher avec une épaule qui crie ou une colonne vertébrale qui souffre est une gageure. Viennent ensuite tous les problèmes qui peuvent encombrer un corps vieillissant comme une affection cardiaque, des troubles de la respiration, séquelles d'infections bronchiques répétées par asthme, allergie ou abus de tabac, des problèmes rénaux et urinaires ou la prostate et l'envie fréquente d'uriner que sa grosse taille provoque, responsables d'éveils multiples non compensés par un réendormissement rapide. Tout le ressenti est majoré si la personne qui consulte pour insomnie a des troubles, même légers, de la personnalité.

Des tests faciles à réaliser et que nous avons eu l'occasion de signaler nous feront mettre le doigt sur les traits caractéristiques de l'insomniaque, comme une tendance à réprimer trop fortement ses émotions, une incapacité naturelle à décharger sa colère, même lorsque les circonstances l'exigeraient de toute personne considérée comme normale, un état de préoccupation constante sans objet avec une intense projection interne d'idées de toute sorte, comme après l'absorption de quatre ou cinq tasses de café, idées habituellement non réalisables dans l'immédiat et sans contrepartie pratique. Cette maîtrise trop bien organisée de sa capacité de lutter pendant le jour contre les stress de toute sorte a sa traduction dans une « hyperactivation » du système nerveux central qui ne sait plus se décharger et devient inadapté par perte de la notion du rythme circadien auquel le corps est habituellement soumis dès le plus jeune âge.

Sans parler de mode en médecine, mot incompatible avec le progrès scientifique, il faut pourtant signaler que, depuis quelques années, l'attention se porte moins sur le caractère des hommes d'un certain âge que sur trois détails qui expliqueraient presque tout :
— l'apnée respiratoire ;
— le syndrome des jambes impatientes appelé par les Anglo-Saxons *the restless legs* ;
— les contractions spasmodiques involontaires des pieds.

On a découvert que certains individus oubliaient de respirer pendant leur sommeil et on a noté chez eux des pauses respiratoires supérieures à dix secondes, à fréquence élevée au nombre de cinq ou six par heure de sommeil. Il nous reste à imaginer l'état dans lequel peut être notre cerveau lorsqu'il est vide d'oxygène et l'angoisse qui submerge inconsciemment le dormeur qui se voit obligé à chaque fois de se réveiller pour reprendre son souffle.

Les jambes douloureuses sont le domaine favori du phlébologue qui recherche les raisons pour lesquelles le courant circulatoire veineux est en panne et pourquoi les veines distendues peuvent occasionner des sensations suffisamment pénibles pour nous obliger à remuer sans arrêt nos jambes, dès que nous avons adopté pendant quelque temps une position sédentaire. S'endormir avec les jambes douloureuses est donc une prouesse de réalisation difficile, d'autant que les éveils naturels de la nuit replongent chacun de nous dans cette gêne que nous avions essayé de fuir, en faisant confiance au lit et à la position horizontale. Les contractions spasmodiques des jambes correspondent à une sorte de crise spasmodique des muscles jambiers antérieurs (situés sur la face antérieure de la jambe, en avant du tibia) qui tirent sur le pied et le fléchissent pendant cinq secondes de cinq à dix fois par heure de sommeil. L'ennui est que cette contracture est ressentie comme douloureuse par l'individu, qui dort en moyenne une heure trente de moins qu'un autre dès que le nombre de contractions par heure dépasse le chiffre dix.

Toute une régulation qui s'appuie sur une nouvelle hygiène de vie est donc à mettre au point chez l'homme d'un certain âge si on souhaite que ses capacités d'attention et son potentiel d'activité soient conservés au cours du temps.

LES TROUBLES PSYCHIQUES

Freud et ses disciples ont oublié l'homme et la femme de la cinquantaine. Il est vrai que, de leur temps, vivre jusqu'à cinquante ans était un pari que peu d'individus gagnaient et la qualité de vie, même pour les chanceux, était si vide de plaisir qu'on les abandonnait à leur sort sans enquête, sans entretien et sans même chercher à les aider physiquement. Les rares maisons de retraite qui les accueillaient n'avaient aucun confort. Elles étaient tristes, froides et déshumanisées avec un directeur qui avait une obligation légale de recompter chaque matin ses pensionnaires pour savoir ainsi de combien de lits il disposait pour « emmagasiner » de nouvelles victimes.

Seuls avaient droit aux problèmes psychologiques l'enfant, l'adolescent et l'adulte parce qu'ils étaient pour les psychologues une source de revenu stable et qu'ils leur permettaient, par la variabilité des symptômes présentés, d'être l'objet des expériences de toute nature qui donnaient lieu dans les congrès à de belles joutes verbales et à d'innombrables palabres. Le combat permanent entre les différents niveaux de la conscience et du subconscient, la lutte hardie que menait le surmoi contre le ça ou le moi, les séquences de complexes aux noms mythologiques (Œdipe, Diane, Prométhée ou autre...)

étaient concentrés sur une berge lointaine où aucun thérapeute n'aurait osé aller les chercher pour les introduire dans le langage commun des « vieux ».

Mais tout finit par arriver et le gynécologue ou l'andrologue voient converger vers leurs cabinets depuis un certain nombre d'années, une clientèle qu'ils sont souvent obligés de partager avec un psychiatre parce que les hormones et autres médicaments lourds ne leur permettent pas de détourner le mal de vivre d'une évolution aggravée. L'explication de ces malaises si particuliers tient à un mot : la sérotonine. Une cellule nerveuse qui en possède en quantité suffisante fonctionne sans accroc et communique à ses voisines sa bonne humeur et son énergie stabilisatrice.

Pour les biochimistes, et ils sont convaincus d'avoir raison, il suffirait de faire boire de la sérotonine à une dame atteinte de ménopause ou à un monsieur que son andropause « indispose » pour que leur vie continue à être aussi active et aussi dépourvue d'aléas qu'elle l'était avant que ces deux mots, sur lesquels ils lisent tant de choses au jour le jour, ne leur fassent voir la vie en gris.

LES TROIS VOLETS DES PROBLÈMES PSYCHOLOGIQUES

L'analyse du comportement psychologique à cette période critique comporte en effet trois volets.

— Le premier sépare et rejette les hommes et les femmes atteints de troubles psychologiques bien avant l'âge critique, que ce soit de l'angoisse, de la dépression, des états mélancoliques ou de la spasmophilie. Dans la majorité des cas, il ne se passe rien de plus et les thérapeutiques en cours peuvent être poursuivies avec la même ardeur et la même foi, un traitement d'ajustement hormonal n'ayant dans la majorité des cas aucun effet bénéfique supplémentaire. Le seul regret que l'on peut avoir, lorsqu'on est biothérapeute et que l'on a coutume d'offrir en première intention à ses patients une médecine peu agressive, est l'ignorance volontaire, dans laquelle continuent à prospérer la plupart des praticiens responsables, du rôle régénérateur des médecines naturelles et des techniques inspirées de l'énergétique chinoise dans les troubles de l'humeur, de l'intelligence ou du comportement.

— Le deuxième volet correspond à une sénescence réelle qui affecte les circuits nerveux et qui s'appuie sur une dégénérescence mesurable et accélérée par les circonstances de la vie des cellules nerveuses. Ces dernières se comportent un peu comme de vieilles voitures mal entretenues qui finissent par lâcher prise à la moindre côte ou à la plus discrète accélération. Des psychiatres célèbres ont mis leur nom sur les symptômes que l'on peut alors rencontrer et nous devons nous promettre de ne pas entrer dans cette catégorie un peu carcérale parce que rares sont les individus qui pourraient raconter qu'ils ont pu la quitter. Une clé ouvre cependant cette prison d'un nouveau genre et les gérontologues nous diront que l'utilisation régulière et prolongée de produits antioxydants est le moyen banal de maintenir le *statu quo*.

— Le troisième volet pose problème : on ne sait pas trop si le comportement que l'on constate et les plaintes que l'on enregistre correspondent à une réalité qu'il faut savoir affronter ou si la densité des malaises proposés à notre réflexion n'est pas en relation directe avec ce qu'en disent les journaux de vulgarisation médicale qui ont choisi depuis quelques années de promouvoir les souffrances du deuxième âge finissant parce que les statistiques leur ont appris qu'en France, par exemple, neuf millions de lecteurs pouvaient s'y intéresser.

Les thérapeutes méfiants ou bien organisés ont inventé pour avoir des idées claires des tests de plus en plus sophistiqués, des tests pièges qui leur donnent dans la majorité des cas une solution rationnelle et un support aux différentes techniques de prise en charge que la psychologie moderne a introduites dans leur palette thérapeutique.

DIFFÉRENTS TESTS PSYCHOLOGIQUES

La plupart des tests présentés ont été conçus aux États-Unis et chaque médecin orienté vers les troubles de la cinquantaine a sur son bureau des fiches qu'il fait remplir à ses patients dans la salle d'attente, fiches qu'ils interprètent ensuite ensemble, comme s'il s'agissait d'un jeu dans lequel il n'y a pas de perdant puisque des solutions existent et seront appliquées cas par cas.

Le premier test utilisé est le Hopkins Symptom Check List qui comporte une brève introduction demandant à la personne de mettre une, deux ou plusieurs croix en regard du problème ou du symptôme qui l'a le plus préoccupée au cours de la semaine écoulée. Viennent ensuite cinquante questions différentes que nous allons passer en revue. Certaines sont très simples, d'autres obligent à une réflexion préalable ; la sincérité et la spontanéité sont indispensables si on souhaite en tirer des conclusions utiles.

En voici la liste traduite en français :
— j'ai des maux de tête ;
— je me sens nerveux et je ressens comme un tremblement intérieur ;
— je suis incapable de me débarrasser de mauvaises pensées ;
— j'ai tendance à m'évanouir ;
— je fais de mauvais rêves ;
— j'ai des difficultés à parler, tant je me sens énervé ;
— j'ai du mal à me souvenir de beaucoup de choses ;
— je me sens sans énergie et comme ralenti ;
— je pleure facilement ;
— j'ai l'impression d'être coincé et comme pris au piège ;
— je suis souvent effrayé sans raison ;
— j'ai des explosions de colère que je ne peux pas contrôler ;
— j'ai un sentiment de solitude ;
— j'ai le cafard ;
— je ne m'intéresse à rien ;
— je suis facilement offensé ;

— je suis obligé de demander aux autres ce que je devrais faire ;
— j'ai l'impression que les autres ne me comprennent pas ;
— je suis obligé de faire les choses très lentement pour être certain de bien les faire ;
— je me sens inférieur aux autres ;
— je suis sans cesse obligé de vérifier et de revérifier ce que je fais ;
— j'ai des difficultés à prendre des décisions ;
— j'ai l'impression que mon esprit se vide ;
— j'ai l'impression que l'avenir est sans espoir ;
— j'ai des difficultés de concentration ;
— j'ai une sensation de faiblesse dans certaines parties de mon corps.

Pour ne pas être en reste, des psychiatres français, le professeur Deniker et le docteur Ganry, ont mis au point une « échelle de la psychasthénie », qui condense en trente-huit questions tous les problèmes que peuvent présenter hommes et femmes de la cinquantaine et au-delà. Les questions sont directement posées par le médecin ou le psychologue et la réponse ne peut se faire que par oui ou par non, les nuances n'intervenant que dans le décryptage qui est réalisé au moment de l'entretien libre qui suit cette première approche. Les questions sont volontairement mélangées pour éviter des réponses systématisées et le bilan de comportement est presque toujours recoupé par une constatation clinique classique.

On vous demandera donc si :
— au moment de vous endormir, vous ressassez les événements de la journée ;
— vous vous sentez obligé de recommencer un travail lorsqu'il n'est pas absolument parfait ;
— vous avez du mal à réaliser une tâche qui demande une grande concentration intellectuelle ;
— vous ressentez un manque au point de vue psychologique ;

— vous avez beaucoup de mal à vous lever le matin depuis quelque temps ;
— vous êtes aussi fatigué pendant les vacances que dans les périodes de pleine activité ;
— vous rêvez beaucoup ;
— vous êtes particulièrement attentif à l'ordre, à la propreté ou à la politesse ;
— vous êtes agité ou au contraire d'un grand calme devant un danger réel ;
— vous vous sentez plein d'allant seulement le soir ;
— vous évitez les activités physiques quelles qu'elles soient ;
— vous prévoyez toujours le pire dès que vous avez un sujet d'inquiétude ;
— vous manquez de concentration, etc.

Un autre test en quatre parties appelé le MADRS est ensuite mis en application pour étudier l'attitude générale du patient. Il étudie la tristesse apparente et permet de noter si :
— le consultant semble découragé mais peut se dérider sans difficulté ;
— s'il paraît malheureux et triste la plupart du temps ;
— s'il semble extrêmement découragé.

Il recherche une tension intérieure et vérifie
— si l'individu est calme ;
— si les sentiments d'irritabilité et de malaise mal défini sont seulement occasionnels ;
— s'il existe un sentiment continuel de panique et d'angoisse que le malade ne peut maîtriser qu'avec la plus grande difficulté.

La mauvaise concentration intellectuelle se traduit suivant les cas par une difficulté à rassembler ses idées puis à maintenir son attention jusqu'à la réduction de la capacité de lire ou de suivre une conversation. Elle s'accompagne parfois d'une lassitude associée à des idées intermittentes d'échec, d'autoaccusation ou d'autodépréciation. Au pire on entrera dans la catégorie des idées délirantes de ruine ou de péché inexpiable avec pessimisme croissant à propos du futur.

On s'intéressera aussi à la capacité de ressentir et on notera la perte d'intérêt pour le monde environnant, la perte de sentiments pour des amis et des connaissances. La note la plus mauvaise sera donnée à la personne qui n'est plus capable de ressentir de la colère, du chagrin ou du plaisir et qui ne sait même plus ressentir quelque chose pour ses proches parents ou ses amis, en ne sachant plus prendre la vie comme elle vient.

RÉAGIR À L'ANXIÉTÉ ET À L'ÉTAT DÉPRESSIF

Dans la majorité des cas, l'homme et la femme de cinquante ans, même s'ils ont quelques soucis hormonaux, continuent à mener une vie active et intéressante avec le sentiment de liberté que leur donne le fait de ne plus avoir d'enfants à élever et de pouvoir de nouveau penser à eux-mêmes sans remords. Certains, cependant, accepteront mal une liberté dont ils ne savent plus que faire et fabriqueront des états psychologiques appelés névrotiques depuis le début du siècle, et que nous allons passer en revue, en partant du principe que cela ne peut arriver qu'aux autres. Il est important en psychologie de ne pas présenter le *syndrome de l'étudiant en médecine* dont on sait, surtout en début de carrière, qu'il a l'habitude de retrouver sur lui-même *toutes* les maladies qu'il trouve décrites dans ses manuels.

On entre dans un *état dépressif* par un sentiment de fatigue générale que rien de précis ne vient expliquer ; cette fatigue est surtout marquée le matin et s'accompagne d'un sentiment d'impuissance, comme si la situation était figée. Ce manque d'initiative est remarqué par l'entourage qui ne le pardonne habituellement pas et ajoute un stress au sentiment de malaise général de la personne atteinte, en lui signifiant qu'elle perd une partie de sa valeur morale et de sa crédibilité par la réduction de son activité. Quand tout va mal, s'y ajoutent des symptômes supplémentaires : nous arrivons ainsi doucement au stade de l'inertie complète avec troubles de la mémoire, disparition complète de toute idée personnelle, ou comme on le dit plus élégamment, une absence de créativité associée à un désintérêt général pour les événements extérieurs.

Cet état dépressif peut être associé ou alterner avec un *état anxieux* considéré comme un symptôme général d'alarme, un signal de danger réel ou supposé. Ce sentiment est suffisamment intense pour amener le patient à consulter en urgence : il ne supporte pas d'avoir peur ; il lui est difficile de faire la part des circonstances responsables : une petite ride apparue sur la tempe ou sur le front suffit parfois à justifier son appel, cette ride étant pour lui le signe avant-coureur d'une vieillesse qu'il décrit sous son aspect le plus débilitant.

Il faut très vide répondre à cette anxiété, rarement parce qu'elle présente un risque vital — un homme et une femme ne se suicident pas à cinquante ans, alors que des circonstances comparables les auraient poussés à tenter de le faire, trente ans plus tôt — mais parce qu'elle va s'accompagner de *troubles de caractère* et que personne n'aime être confronté à une personne qui boude, qui manifeste des impatiences et peut devenir exigeante, agressive et utiliser maladroitement une autorité naturelle qu'elle ne parvient plus à contrôler. L'écoute et l'entretien deviennent aussi pénibles pour le soignant que pour le soigné qui, préoccupé par ses idées fixes et ses obsessions habituellement orientées sur une partie de son corps (mon ventre est gros, mes seins me font mal, mes jambes sont lourdes...), ne présente qu'un tout petit relais de communication et devient insensible à une approche psychologique affective.

Le grand mérite de la médecine esthétique et des traitements médicaux anti-âge est de contribuer à modifier l'image que l'on a de soi-même, comme nous le verrons ultérieurement.

LES ASTHÉNIES PHYSIQUES ET PSYCHIQUES

La fatigue semble le souci le plus partagé de la population française. Aucune statistique n'a vraiment réussi à distinguer de façon formelle des tranches d'âge où elle serait prépondérante et où elle mériterait qu'on lui attache une importance objective. On accorde cependant à l'andropause une certaine priorité confortée par la notion reconnue d'une très grande consommation à cet âge de produits anti-asthénie. On en conclut que les symptômes présentés par les hommes un peu âgés « doivent » s'intégrer dans un tableau clinique dans lequel la fatigue serait écrite en lettres majuscules.

Ne pas confondre fatigue et tranquillité

On prend ainsi les choses à l'envers et on agit comme si la prise répétée de certains médicaments devait à elle seule être la preuve que les maladies qu'ils sont censés soigner existent réellement. Il faut savoir que la plupart des chercheurs non avertis ont confondu la fatigue avec « simplement » un esprit apaisé, bonhomme et tranquille et une certaine lenteur d'exécution qui correspond davantage à un choix d'homme devenu sage qu'à des incapacités physiques ou psychiques qui s'additionnent.

Nier tout à fait un état de fatigue serait cependant une faute médicale. La disparition de la testostérone et de ses dérivés, même si elle a un faible retentissement sur l'appareil cardio-vasculaire et sur l'appareil respiratoire, intervient au niveau des membranes cellulaires, sur les entrées et sorties de calcium, de potassium, de chlore, ou de magnésium, influençant finalement la production à la fois des autres hormones et des neurotransmetteurs fabriqués par les cellules nerveuses et chargés, quand tout fonctionne bien, d'apporter à tous les recoins de l'organisme des informations utiles. Il en résulte parfois des troubles de comportement dans le sens de l'abattement et du « non-faire », que l'on a pu comparer, lorsqu'on a des notions de chimie et de littérature classique (*Le Rouge et le Noir*), aux premiers stades de l'intoxication par certains métaux ou métalloïdes comme l'arsenic, la baryte, ou le plomb.

L'asthénie de nos cinquante ans revêt donc un aspect qui est peu caractéristique et qui n'est que le reflet de l'addition de dizaines de petites anomalies convergentes que les Américains ont voulu considérer comme les marqueurs du vieillissement parce que leur durée spontanée, leur persistance, malgré les traitements banals classiques, et leur transformation réciproque en font une sorte de ghetto de signes que l'on peut désigner, sans se tromper, de déficience organique et psychique évolutive.

Tous ceux qui ont été mordancés par l'andropause ont donc un comportement et une allure que les habitués reconnaissent sans difficultés. Ils sont facilement irritables, à la surprise de ceux qui les côtoient. S'il est vrai que les « râleurs » le restent et continuent à rendre la vie de leur entourage difficile, la situation est beaucoup plus curieuse quand un doux et calme individu, un peu falot et effacé, devient une sorte de King-Kong sauvage, incapable d'apprécier la chaleur d'un foyer ou le dévouement de ses amis. Cette colère exposée ou intériorisée a pour support une angoisse qu'elle compense, celle de ne plus être à la hauteur des tâches quotidiennes.

Cet individu a la peau froide ; la paume de ses mains est moite ; ses traits sont le plus souvent tirés, avec non seulement des cernes très apparents sous les yeux, mais des rides paralabiales qui lui font, dès le premier coup d'œil, un masque triste aux ressorts cassés. Tous les spécialistes de la morphologie savent le mal que l'on doit se donner pour obtenir d'un être dont le visage est creusé, les orbites apparentes remplis d'yeux comme échoués au fond d'une vasque, qu'il sourie à la vie et qu'il accepte, ne serait-ce qu'une fois, de recommencer à participer activement à une initiative commune.

Un certain nombre de définitions sont indispensables pour mieux comprendre la différence entre les fatigues autorisées naturelles, prévues, programmables et les fatigues supplémentaires dont l'existence crée problème. Est donc appelé fatigue, par référence aux dictionnaires médicaux, un état de lassitude, une incapacité d'utiliser ses forces restantes pour accomplir les travaux ordinaires exigés par la prise en charge d'une maison. Cette fatigue résulte d'efforts physiques qui correspondent à un travail mettant en jeu les muscles du corps et aussi une attention soutenue. La preuve de la fatigue est apportée par le dosage sanguin qui trouve dans le sérum un excès d'acide lactique. Cet acide est le résultat de la dégradation du glycogène du foie et des muscles, et apporte la preuve que l'organisme a dû consommer de grandes quantités d'énergie pour remplir les tâches qu'il a accomplies, le glycogène étant la forme sous laquelle notre corps met en réserve les glucides qu'il absorbe et dont il n'a pas un besoin immédiat. Cette fatigue saine et souvent douloureuse, parce que des crampes et des contractures font partie du tableau, peut disparaître ou s'atténuer lorsqu'on soumet le corps à un entraînement régulier qui en améliore le métabolisme.

On oppose l'asthénie, qui tire son origine de racines grecques, au mot fatigue qui, lui, vient du latin. La signification à la traduction est rigoureusement identique mais les médecins ont décidé de les différencier en accordant au mot asthénie la valeur d'une fatigue sans raison et sans cause. Est asthénique celui qui se plaint de n'avoir aucune force alors que rien dans ce qu'il fait ne justifie une telle attitude qu'il faut bien séparer de la paresse, autre façon de refuser de participer. La fatigue est par contre un état normal qui annonce la limite de résistance de l'organisme. Lorsqu'on passe outre, on arrive au surmenage qui est un véritable état anormal et maladif, voire pathologique.

LA FATIGUE, UN SIGNAL D'ALARME

Les physiologistes se sont attachés à cette importante question. La fatigue n'est-elle pas le signal d'alarme du moteur humain ? À l'heure actuelle, nul ne conteste le rôle social de cette force qu'il faut ménager afin de la mieux utiliser. Dans la fatigue, il convient d'envisager trois éléments :
— l'épuisement nerveux ;
— l'auto-intoxication d'origine musculaire ;
— le retentissement sur les fonctions de la respiration et de la circulation du sang.

L'épuisement nerveux joue le premier rôle. Tout mouvement est produit par la contraction d'un muscle. Cette contraction provient d'une excitation nerveuse envoyée par un centre. Un peu comme un courant électrique émanant d'une pile. On discerne deux sortes de centres nerveux, les centres cérébraux supérieurs, soumis à la volonté, et les centres inférieurs, médullaires, d'un fonctionnement automatique. Il est certain que lorsque nous accomplissons une marche, nous ne réfléchissons pas à tous les mouvements qu'il convient d'exécuter. Un exercice de ce genre peut se poursuivre longtemps sans éveiller la fatigue, surtout lorsqu'il est habituel. Au contraire, la fatigue arrive promptement lorsqu'il faut le concours de l'attention (travail artistique).

La contraction musculaire produit aussi de la chaleur et des déchets que la circulation veineuse entraîne. On a reconnu que le sang des animaux fatigués était toxique. Bouchard a montré les dangers du bouillon de viande où les substances toxiques extraites des muscles sont en dissolution. Tout ce qui favorise l'épuisement nerveux, musculaire, cardiaque, pulmonaire favorise le surmenage.

L'enfant, naturellement inattentif, résiste assez bien au surmenage intellectuel, bien qu'à notre époque aux programmes scolaires très chargés, on trouve souvent des enfants surmenés. Au physique, l'enfant se fatigue vite car ses organes ne sont pas encore dans leur plein développement. Le défaut de sommeil et de repos ne permettent pas l'élimination des produits toxiques, qui se fait surtout pendant le sommeil, et le surmenage vient.

Dans les viandes et les cadavres en putréfaction, se forment des poisons extrêmement violents, des alcaloïdes appelés ptomaïnes. Chez les animaux vivants, le fonctionnement des muscles produit des poisons analogues appelés leucomaïnes et des produits encore plus toxiques, mal définis, appelés matières extractives.

Le moteur musculaire est une machine à fort rendement puisqu'il utilise 18% de la force disponible alors que la meilleure machine à vapeur en utilise à peine 12%. Le surmenage atteint le cerveau ou les muscles ; chez les animaux, il est d'ordre musculaire. On distingue dans ce cas le surmenage suraigu et le surmenage lent. On peut être en sueur, avec l'œil injecté de sang, de la difficulté à se tenir debout, une indifférence à tout, un pouls rapide, des muscles durs au toucher et un souffle pénible. Dans le surmenage lent, les symptômes sont moins violents ; il y a de la fièvre, de l'abattement, de l'hébétude et les membres sont raides, les muscles durs. Les exemples sont nombreux de gens trouvant la mort à la suite d'une marche exagérée.

La fatigue mal contrôlée prend l'aspect d'une véritable maladie. C'est d'abord la courbature des membres puis de tout le corps : peu d'appétit, haleine fétide, mal de tête, sommeil agité et léger. Un peu de température. En plus, on peut noter des signes d'embarras gastrique.

Le travail musculaire consomme normalement des sucres ; dans le cas d'excès de travail, il emprunte son énergie aux produits azotés, à l'albumine même de l'organisme. Le sucre est le charbon du muscle et l'alcool joue un rôle analogue. Alors que le sucre nourrit, alimente, l'alcool excite et pousse au surmenage. Bien des affections du cœur sont dues au surmenage. Le surmenage intellectuel n'est pas moins dangereux, surtout à notre époque de haute intellectualité. On ne peut demander au cerveau un travail sans limites. Un effort intellectuel dirigé sans cesse dans le même sens ne fatigue pas ; lorsque l'habitude est prise d'un exercice, on l'accomplit sans peine. La fatigue est rapide lorsque la diversité des efforts nécessite l'application de l'attention. Le surmenage mental est à lui seul le fournisseur des maladies nerveuses. Les neurasthéniques sont des intoxiqués. La tristesse amène un ralentissement de la nutrition. Un moral sain, bien équilibré, un bon caractère, gai, résolu, sociable, sont des indices de bonne santé. Il faut être économe de sa substance cérébrale et il est mauvais de veiller sans raison. Le vieillard a besoin de dix heures de sommeil par jour.

La fatigue est un des plus fréquents motifs de consultation médicale ; le terme de fatigue englobe des sensations variées : lassitude, manque d'énergie, absence de ressort, perte d'ambition, désintérêt, avec impression de faiblesse et désir de repos ou de sommeil. Elle est banale lorsqu'elle est l'aboutissement d'une journée de travail chargée, d'une période d'intense activité physique, d'un stress émotionnel ou d'un surmenage ; la cause est évidente et n'entraîne que rarement la consultation médicale.

La fatigue chronique, autre nom souvent donné, à tort, à l'asthénie, n'est pas un état normal : elle peut parfois relever de facteurs physiques, elle dépend en général de facteurs psychiques. L'interrogatoire est alors riche d'enseignements. On doit apprécier l'équilibre émotionnel et le mode de vie du sujet et déterminer l'origine psychique dominante de la fatigue : anxiété, colère, conflit chronique. On sait combien les états dépressifs se traduisent par une sensation de faiblesse, une anorexie, une perte de poids, de l'apathie, de l'insomnie, un autodénigrement.

La fatigue est le plus souvent aussi accusée le matin que le soir mais diminue dans la journée. Le repos et le sommeil n'améliorent pas le sentiment de lassitude et n'apportent pas de regain d'énergie, ce qui est très caractéristique de l'asthénie installée. Il y a une grande variabilité de symptômes, mais rarement une alternance de phases de lassitude et de phases d'activité débordante.

Souvent, on note des céphalées, des douleurs diverses. La négation d'une fatigue détectée par l'entourage est en relation avec une fatigue d'origine organique et justifie à chaque fois des recherches approfondies pour retrouver la maladie causale et lui adapter un traitement qui lui convienne. Citons, pour ne pas les oublier, les états fébriles, la tuberculose, le diabète, l'hypothyroïdie, les anémies quelle que soit leur origine, l'insuffisance rénale, les hépatites, les affections pulmonaires chroniques, les affections cardiaques, les troubles du rythme, l'hypotension orthostatique et bien entendu certaines thérapeutiques mal adaptées.

LA PRISE EN CHARGE DE LA FATIGUE

La prise en charge d'une asthénie et d'une fatigue, à l'andropause, comme à tout autre moment de la vie d'un individu, passera donc obligatoirement par les temps forts de l'examen clinique : inspection, palpation, auscultation et utilisation raisonnée des différents appareils électroniques trouvés désormais dans le cabinet du généraliste, qui permettent surtout, outre la prise de la tension artérielle, d'apprécier la qualité et le fonctionnement des vaisseaux principaux du corps.

Il faut donc retenir que l'asthénie de l'andropause ne se singularise par aucune donnée inhabituelle. Le lent découragement noté chez l'individu se transforme, quand on n'y porte pas remède, en désintérêt et en indifférence. L'homme qui accepte cette période de sa vie sans réagir peut être comparé à certaines photos que prennent des touristes de passage, sur lesquelles on note, assis sur une chaise ou un banc au bord d'un chemin, deux ou trois sujets inclinés en avant et regardant, presque sans voir, les choses ou les gens qui passent.

Nous aurons l'occasion de dire combien une prise en charge psychologique banale associée à certains oligo-éléments à dose suffisante peuvent modifier ces attitudes qui ne sont en aucune façon inscrites dans le devenir classique.

Nous montrer indisponibles parce que nous avons moins de testostérone est une démission facile, imposée par notre entourage : la liste des hommes qui ont, à un âge avancé, changé la face du monde, d'une façon ou d'une autre, est longue et le *Livre des records* Guiness contient un certain nombre d'actions remarquables réalisées par des hommes mûrs sortis de l'anonymat. La plupart des dirigeants des pays démocratiques sont largement en andropause avec tous les problèmes que cette situation provoque, ne serait-ce que les affections de prostate, et il n'est constaté nulle part que leur gestion en soit particulièrement affectée.

L'imagerie populaire reliée à une sénescence physique et psychologique du troisième âge est donc à revoir à la lumière des progrès modernes et les Européens ont tout à gagner de l'organisation entièrement révisée de la vie commune, proposée par les Américains à tous ceux qui ont dépassé cinquante ans et qui ont de ce fait des besoins et des curiosités nouvelles. À nous de les aider à les exploiter.

LA PRISE EN CHARGE :
PRÉVENTION ET TRAITEMENT

LES PROGRÈS DE LA MÉDECINE OCCIDENTALE

Il est de coutume pour les revues et journaux médicaux de faire de temps à autre un bilan des progrès réalisés en thérapeutique au cours des années écoulées. Les résultats sont actuellement impressionnants et augurent bien des recherches en cours dans le traitement des affections sévères, qu'elles soient aiguës ou chroniques.

Une seule réserve pourrait toutefois être formulée. À savoir le peu d'intérêt porté par les scientifiques à l'amélioration de la qualité et du plaisir de vivre pendant les nombreuses années gagnées. C'est donc tout l'avantage des médecines traditionnelles et naturelles d'avoir choisi le bien-être pour objectif et d'offrir, en complément des médecines lourdes, des ressources pour effacer, le mieux possible, les désagréments affectant quotidiennement notre santé.

Une prise en charge multifactorielle répond donc au mieux aux aspirations de tout individu soucieux de préserver son capital santé et de valoriser le capital dynamique ainsi récupéré. La dernière partie de notre ouvrage est entièrement consacrée à la présentation des avantages offerts par la combinaison de ces deux approches médicales : l'allopathie pour les maladies graves qui méritent une prise en charge lourde et les médecines plus douces, comme l'homéopathie, la phytothérapie, l'oligothérapie ou la médecine traditionnelle chinoise, lorsqu'il s'agit de prévention sanitaire et de confort personnel. Soulignons toutefois l'existence de passerelles entre ces deux options, puisque près du cinquième des médicaments allopathiques ont pour origine des plantes médicinales sous leur forme naturelle ou sous leur forme extractive. Il n'est pas de domaine, en médecine, qui n'ait profité de l'extraordinaire essor de la physique et de la biochimie micromoléculaire de ces dernières années.

Passer en revue les produits et les attitudes nouvelles relatives aux différents appareils organiques est donc rendre un hommage aux milliers de laboratoires qui ont su mobiliser des énergies et des sommes d'argent considérables pour améliorer le bien-être public.

Il est vrai de dire que le praticien généraliste se sent un peu perdu devant la masse des informations qu'il reçoit régulièrement et qu'il a souvent du mal à intégrer à sa pratique quotidienne des médicaments. Il hésite quant à l'attitude à adopter lorsqu'un consensus national ou international n'a pas encore été établi. C'est une des raisons pour lesquelles les congrès médicaux sont aussi suivis et aussi fréquemment organisés : ils sont, dans le domaine choisi par le participant, l'occasion de synthèses débouchant, presque à chaque fois, sur des conclusions directement applicables en pratique journalière.

CARDIOLOGIE

En cardiologie, on a redécouvert l'aspirine à qui on peut prêter maintenant de nombreuses propriétés soupçonnées autrefois et démontrées maintenant : elle est antipyrétique et se révèle utile chaque fois qu'une fièvre élevée ne sert pas l'évolution d'une maladie ; elle est analgésique et calme bien les douleurs de moyenne intensité de n'importe quelle région ; elle est pour les vaisseaux anti-agrégante, empêchant ainsi les plaquettes sanguines de s'agglomérer, le sang de devenir plus épais et même le cholestérol de s'agglomérer aux parois pour les rendre plus fragiles et plus étroites. On lui accorde encore le pouvoir de diminuer une inflammation, lorsqu'elle n'est pas utile à la défense d'une région atteinte.

Outre l'aspirine, l'attention s'est tournée vers la vitamine E et ses propriétés antivieillissement, expliquées par sa capacité de fixer les radicaux libres et les molécules trop riches en oxygène qui pourraient perturber les métabolismes avoisinants.

Une enquête avait été menée dans différentes régions de France pour connaître les endroits où il ne faisait pas bon vivre, en raison du risque augmenté de maladies cardio-vasculaires et d'infarctus du myocarde, et on avait trouvé que la Provence détenait le record de la longévité parce qu'on y mangeait gras mais gras insaturé, l'huile d'olive étant de consommation obligée et habituelle à chaque repas.

Le taux de cholestérol continue à susciter des polémiques et des travaux contradictoires voudraient obliger les individus à n'en avoir que deux grammes par litre de sang, alors que certains écrits attachent plus d'importance au cholestérol lié à des protéines de haute densité (les HDL), dont on sait qu'elles ont un pouvoir étendu de dépuration.

L'hypertension artérielle est mieux étudiée parce qu'on a inventé un appareil automatique que l'on peut installer sur un bras pendant toute une journée et qui prendra régulièrement et automatiquement la tension artérielle, en l'inscrivant à chaque fois sur des fiches qui seront ensuite décryptées par un ordinateur ; les traitements seront de ce fait mieux ajustés parce qu'il sera tenu compte du rythme circadien, c'est-à-dire des variations commandées naturellement par les heures de la journée.

L'angine de poitrine bénéficie de médicaments dilatateurs des artères plus puissants et moins nocifs qu'autrefois et on sait utiliser avec plus de discernement les anticoagulants pour éviter, dans les cas limites, qu'une embolie pulmonaire ou cérébrale vienne perturber la régularisation que l'on tente de faire d'un cœur irrégulier ou d'une circulation veineuse très déficiente.

On donne une place beaucoup plus importante aux diurétiques qui empêcheront l'organisme de retenir de façon exagérée l'eau et le sodium en excès, évitant alors toute congestion vasculaire anormale.

AVANCÉES ET STAGNATIONS

Si on quitte les cardiologues, et que l'on s'oriente vers les spécialistes des maladies infectieuses, ils nous diront que seuls le sida et l'hépatite n'ont pas encore reçu leur sanction thérapeutique. Chaque nouvel antibiotique est plus fiable que le précédent et surtout mieux toléré parce que les laboratoires de fabrication tiennent davantage compte des réactions secondaires aux produits anciens et introduisent des « tampons » protecteurs dans la gamme qu'ils nous proposent.

Peut-être faut-il formuler quelques réserves dès que l'on touche aux maladies saisonnières à virus : ni la coqueluche, ni la grippe, ni la rubéole, ni la mononucléose infectieuse n'ont diminué de fréquence et certaines vaccinations considérées jusqu'alors comme salvatrices ont perdu de leur pouvoir de protection, comme si le virus que l'on voulait combattre avait « compris » le sens de la bataille et « décidé » de muter un peu pour ne plus être atteint.

DES PROGRÈS DANS LES DOMAINES DE LA GYNÉCOLOGIE
ET DE L'ANDROLOGIE

La gynécologie et l'andrologie ont une belle part dans les découvertes, il faut le signaler. La meilleure connaissance de l'action *complète* des hormones permet maintenant de donner, dans de bonnes conditions et sous surveillance, des produits qui modifient la vie entière des personnes qui en ont besoin. Ils agissent aussi bien sur l'humeur et on sait mesurer la quantité de joie, d'angoisse ou de dépression que présente un sujet par des questions directes ou des entretiens pièges où chaque mot prononcé par le thérapeute ou par le malade prend une valeur particulière qui permet de le connaître de façon approfondie.

Outre l'humeur, la peau, les émonctoires, les phanères (ongles et cheveux), les os, les muscles, l'appareil digestif, les organes génitaux eux-mêmes subissent des transformations utiles et aucun médecin ne manifeste de surprise lorsqu'il lui est raconté que la sexualité autour de la ménopause ou de l'andropause n'a subi aucune modification et que des projets d'avenir sont toujours possibles, puisque le corps restera disponible et obéira aux injonctions médicamenteuses bien choisies auxquelles on le soumettra.

En diététique, les progrès sont également manifestes et tous les services de nutrition parlent d'un grand projet que la France va réaliser dans les prochaines années sur l'intérêt de la vitaminothérapie et de la supplémentation en oligo-éléments (métaux et métalloïdes) pour une santé meilleure.

Sous la direction du docteur Serge Hercberg, et avec des subventions gouvernementales, vont être étudiées la mortalité des individus et la variation ou l'atténuation des pathologies chez ceux qui auront accepté, même sans être malades objectivement, de supplémenter leur alimentation très régulièrement avec ces fameux anti-oxydants décrits pour la première fois par des biochimistes américains et remarquablement expliqués dans un livre déjà un peu ancien : *Un régime de longue vie* du docteur Roy Walford. Mille volontaires ont été recrutés et ont suivi des prétests afin d'étudier la faisabilité de l'expérience, c'est-à-dire évaluer la confiance qui pouvait leur être faite pour le suivi des prescriptions. Il a été admis après dépouillement que l'on devait prendre plus de femmes que d'hommes pour obtenir une qualité de prestation qui soit fiable dans le temps.

Il est vrai que nous savons combien beaucoup d'hommes, sauf maladie grave, répugnent à prendre des médicaments et combien il est parfois difficile de négocier avec eux la poursuite d'un traitement même léger, lorsque le résultat recherché n'est pas obtenu rapidement.

C'est sans doute la raison pour laquelle la mortalité masculine est plus élevée et que les progrès qui restent à faire doivent porter de préférence sur la qualité de la communication plus que sur le choix des produits dans la palette thérapeutique dont on dispose.

LA RECHERCHE ANTICANCÉREUSE

Une grande campagne de souscription a été organisée à la fin de l'année 1993 pour permettre aux chercheurs de mettre au point un vaccin contre le cancer.

L'impression, à la lecture des tracts distribués, était à la mise au point presque imminente du traitement miracle qui permettrait de supprimer cette terrible maladie ou d'empêcher son évolution lorsqu'elle serait déjà installée ; le vaccin venait presque se substituer aux techniques déjà existantes auxquelles on doit des résultats spectaculaires qu'il ne faut pas sous-estimer.

La vérité est un peu moins rose. Les essais actuels ne portent que sur certains animaux et se sont orientés vers la fabrication de certains anticorps polyvalents et la stimulation des cellules qui sont normalement chargées à l'intérieur de notre organisme d'organiser la défense contre l'agresseur, quel qu'il soit. Ces cellules ou lymphocytes peuvent être maintenant manipulées et transformées par introduction, à l'intérieur de leur noyau et des chromosomes qui y baignent, de gènes transformés qui induiront la mise au point progressive de globulines spécifiques.

On savait que la plupart des cellules cancéreuses fabriquaient des antigènes que les lymphocytes d'un organisme reconnaissaient. Contrairement à ce qui se passe d'habitude, les lymphocytes ne répondaient pas à cette information par la mise au point de substances de défense, comme si les antigènes des cellules cancéreuses possédaient une sorte d'inhibine ou corps bloquant assez fort pour stopper toute réponse utile.

Des chercheurs américains de l'université de Berkeley, proche de San Francisco, ont cherché à éliminer cette inhibine en introduisant dans une tumeur, chez un animal d'expérience, une substance qui attirerait les cellules cancéreuses vers d'autres cellules de défense de l'organisme, les macrophages et les cellules dendritiques, qui alors feraient leur travail de rejet dans des conditions satisfaisantes, en faisant appel à des cellules tueuses (appelées *killers*) redevenues efficaces.

Ce qui est possible chez l'animal est peut-être possible chez l'homme et certaines équipes de chercheurs veillent actuellement à mettre au point dans certaines tumeurs particulièrement agressives, comme les mélanomes, des mélanges de cellules cancéreuses et de stimulines spécifiques qui pourraient alors être efficaces.

Les années qui viennent sont donc porteuses de grands espoirs et il est possible que les cancers reculent, laissant la première place aux maladies cardiaques qui atteignent particulièrement, nous le savons, notre monde civilisé occidental. On oppose d'ailleurs habituellement l'Extrême-Orient à l'Europe ou à l'Amérique pour leur mode de vie alimentaire et comportemental très différent, la preuve ayant été faite qu'il n'y a pas vraiment devant la maladie de race prédisposée.

On a ainsi constaté que les Chinois et les Japonais qui avaient émigré en Amérique n'avaient même pas besoin d'une génération pour ressembler dans leur comportement sanitaire et dans les risques morbides qu'ils couraient à l'Américain moyen, s'ils en avaient accepté les habitudes et le comportement, surtout alimentaire.

COMBATTRE LA DOULEUR

Un grand progrès a été réalisé dans le domaine de la douleur que l'on acceptait volontiers sans la combattre, peut-être à cause de cette vieille clause chrétienne qui veut que la douleur soit une punition pour un acte coupable que l'on aurait commis, ou pour une raison médicale traditionnelle qui affirmait que la douleur était nécessaire parce qu'elle permettait d'être alerté et d'orienter ses recherches de façon plus approfondie vers les régions dont on se plaignait.

Il est admis depuis peu que laisser durer une souffrance est inexcusable et que notre attitude doit être orientée autant vers la guérison d'une lésion toutes les fois que cela est possible que vers la sédation des troubles fonctionnels qui l'accompagnent, par l'usage de toutes les armes que la médecine met à notre disposition.

Un grand essor est donc donné à la mise au point de médicaments analgésiques qui empruntent soit aux anti-inflammatoires, soit à l'aspirine, soit à un produit qui semble dénué de tout risque, comme le paracétamol, des fragments de molécules pour construire un antalgique idéal qui ne devrait rien à la morphine toujours aussi redoutée.

Signalons dans cet ordre de recherche les crèmes anesthésiques de contact et, à un stade plus élaboré, les *patches* antidouleurs qui réussissent, grâce à un mécanisme d'absorption transcutané, à laisser pénétrer dans la circulation de façon régulière et continue le produit calmant, que l'on aura ainsi débarrassé de toute toxicité.

DERMATOLOGIE ET ESTHÉTIQUE

La dermatologie a également bénéficié des découvertes, surtout américaines, et la cosmétologie et l'esthétique ont été les domaines dans lesquels elle a le plus produit de substances utiles et capables de retenir l'effet des années. Les peaux sont mieux connues ; la distinction entre peau grasse, peau sèche ou peau vieillie détermine le choix entre des gammes de produits intéressants qui savent mêler des substances très actives à des produits naturels susceptibles de stimuler la reconstruction tissulaire et de freiner la détérioration de l'architecture du derme, qui paye un lourd tribut à l'âge et aux agressions climatiques. Des techniques de lissage, de ponçage, de peeling améliorent l'aspect extérieur et redonnent un velouté à la peau en même temps qu'un meilleur moral à ceux qui en acceptent les désagréments primaires.

La plupart des maladies allergiques ont bénéficié de nouvelles gammes d'anti-allergiques dont l'action profonde dépasse largement un blocage de la sécrétion d'histamine, responsable des réactions exagérées à des irritations modérées, pour retenir dans leur trajet les cellules dangereuses dont elles réussissent à obturer les membranes pour empêcher leur sécrétion ou leur éclatement par un leurre déposé à leur surface. Il s'agit d'une technique qui commence à être utilisée également dans les maladies génétiques (transmises par hérédité) dans lesquelles très souvent intervient une enzyme qui déforme une réaction biochimique ou au contraire la bloque parce qu'il lui manque un élément qui permettrait au cycle de production de fonctionner correctement.

L'introduction, à un stade très précoce, de modificateurs enzymatiques à l'intérieur d'un organisme permet parfois à celui-ci de reconstituer son potentiel dynamique et de retrouver ses responsabilités.

Une prise en charge de qualité est donc possible pour chaque maladie de pratique courante et il est vrai que la Sécurité sociale note chaque année, non une chute de ses dépenses mais une morbidité (fragilité face à la maladie, quelle qu'elle soit) beaucoup moins évoluée, la part du marché des soins étant prise de plus en plus par les personnes âgées dont il n'avait pas été prévu que la longévité serait aussi forte et qui font actuellement l'objet d'études approfondies pour déterminer leur prise en charge au moindre coût.

De façon tout à fait naturelle, s'est ainsi présentée une ouverture vers les autres médecines auxquelles il est maintenant demandé, même dans certains services hospitaliers, de couvrir le mieux possible la partie *confort* des soins proposés. Nous aurons l'occasion de signaler plus d'une fois l'intérêt de ces médecines à la fois dans les traitements symptomatiques et dans les traitements du terrain.

INITIATION AUX MÉDECINES NATURELLES

Dans tous les pays d'Europe, comme au Japon, s'est développée depuis une dizaine d'années une réticence de la population devant les produits manufacturés allopathiques, dont elle sait sans doute apprécier l'aspect et les qualités en cas d'urgence ou dans des circonstances spécifiques, mais dont elle craint, à juste titre, les effets secondaires qui font d'ailleurs partie des études obligatoires de pharmacologie dispensées aux jeunes médecins au cours de leur formation.

Il est ainsi né progressivement en France un courant thérapeutique tourné vers la tradition, qui s'efforce de retrouver dans les prescriptions médicales anciennes des recettes pratiques applicables en médecine praticienne. L'esprit de curiosité et de recherche des collègues qui se sont orientés vers le déchiffrage et la réutilisation des remèdes d'autrefois s'est doublé d'une ouverture vers les médecines d'autres pays et vers l'exploitation d'un savoir indigène qui prend ses racines en Extrême-Orient, en Amérique centrale, en Inde ou même dans les pays de la Bible, riches en produits de la terre actifs et bienfaisants.

Le retard français

La France n'est pas pionnière dans cette approche différente de l'individu parce que la hiérarchie des études médicales et le comportement habituel des patrons ou chefs de conscience de leur génération ne les poussent absolument pas à accepter d'entrer dans une dimension qui ne fait partie ni de leur langage ni de leurs habitudes.

Les grands médecins français qui sont la référence de nos jeunes se contentent d'être à l'écoute des découvertes techniques du monde anglo-saxon sans en accepter l'esprit. Ils donnent, malgré les résultats probants, dans de nombreux domaines, des médecines différentes, la priorité à leur jugement de valeur négatif plutôt qu'à l'expérimentation. Et même lorsqu'une expérience est acceptée dans un contexte hospitalier, les résultats obtenus donnent toujours lieu à critique plutôt qu'à félicitations.

La France n'est même pas capable d'imiter le Japon qui vient régulièrement lui acheter ses idées et développer, sous le contrôle de physiciens, de chimistes, de cliniciens et de pharmacologues, des expériences au long cours sur une population ciblée qui permettrait, par l'usage des méthodes utilisées en épidémiologie, de reconnaître un mieux-être et une diminution de la morbidité.

Le médecin français qui souhaite se former et ajouter à sa palette thérapeutique les enseignements des médecines qui font partie du patrimoine international est réduit à suivre des enseignements privés, d'ailleurs pour la plupart remarquablement faits, à lire des ouvrages en traduction de l'anglais ou du chinois et plus rarement français, écrits par leurs aînés qui ont réussi à canaliser leur savoir pris à différentes sources pour en faire un ensemble cohérent, non ésotérique et utilisable en pratique quotidienne. Nous aurons l'occasion de les signaler dans la bibliographie qui termine ce livre.

La législation est avec le temps devenue moins sévère et il est possible depuis plusieurs années de soigner et d'être soigné par les plantes, l'homéopathie, la médecine traditionnelle chinoise ou les oligo-éléments sans que le prescripteur soit bloqué par une plainte de son conseil de l'ordre ou d'un organisme équivalent. Il faut toutefois savoir que rien n'est simple et que tous ceux qui sont attachés à la Sécurité sociale et à ses maigres participations à notre budget santé auront la déception de ne recevoir aucune compensation à leurs dépenses, un peu comme si les médecines différentes étaient un luxe réservé à une population différente.

Le paradoxe veut qu'un nombre important de médicaments couramment prescrits par le médecin soient de souche végétale et il convient de citer la fréquence de produits contenant du ginkgo biloba, du fumeterre, de l'artichaut, de la passiflore, de la rhubarbe ou du séné, de la digitale, du boldo, de l'argile et bien d'autres encore. Il nous arrive, au cours de notre enseignement de médecine naturelle, de faire un test sur les médecins venus suivre nos cours et de leur demander de dire grossièrement la composition de tel ou tel produit bien connu et souvent prescrit. Il est alors tout à fait exceptionnel qu'ils sachent que le produit désigné est une plante dont on a fait oublier l'origine en lui donnant un nom de substance manufacturée.

Pour une connaissance de base de la médecine et des médecines naturelles

Une initiation aux médecines naturelles, dont nous verrons l'intérêt en ménopause et en andropause, passe donc par un aspect doctrinal que nous allons développer pour bien faire comprendre les actions attendues de gestes thérapeutiques qui pourraient obéir à des principes différents de ceux que nous avons communément appris jusqu'ici.

L'aspect pratique sera présenté dans la petite encyclopédie médicale qui suivra ce chapitre et qui a pour mission d'indiquer, pour chaque perturbation ressentie par les patients qui font l'objet de cet ouvrage, l'état actuel de la science médicale, toutes techniques confondues.

Un livre de vulgarisation médicale comme le nôtre a un

double intérêt, il offre à celui qui le lit un savoir simple, expliqué relativement clairement, qui augmente la densité intellectuelle de ses connaissances. Ne pas être passif devant la physiologie de son corps et le sentir vivre en nous avec tous ses rouages est la racine d'une satisfaction intime que beaucoup de personnes ressentent, comme une libido non sexuelle tout en étant très affective.

Le deuxième intérêt est plus critique : il donne en effet un pouvoir au lecteur, parce qu'il lui fait comprendre ce qui se passe de façon intime à l'intérieur de lui-même, et qu'il lui offre alors le moyen et presque le droit de négocier une thérapeutique avec le praticien qu'il aura obligatoirement choisi. Combien de fois nous est-il arrivé, devant une symptomatologie particulière, d'hésiter entre deux ou trois façons d'agir, pour finir par accepter la proposition intelligente de notre patient dont les connaissances peut-être frustes avaient cependant réussi à retenir l'essentiel du cas que nous traitions ensemble.

Chaque médecine naturelle mérite avant toute utilisation d'être comprise dans sa doctrine, dans sa technique et dans l'usage qui sera fait des moyens qu'elle met à notre disposition. Si le diagnostic en médecine a valeur universelle et qu'un souffle au cœur, une douleur appendiculaire, une ménopause, une angine sont reconnus et portent le même nom quelle que soit la méthode que nous avons envie de choisir pour traiter le problème, il n'en est plus de même lorsque nous passons à la phase du traitement.

Pour la médecine traditionnelle chinoise, toute affection déclarée est en relation avec un trouble de circulation énergétique ; pour l'homéopathie, une maladie n'est possible que lorsque le terrain s'est trouvé sans défense et que les signes présentés correspondent à ceux décrits dans un grand livre appelé matière médicale ; pour l'oligothérapie, les individus sont classés en plusieurs catégories bien typées et il est indispensable de faire entrer (parfois de force) un individu dans une de ces catégories pour pouvoir lui administrer l'oligo-élément qui va apprendre à son organisme à mieux se défendre.

Un apprentissage doctrinal est donc indispensable et nous allons passer en revue les points principaux sur lesquels il convient d'insister dans chaque nouvelle branche de savoir dont nous faisons la promotion.

ACUPUNCTURE, DIGIPUNCTURE ET MÉDECINE CHINOISE

L'acupuncture, la digipuncture et les techniques qui en dérivent doivent se comprendre de la façon suivante. Tout être humain, du seul fait qu'il vit, absorbe de l'énergie, en produit et la répartit harmonieusement en ses divers composants. Un organisme en bonne santé reçoit donc aux horaires prévus la quantité d'énergie et de nutriments dont il a besoin soit pour simplement se nourrir, soit encore pour se structurer ou assurer sa croissance. Toute perturbation dans la qualité de l'énergie attendue, quelles qu'en soient les causes, est génératrice de maladie sous un aspect fonctionnel dans un premier temps, puis organique si rien n'est fait pour modifier le processus en cours.

Cette énergie n'est pas imaginaire mais doit tout au métabolisme digestif : les aliments ingérés sont réduits par les enzymes sous l'effet de l'oxygène en éléments plus simples qui vont circuler dans le sang et atteindre les organes cibles auxquels ils sont destinés, cette production se faisant dans un contexte de chaleur et d'énergie qui nous permet à la fois de vaquer à nos occupations en utilisant volontairement nos muscles disponibles et de donner à notre corps les moyens de maintenir ses constantes biologiques et thermiques. Nous sommes alors dans le domaine de l'*homéostasie*.

La seule partie quelque peu ésotérique de cette théorie est l'affirmation par les Chinois qu'il nous a été donné à la naissance une certaine quantité d'énergie ancestrale ou énergie chromosomique ou encore énergie vitale qui a pour fonction de coordonner et de dynamiser nos réactions biochimiques.

Cette attitude rejoint la problématique chrétienne qui admet sans hésiter que notre création vient d'un être supérieur qui nous surveille et nous guide. Les Chinois l'appellent le *tao* et nous l'appelons *Dieu* et les deux termes dans l'absolu sont presque synonymes.

Il faut en outre noter une interprétation et une attitude originales chinoises auxquelles les Européens n'avaient pas pensé. Les supplices chinois ne sont pas un mythe et les tortures infligées aux coupables par les mandarins de l'époque passaient obligatoirement par un stade où l'on écorchait vifs les malheureux voleurs ou assassins — leurs cris étaient couverts par cette musique aigre et criarde que nous connaissons — dont les scribes, esclaves ou salariés notaient les réactions.

Il existe des documents et des schémas anciens qui relatent avec force détails l'ensemble des manifestations organiques internes présentées par ces sujets que l'on piquait, après leur avoir enlevé la peau, à différents endroits avec des instruments lancéolés ou tranchants. Un supplice était une fête et tous les participants, penchés au-dessus de la victime, s'efforçaient de repérer les organes qui se contractaient ou qui souffraient le plus quand tel ou tel point du corps avait été piqué.

L'acupuncture est donc l'aboutissement d'une grande série d'expériences humaines et sa fiabilité s'appuie toujours sur un livre très ancien qui a fait la synthèse des constats disparates ainsi connus pour regrouper, dans un but humaniste cette fois, les éléments qui allaient permettre d'améliorer et de guérir ce qu'autrefois on détruisait par plaisir et par sadisme.

Les hommes d'aujourd'hui ont donc la chance d'être des héritiers innocents d'un passé bien trouble et il suffit aux praticiens d'apprendre calmement les emplacements des points principaux d'acupuncture signalés par la tradition pour obtenir des effets en profondeur, toniques ou relaxants en fonction de la technique de manipulation employée, dont l'apprentissage ne nécessite aucune connaissance particulière.

La démarche médicale de l'acupuncteur est simple : il s'efforce dans un premier temps de faire avec tous les moyens dont il dispose le diagnostic de la maladie présentée. Il s'agit en fait d'une sorte de tri qui lui permet de réserver à la chirurgie ou à l'allopathie les affections qui ont dépassé un certain stade de gravité, et de recueillir en acupuncture tout ce qui reste dont il devra absolument apprécier le caractère yang ou yin, c'est-à-dire l'excès ou l'insuffisance.

Une douleur aiguë sera dite yang ; une hypotension ou une faiblesse musculaire seront yin ; un état dépressif sera yin, une forte agressivité accompagnée d'une grande irritabilité sera yang. À cette situation l'acupuncteur opposera des points yin ou yang qu'il devra manipuler pour que l'énergie qu'ils sont censés distribuer s'écoule dans la bonne direction et vienne rétablir un équilibre énergétique, donc fonctionnel, qui fera disparaître dans un délai plus ou moins long les symptômes d'appel qui avaient justifié son intervention. Ces points sont situés sur des canaux énergétiques appelés *méridiens*.

Un certain perfectionnement est apparu depuis l'introduction des huiles essentielles diluées dont on connaît bien les indications générales et dont on sait qu'elles pénètrent très facilement à travers la couche cornée de l'épiderme pour agir d'abord localement puis à distance.

Un acte d'*aromapuncture* (que j'ai mis au point avec plusieurs collaborateurs) suit systématiquement la séance d'acupuncture et permet de créer au niveau des points choisis et traités, une sorte de dépôt de principes actifs qui va permettre une microperfusion locale, donc une continuité de l'action thérapeutique d'une séance à l'autre : huile essentielle de lavande sur des points sédatifs ; huile essentielle de reine des prés sur des points antirhumatismaux ; anis vert sur des points à action digestive, etc.

LA PHYTOTHÉRAPIE

La phytothérapie ou usage de plantes médicinales ne bénéficie d'aucune théorie particulière. Elle est la tradition française, celle de nos aïeules et de nos guérisseurs qui, vivant près de la terre, savaient d'instinct choisir et préparer la plante qui pouvait aider un trouble isolé. Étaient parfois utiles des tisanes, des décoctions ou des emplâtres qu'il fallait garder à la chaleur pendant de longues heures « pour faire sortir le mal ». On consommait encore des vins de plantes qui avaient le pouvoir d'apporter de la force de travail à ceux qui hésitaient, sans compter les vinaigres de toilette que les belles dames réclamaient pour le teint frais et clair donné à leur visage.

Un certain nombre de changements sont intervenus de nos jours. L'engouement d'une grande partie de la population associé à l'esprit tatillon de l'administration sanitaire a conduit des laboratoires pharmaceutiques de grande envergure à préparer des formes stables de produits médicinaux dont la teneur en principes actifs ne varie plus avec le temps et dont l'exploration biochimique sait mettre en évidence, au-delà de la simple tradition, des substances actives dont on connaît maintenant à la fois le mode d'action et les indications précises.

Les tisanes et les grands mélanges de dizaines de plantes sont désormais abandonnés au bénéfice de formes plus élaborées que sont les broyats de poudre, les extraits fluides, les nébulisats ou les extraits secs dont les doses seront calculées pour chaque individu en fonction de son poids, de l'intensité de la maladie et de la durée prévue du traitement.

Chacune de ces présentations est appelée forme galénique et correspond, sauf pour la poudre, à une extraction par des procédés particuliers des principes actifs, qu'ils soient hydrosolubles ou liposolubles. Leur concentration, calculée habituellement sur les deux principes les plus utiles, déclenche alors, comme d'autres produits médicamenteux, des réactions biochimiques qu'il suffit de savoir diriger pour obtenir un résultat clinique satisfaisant. Il faut donc savoir que prescrire une plante est un geste rarement anodin. Un apprentissage est nécessaire et passe par plusieurs étapes.

La première étape, botanique, est souvent négligée par le médecin qui ne sait ni reconnaître une plante dans un jardin ou dans la nature ni faire la différence entre deux herbes médicinales ressemblantes dont les propriétés seraient différentes. La vogue des guérisseurs qui vivent très près de la nature et qui ont un contact familier avec tout ce qui pousse et croît autour d'eux s'explique sans doute par le choix judicieux, qu'ils savent faire d'instinct, d'herbes consacrées par l'usage dont la préparation presque un peu magique est alors inspirée par une tradition que les médecins ont perdue.

La seconde étape est proposée aux praticiens pressés qui viennent à l'enseignement avec le désir d'inscrire le plus grand nombre possible de recettes sur leur cahier d'écolier. Seules sont retenues les indications majeures des plantes qui leur sont présentées : la lavande sera par exemple calmante, le thym soignera le foie, l'ail abaissera la tension artérielle, l'ylang-ylang guérira les frigidités, etc. Des centaines d'exemples de même nature jalonnent les documents qu'ils ont recueillis. Il leur manque une dimension dont ils n'ont même pas conscience qui fait appel aux éléments qui illustrent la troisième étape.

La troisième étape est en effet celle du spécialiste phytothérapeute qui n'utilisera jamais une plante quelle qu'en soit la dose et la présentation sans tenir compte de ses indications secondaires qui peuvent en limiter l'emploi chez une personne donnée.

Le mélange de plantes est aussi un des tests de la connaissance approfondie de la matière médicale végétale puisque certaines plantes aux indications analogues et que l'on associerait volontiers peuvent être inefficaces lorsqu'on les mélange ou avoir un effet compétitif qui bloque leur action thérapeutique. Il existe d'ailleurs depuis 1992 un logiciel de phytothérapie qui tient compte de toutes ces incidences et qui est donc consulté comme une référence par tous les prescripteurs consciencieux (*Logiciel de phytothérapie*, par M. Rubin et J.-P. Messali).

L'HOMÉOPATHIE

Le même problème ne se pose pas avec l'homéopathie qui bénéficie de plus de cent cinquante années d'expérience et qui a donc pu forger des indications bien fermes qu'il est facile de respecter si la mémoire est bonne et que la doctrine a été bien comprise et bien appliquée.

Découverte en Autriche à la fin du XVIIIe siècle, elle a vécu, malgré les interdits de la médecine officielle, de ses réussites glorieuses et de la publicité qu'ont su donner les praticiens à leurs moindres réussites. Il est vrai que la doctrine a de quoi surprendre !

En premier lieu la dose est infime et le paradoxe veut que moins il y a de produit dans le médicament, plus on peut espérer une action profonde et durable.

En second lieu, n'importe quelle substance peut être essayée : il suffit, lorsqu'elle est dure, de l'écraser et de la réduire en poudre, lorsqu'elle est plus molle d'en diluer les principes actifs dans de l'alcool et d'en arroser des grains de sucre ou plutôt de lactose que l'on fera sucer au patient à un rythme déterminé par la tradition et par l'expérience.

Les indications en homéopathie ont perdu de leur franchise et de leur netteté parce que l'être humain est complexe et qu'il a rarement une maladie franche comme décrite dans les livres de médecine. Sa sensibilité très personnelle ajoute aux symptômes principaux, mal à la gorge, toux répétée, douleurs abdominales, migraine, etc., une note personnelle qui s'appuie sur les conditions climatiques, sur l'heure de la journée, sur la saison ou encore sur les causes originelles qui sont loin, dans la majorité des cas, d'être un simple microbe ou un simple traumatisme.

On nous apprend, et l'homéopathie est la seule de toutes les médecines à l'avoir remarqué, que nous ne sommes pas sensibles aux mêmes stimulants ou aux mêmes peines ou aux mêmes joies suivant notre tempérament de base, que l'on décèle simplement par le regard. La surprise de nos patients est grande lorsque, simplement en les voyant entrer dans notre cabinet de consultation, nous nous sentons capables de dire que leur morphologie les oriente vers telle ou telle pathologie et qu'il faudra bien sûr les écouter et les examiner pour confirmation, tout en connaissant à l'avance la gamme de médicaments qui conviendra le mieux à la situation clinique qui nous sera présentée.

L'homéopathie se trouve donc être une tactique assez étonnante à laquelle on doit souvent la guérison de symptômes aigus banals. Rappelons que ces derniers obéissent aussi vite à quelques « anciens » produits allopathiques dont la disparition progressive fait de la peine aux médecins de famille qui savaient les donner en cas de « coup dur » ou aux changements de saison (comme cette huile de foie de morue que l'on redécouvre ou l'huile de ricin qui a permis à un guérisseur américain de faire fortune tout en améliorant la santé de centaines de personnes à problèmes). Le domaine privilégié de l'homéopathie est, à notre sens, le traitement du terrain, l'amélioration de la résistance générale et, puisque le terme est à la mode, la modulation de l'immunité cellulaire et sérique.

Il faut savoir qu'un traitement par homéopathie est plus long que les autres et que la prise de produits se fait, quelle que soit l'affection en cause (parce qu'il ne faut pas arrêter dès la disparition des symptômes), pendant des cycles de trois semaines que l'on multiplie par deux ou par trois en fonction des circonstances.

Note : les homéopathes ont souvent pris l'habitude d'identifier leur patient au remède qu'ils lui conseillent et, dans certains manuels de matière médicale homéopathique, on ne dit plus que tel produit *convient* à tel malade mais que le produit choisi *est* un patient qui a telle ou telle réaction. Nous utilisons cette technique de présentation plus directe et souvent plus « parlante » pour ceux qui vont en être les usagers.

OLIGO-ÉLÉMENTS ET VITAMINES

L'oligothérapie obéit à des conceptions différentes et est plus axée sur la biochimie cellulaire. Nous savons qu'aucune transformation ne peut se faire à l'intérieur de notre organisme sans l'intermédiaire d'enzymes qui contrôlent la dégradation ou la reconstitution des molécules et facilitent les phénomènes d'oxydoréduction qui sont à la base des processus vitaux.

Les enzymes sont des protéines (dont les sources alimentaires sont la viande, le poisson, les œufs ou les légumineuses) qui viennent enfoncer une sorte de clé dans certains sites cellulaires pour leur demander de débuter un travail de reconnaissance et de modification moléculaire. On sait depuis quelques années que ces protéines ne peuvent exercer leur influence que si le sang apporte à l'endroit ciblé des minéraux ou des minéraloïdes (comme le cuivre, le zinc, le manganèse et le sélénium) habituellement fournis par les fruits et les légumes que nous absorbons.

Ce qui est vrai pour les aliments préparés de façon biologique ne l'est plus pour les produits manufacturés auxquels on impose, pour des besoins de conservation parfaitement licites, une dénaturation qui empêche leur oxydation trop rapide. Les méthodes de conservation éliminent une grande partie des minéraux normalement installés dans les sites végétaux et l'expérience a montré que nous sommes en manque d'oligo-éléments et que même ceux qui viennent naturellement dans la circulation avec les nutriments digérés sont modifiés dans leur comportement, un peu comme si leur axe d'attache à la protéine enzymatique était déchiré et branlant.

Il faut donc, nous le verrons dans la dernière partie de notre ouvrage, apporter ces éléments à dose suffisante à notre organisme, en n'oubliant jamais d'ajouter toutes les fois que cela est nécessaire le produit complémentaire qui les activera : la vitamine D pour le calcium, la vitamine E pour le zinc, la vitamine PP pour le magnésium, etc.

Il est né de ce fait une nouvelle façon de s'alimenter qui s'intéresse beaucoup moins aux calories absorbées qu'à la nature des aliments ingérés et aux horaires de nos repas. L'oligothérapie ne peut en effet être pleinement efficace qu'au moment où l'organisme est prêt à l'accepter, et des recherches extrêmement précises utilisant les méthodes les plus performantes de la biochimie s'efforcent, dans nos pays occidentaux, de préciser les cycles biologiques qui étaient jusqu'alors ignorés.

LES BASES D'UN NOUVEAU GENRE DE VIE

La ménopause et l'andropause avaient besoin d'être mieux connues pour que le corps médical accepte de les considérer non comme des maladies mais comme des incidents prévisibles qu'il faudrait ranger dans un espace fermé pour en bloquer les inconvénients, un peu comme si on mettait au point une vaccination anti-âge, avec ses prises régulières et ses rappels.

Dire que le problème est résolu serait une faute contre la raison ; il n'empêche que les Extrêmes-Orientaux qui savent utiliser au mieux leurs traditions et les nombreuses plantes que la nature leur fournit en abondance n'ont jamais les traits ridés, gardent leur bonne humeur jusqu'à un âge très avancé, ne se plaignent ni de rhumatismes ni d'infarctus du myocarde et continuent à avoir une pratique sexuelle qui mérite les nombreux stages que les Européens convaincus vont faire dans leurs citadelles.

Il est vrai qu'ils meurent aussi, mais ce départ ressemble, nous en avons été témoins, au décès des prophètes bibliques qui s'en allaient gentiment, repus de jour, comme s'ils éternuaient pour une dernière fois.

Quand un Extrême-Oriental a les mêmes maladies qu'un Européen, dans la majorité des cas, il s'agit d'un immigré qui a trop vite accepté les habitudes de vie et d'alimentation de son pays d'accueil et qui de plus aura pour la pharmacopée biochimique avec laquelle nous soignons des relations d'admiration et de respect que nous avons perdues.

Le Chinois est très discipliné : il prend exactement ce qu'on lui donne, aux doses et aux heures conseillées. L'Occidental, plus critique, laisse souvent faire son médecin et choisit ensuite dans la masse des produits prescrits ceux dont le nom ou la présentation lui plaisent le plus, pour très vite abandonner l'ensemble dès qu'un mieux est perçu et persiste.

Il est difficile d'offrir une ligne directrice pure à ceux qui veulent être soignés ; on pourrait accepter le principe suivant : dès qu'il s'agit d'une maladie grave, le médecin est souverain et son ordonnance doit être respectée minutieusement. Lorsque l'affection est bénigne, nous retrouvons un droit de regard, un peu comme des parents d'élèves sur les professeurs de leurs enfants, et nous sommes autorisés à moduler les prises, en mettant en route toutes nos qualités d'introspection, pour sentir vivre notre corps et le voir réagir aux cadeaux chimiques que nous lui faisons.

Le yoga, dans sa partie « retour sur soi-même » et connaissance de nos organes dont petit à petit, par des exercices de méditation, on apprend à percevoir la physiologie, est d'une aide certaine... comme l'est devenue la psychologie comportementale qui nous apprend à déceler sur nous-mêmes et sur les autres les indices d'un bon ou d'un mauvais comportement.

À titre anecdotique, mais non exemplaire, mentionnons que certains médecins, et cela nous est arrivé, reçoivent des femmes ou des hommes qui ne font confiance aux prescriptions qu'après avoir demandé à leur pendule son avis ; ils vérifient devant vous, si vous les laissez faire, le bien-fondé du médicament proposé, les doses et la durée du traitement. Nous avons toujours pensé que cette attitude, surtout quand le pendule a la gentillesse de répondre positivement, permettait une intervention psychologique dans l'évolution vers la guérison, qui valait parfois largement de multiples conversations avec des psychanalystes !

Les progrès dans la prise en charge des troubles de la cinquantaine passeront donc par :
— une hygiène de vie que nous décrirons au fil des pages ;
— un conditionnement intellectuel qui nous autorise à accepter, de façon réfléchie et guidée, l'ensemble des progrès qui ont été accomplis aussi bien en allopathie que dans les médecines naturelles.

Il est presque possible de dire que tous les pays du monde contribuent à la lutte contre la sénescence, les uns avec leur intelligence, les autres avec leurs produits, d'autres encore avec un mode de vie particulier. La petite encyclopédie que nous présentons pour les hommes et les femmes de la cinquantaine... et plus ou moins, est destinée à être une sorte de *référence* de ce qu'il faut faire ou ne pas faire pour être en forme ou le redevenir. Sans en faire un recueil de toutes les affections médicales, nous l'avons voulue riche et variée afin de permettre à tous ceux qui la consulteront de trouver une solution utile à leurs petits malaises comme à leurs troubles plus sévères.

Elle sera réactualisée aussi souvent que nécessaire dès lors qu'il s'agira à la fois de gagner des ans et de gagner du confort de vivre.

COMMENT SE PRÉSENTE NOTRE GUIDE

Nous avons observé une certaine règle du jeu pour permettre au lecteur de s'y retrouver à chaque fois.

Les affections sont présentées par ordre alphabétique *dans le cadre* dans lequel elles évoluent habituellement, à l'intérieur des différents appareils : nous aurons donc les affections de l'appareil respiratoire, celles de l'appareil digestif, celles du système circulatoire, etc.

Chaque affection est définie avec des termes simples empruntés à différents dictionnaires médicaux dont la liste sera donnée dans notre bibliographie et parfois au dictionnaire *Le Grand Robert*, dont chacun sait apprécier à la fois les explications et les citations proposées pour les illustrer.

Est ensuite indiqué le traitement allopathique le plus performant, notre choix étant guidé par notre ordinateur relié à une banque de données très puissante, qui nous propose, en association avec notre expérience personnelle, les produits et la manière de faire qui semblent remporter sinon l'unanimité, du moins la majorité des suffrages.

Il nous arrivera cependant de nous heurter à des traitements concurrentiels, aussi bons les uns que les autres, sans que nous puissions désigner le meilleur. Nous indiquerons à chaque fois, si nécessaire, les avantages et les inconvénients de l'une ou de l'autre façon de faire. Nous présentons ensuite les méthodes naturelles utiles (homéopathie, phytothérapie, oligothérapie, digipuncture ou autre) en précisant, s'il le faut, celle qui donne les résultats les plus satisfaisants ou que nous préférons.

Il nous arrivera assez souvent de donner des formules magistrales comportant plusieurs produits phytothérapiques ou homéopathiques simultanément utiles. Il vous appartient, si vous le souhaitez, de les montrer à votre pharmacien ou à votre médecin traitant qui prendront alors la responsabilité de vous surveiller et d'apprécier avec vous le bien-fondé de votre et de notre choix.

PLANTES : LES DIFFÉRENTES PRÉSENTATIONS

Les plantes médicinales sont présentées actuellement en France sous plusieurs formes dont la concentration en principes actifs est fort différente. Pour ne pas transformer une médecine douce en médecine agressive, des posologies moyennes ont été fixées, que vous devrez respecter.

Une plante en teinture mère se prend matin, midi et soir diluée dans un peu d'eau, avant les repas, à la dose de deux gouttes par kilo de poids et par jour. L'extrait fluide est beaucoup plus concentré et une goutte par kilo de poids et par jour est suffisante.

Ces mêmes plantes existent dans la majorité des cas sous

la forme de gélules de poudre : 2 cg par jour et par kilo sont habituellement recommandés, sous forme de gélules de 0,30 g réparties aux trois repas. On donnera par exemple, pour un adulte de 70 kg, 1,40 g environ de poudre soit deux gélules matin, midi et soir avant manger ou 30 gouttes de teinture mère matin, midi et soir, dans un peu d'eau ou 15 gouttes d'extrait fluide matin, midi et soir. Ces doses moyennes peuvent être dépassées ou minorées en fonction des symptômes présentés par les patients. Il faut savoir demander conseil à des thérapeutes avertis.

Les tisanes posent un problème au prescripteur parce que, contrairement à l'opinion généralement admise, elles contiennent, lorsque les plantes sont bien conservées à l'abri de la lumière, une quantité importante de principes actifs hydrosolubles et que leur utilisation répétée peut en faire un vrai médicament. Nous n'aimons pas les conseiller en prise régulière, à cause du danger d'intolérance que tous les phytothérapeutes connaissent.

LES PRINCIPALES DILUTIONS HOMÉOPATHIQUES

L'homéopathie, en pratique courante, se présente sous deux dilutions :
— la dilution 5 CH, peu intéressante parce qu'uniquement orientée vers les symptômes, et qu'il faut prendre à la dose de trois granules sous la langue quatre à cinq fois par jour suivant l'intensité des signes cliniques présentés par le patient ;
— les dilution 7 CH et surtout 9 CH qui ont l'avantage de soigner également le terrain. Ce sont elles qui ont notre préférence et nous les conseillons à la dose de cinq granules sous la langue à jeun le matin et le soir au coucher en cure de trois ou de six semaines, avec des périodes d'arrêt et de reprise.

Nous avons la chance avec l'homéopathie de pouvoir proposer à nos patients un traitement préventif personnalisé qui s'appuie sur leur comportement habituel ou leur morphologie et a l'avantage, si nous nous fions aux résultats obtenus, d'augmenter de façon utile les capacités de défense des organismes traités en leur permettant, sans apport d'une autre drogue, de résoudre au mieux les problèmes rencontrés. Toutes les fois que nous suggérerons une plante ou un produit homéopathique, les doses devront s'accorder aux données que nous venons de fournir.

LES AUTRES TECHNIQUES THÉRAPEUTIQUES

Par contre, les doses conseillées pour les oligo-éléments et les vitamines sont variables d'un individu à l'autre et il nous faudra les préciser au fur et à mesure. En règle générale, une mesure (ampoule ou gélule) est donnée chaque jour par cures de 6 semaines, séparées par un mois de repos.

La digipuncture demande, quant à elle, un apprentissage modéré et il suffit, une fois le point repéré, si on désire le tonifier, d'exercer sur lui une pression légère avec la pulpe de son index et de tourner son doigt dans le sens des aiguilles d'une montre pendant une minute par point. La dispersion correspond à une pression plus forte (plus de trois cents grammes sur le point considéré) et à une rotation dans le sens inverse des aiguilles d'une montre pendant deux à trois minutes par point.

LES AFFECTIONS DE A À Z

APPAREIL CARDIO-VASCULAIRE

Un Français sur trois meurt d'une affection cardio-vasculaire. Des études épidémiologiques régionales ont prouvé que la Provence résistait mieux que tous les autres départements aux accidents circulatoires. On sait depuis peu le rôle protecteur incontournable que jouent l'huile d'olive et les habitudes alimentaires dans la qualité de vie des Méditerranéens.

Les instituts d'éducation sanitaire, encouragés par le département prévention de la Sécurité sociale, proposent actuellement à la population une éthique alimentaire dont nous aurons l'occasion de reparler dans notre rubrique consacrée à la diététique. Un gain de vie de cinq ans est le bénéfice escompté d'un comportement alimentaire qui modifie quelque peu les habitudes sans pour autant négliger le plaisir et le goût de la table.

ANGINE DE POITRINE

L'angine de poitrine correspond à une sensation d'angoisse et d'oppression thoracique due à un apport insuffisant d'oxygêne au cœur. La douleur associée irradie le long du bras gauche, à la mâchoire et dans le dos. Elle est déclenchée par l'effort, même une simple marche, ou l'émotion et est améliorée par le repos.

Les deux causes principales en sont l'émotivité exagérée responsable de spasme des artères coronaires qui irriguent le cœur ou la sclérose des artères qui en diminue fortement le calibre.

Prise en charge thérapeutique

Allopathie (sur conseil médical)

Pendant la crise doivent être absorbés par voie sublinguale des produits à base de nitroglycérine connus pour leur très fort pouvoir dilatateur. En dehors de la crise, les mêmes produits sont donnés sous une forme retard pour un effet prolongé et prophylactique.

Le choix est grand dans les produits d'action immédiate : on peut faire fondre sous la langue un comprimé de *Natirose* ou de *Trinitrine simple*. Il est même possible de faire une pulvérisation sublinguale avec *Lénitral Spray*.

Dans les périodes intermédiaires, seront utilisés le *Risordan* dont on prendra trois ou quatre comprimés par jour, ou le *Langoran* pratiquement identique ou encore le *Péritrate* souvent mieux toléré.

Le praticien utilisant des médecines naturelles intervient rarement pendant la crise, aucun produit ne possédant l'effet immédiat de la trinitrine. Il lui est par contre facile d'assurer un effet préventif.

Homéopathie

On fera prendre de l'*Hydrastis 7 CH*, cinq granules sous la langue chaque matin à jeun et le soir après le repas, aux patients amaigris et tendus, du *Lilium tigrinum 7 CH* aux femmes surtout, lorsqu'elles sont agitées et émotives, du *Naja 7 CH* aux patients qui se plaignent de maux de tête associés ou encore du *Spongia 7 CH* quand le sujet présente une gêne respiratoire non en relation avec une insuffisance cardiaque.

Phytothérapie
On proposera, à la dose de 2 gouttes par kilo de poids, réparties dans la journée, de la teinture mère d'*Aubépine* chez les gens dont le mal est aggravé dans une atmosphère chaude, ou de la teinture mère de *Reine des prés* chez les sujets rhumatisants, ou de la *Centaurée* chez les patients hypersensibles et agités.

Les mêmes produits peuvent être conseillés en gélules de poudre à la dose de 2 cg par jour et par kilo de poids.

Cette règle de prescription est valable pour toutes les plantes, à l'exception des plantes toxiques qui ne doivent être prescrites que par un praticien expérimenté, comme nous l'avons expliqué en début de chapitre.

Acupuncture et digipuncture
Des points ont un effet relaxant et antispasmodique : ils seront choisis sur le méridien *Maître du cœur* et sur le méridien *Rate-Pancréas* chargés de contrôler, d'après la tradition chinoise, la circulation de retour et seront manipulés en dispersion.

Le 3e *Maître du cœur* se trouve coude fléchi, en dedans du tendon du biceps. Le 6e *Rate* est dans un creux sur la face interne de la jambe à un travers de main au-dessus de la pointe de la malléole interne (bosselure verticale qui limite la cheville en dedans).

Une séance d'acupuncture chaque semaine, associée à un bon réglage alimentaire, permet souvent des rémissions mesurables.

ARTÉRIOSCLÉROSE

L'artériosclérose n'est pas une maladie en soi ; elle est plutôt un état non désiré qui est la sanction d'imprudences diverses au premier rang desquelles il faut mettre l'alcool, le tabac, la surcharge alimentaire et la receptivité aux stress.

Il a été démontré que toute anomalie dans la répartition des neurotransmetteurs dans l'organisme avait pour sanction immédiate un blocage de certaines réactions biochimiques indispensables et la libération de substances appelées *prostaglandines* responsables, pour la plupart, dans un premier temps de l'agglutination des plaquettes sanguines et dans un deuxième temps de la modification des parois artérielles qui, en se sclérosant, diminuaient la vitesse d'écoulement des liquides circulants, donc l'oxygénation générale des tissus concernés.

Cette artériosclérose peut donc atteindre les secteurs les plus variés : au niveau du cœur, elle sera responsable d'angine de poitrine ou d'infarctus, au niveau du cerveau de ramollissement cérébral, au niveau des reins de sclérose corticale, au niveau des vaisseaux des membres d'artérite, au niveau des poumons, surtout lorsqu'une infection lui est associée, d'emphysème ou de sclérose pulmonaire avec insuffisance respiratoire, etc.

L'âge intervient pour beaucoup dans l'installation des lésions et la ménopause comme l'andropause sont des moments difficiles à surveiller particulièrement, surtout lorsque sont introduites sans précaution des hormones, et que le réglage alimentaire n'est pas recommandé.

Prise en charge thérapeutique

Il n'existe pas de traitement allopathique de l'artériosclérose. Les médecines naturelles ont par contre introduit la notion de dépuration qui consiste à réapprendre à l'organisme à se débarrasser de ses déchets en stimulant intelligemment les émonctoires (reins, intestins, poumons) et en donnant aux cellules hépatiques une envie nouvelle d'accomplir leur mission physiologique.

Seront conseillés le *Dépuratif Richelet* à la dose de trois cuillères à café par jour pendant un temps de double cure (soit six semaines) ou de la *Citrarginine* en ampoules buvables, ou de l'*Hépanéphrol* en ampoules ou du *Pylosuryl* par cuillères à café ou du *Dissolvurol* en gouttes (30 gouttes deux fois par jour).

Il est important d'y associer des acides gras insaturés qui interviennent sur la qualité des membranes cellulaires en les empêchant de se rigidifier et en facilitant les échanges : les produits utiles seront *Flavosen* (une gélule par jour), *Sélénium Ace* (une gélule par jour) ou encore *Lero Base* (une gélule par jour).

ARTÉRITE

L'artérite est un processus inflammatoire qui atteint les tuniques d'une artère et en rétrécit la lumière. Elle sera donc responsable, si on la laisse évoluer, d'une gangrène de la région dont elle assure l'irrigation.

La plus fréquente est l'artérite des membres inférieurs qui se manifeste au début par une douleur brutale au cours de la marche, qui oblige le patient à s'arrêter. Cette douleur à forme de crampe cède au repos, mais réapparaît à la reprise de la marche. Il est de coutume pour juger de son importance de mesurer le chemin parcouru entre deux douleurs et d'apprécier la qualité du traitement institué par le nombre de mètres gagnés d'une fois sur l'autre.

Des examens plus sophistiqués font intervenir le Doppler et l'échographie qui nous fournissent des renseignements précis sur le siège du rétrécissement le plus marqué et les artères intéressées par le processus.

Prise en charge thérapeutique

Allopathie (sur conseil médical)

On utilise, après avoir supprimé le tabac, l'alcool et une alimentation trop riche en graisses saturées, des vasodilatateurs comme le *Vastarel*, deux à trois comprimés par jour, le *Praxi-*

lène, aux mêmes doses, le *Fonzylane* ou encore le *Sermion*, connu pour son action complémentaire sur les troubles de la mémoire.

On ajoute le plus souvent possible des antiagrégants, qui ont une action anticoagulante comme l'*Aspirine*, à toute petite dose.

Homéopathie

On donnera aux patients qui souffrent surtout la nuit *Plumbum 7 CH*, cinq granules en dehors des repas deux fois par jour, à ceux qui ne peuvent supporter la chaleur *Opium 7 CH*, aux individus présentant une hypertension associée *Aurum 7 CH,* aux sujets particulièrement irritables et nerveux *Gelsemium 7 CH*, à ceux qui sont de très mauvaise humeur au réveil *Lycopodium 7 CH* et aux individus précocement vieillis *Baryta carbonica 7 CH*.

Phytothérapie

On conseillera *Douce amère*, *Fragon*, *Mélilot* ou *Orthosiphon* qui peuvent être administrés sous forme de teinture mère à la dose de 2 gouttes par kilo de poids et par jour, ou sous forme de poudre à raison de 2 cg par kilo et par jour, répartis dans la journée.

Les traitements sont nécessairement longs puisqu'il s'agit d'une affection chronique (six semaines et plus avec des périodes de repos que l'on appelle des fenêtres thérapeutiques, pour ne pas créer d'intolérance).

Digipuncture

On insistera sur les points relaxants ou de dispersion des méridiens intéressés et pour la jambe on manipulera en pression relativement forte, dans le sens inverse des aiguilles d'une montre, le *2ᵉ Rein* situé en avant et très légèrement au-dessous de la malléole interne (face interne de la cheville), le *45ᵉ Estomac* en dehors et en avant de l'angle unguéal externe du 2ᵉ orteil.

La digipuncture dans les affections chroniques doit être

répétée deux fois par semaine et associée à d'autres thérapeutiques pour offrir au patient toutes les chances de stabilisation.

HYPERTENSION ARTÉRIELLE

L'hypertension artérielle est définie comme l'augmentation de la tension des parois artérielles parce que le liquide qu'elles contiennent a une pression supérieure à la normale. La tension artérielle se prend avec un tensiomètre et ne doit pas dépasser, chez un sujet au repos depuis dix minutes, 160 mm de mercure pour la maxima qui correspond à la contraction du cœur et 90 mm pour la minima qui représente la tension résiduelle intra-artérielle, lorsque le cœur est au repos.

Certaines hypertensions sont simplement émotionnelles et ne justifient qu'un petit traitement sédatif ; on en fait le diagnostic parce que la minima est largement au-dessous de 90 mm de mercure, même lorsque la maxima dépasse 180.

Quatre-vingt-dix pour cent des autres hypertensions n'apparaissent qu'après la cinquantaine et sont la sanction d'une vie difficile où stress et fautes alimentaires ont créé le terrain favorable. Les signes révélateurs en sont des vertiges, des bourdonnements d'oreille, des céphalées, des troubles visuels et, plus rarement, des accidents cardiaques ou des troubles rénaux.

Une hypertension artérielle, sauf urgence, ne se traite qu'après avoir exigé un bilan de situation qui porte sur l'état du cœur, les constantes sanguines, le fonctionnement rénal et l'étude de l'état vasculaire par un fond d'œil qui permet d'avoir une vision directe sur l'état des vaisseaux rétiniens, donc par analogie sur les vaisseaux de la sphère cérébrale.

Le traitement est complexe et passe par des vasodilatateurs d'action périphérique appelés bêta-bloquants ou d'action centrale, des freinateurs préhormonaux du fonctionnement rénal appelés inhibiteurs de l'enzyme de conversion et des substances modifiant la perméabilité des membranes cellulaires par un meilleur contrôle du cheminement du calcium organique (les inhibiteurs calciques).

Prise en charge thérapeutique

Allopathie (sur conseil médical)
On saura alterner des produits et on fera confiance à la *monothérapie* qui consiste à rechercher le produit capable à lui seul d'améliorer la situation.

Le praticien sait par expérience que l'absorption de plusieurs médicaments dans la même journée rend rarement service et additionne souvent les effets secondaires des uns et des autres. On conseillera donc, en évitant si possible les associations et en tenant compte des contre-indications, du *Sectral* par comprimés, de la *Ténormine*, de l'*Avlocardyl*, du *Trandate*, du *Lopril*, du *Renitec* ou du *Loxen*.

La plupart des produits mentionnés ont plusieurs présentations, la modification portant sur le dosage ou l'action rapide ou prolongée. Le choix devra donc obligatoirement être fait par un médecin compétent. Les premières semaines de traitement seront particulièrement surveillées pour éviter tout incident.

Dans un deuxième temps, il sera loisible d'adopter une vitesse de routine et le patient sera revu tous les mois pour ajuster les produits, les adapter à sa tolérance et vérifier les constantes sanguines dans lesquelles le « mauvais » cholestérol tient une place de choix.

Les médecines naturelles, lorsqu'il n'y a pas d'urgence, rendent de réels services et peuvent parfaitement suppléer dans un premier temps les molécules chimiques du marché pharmaceutique.

Homéopathie
Phosphorus 7 CH, lorsque tous les symptômes semblent améliorés dans l'obscurité, *Viburnum 7 CH*, lorsque des vertiges et des céphalées surviennent de préférence l'après-midi, *Nux vomica 7 CH* chez les sujets attirés par l'alcool et les épices ou *Viscum album 5 CH* lorsqu'est signalée une sensa-

tion permanente de chaleur générale. *Ambra grisea* est utile chez le patient impressionnable que les soucis conduisent à la dépression.

Phytothérapie

On met au premier plan, aux doses conseillées dans notre introduction, le *Tilleul sauvage* chez les individus qui ont souvent des migraines, la *Valériane* lorsque l'hypertension est accompagnée d'insomnie, la *Passiflore* chez les grands nerveux, le *Fumeterre* s'il y a des signes d'insuffisance hépatique ou le *Bouleau* chez les grands rhumatisants.

Digipuncture

On utilisera le *2ᵉ Foie* en tonification pour son action générale dépurative, juste en arrière de la commissure des deux premiers orteils, le *7ᵉ Maître du cœur* en dispersion, pour son action anti-angoisse et hypotensive, au milieu du pli antérieur du poignet, et le *20ᵉ Vésicule biliaire* lorsque des étourdissements sont signalés, en arrière de la tête, à la racine des cheveux, un travers de doigt en dedans de la pointe de la mastoïde.

Oligothérapie

Elle nous est de peu d'utilité. On conseille de l'*oligosol* ou du *microsol manganèse cobalt* deux fois par jour en cure d'un mois, toujours associé à un autre produit.

HYPOTENSION ARTÉRIELLE

L'hypotension correspond à un abaissement au-dessous de 10 cm de mercure de la pression intra-artérielle. Elle survient chez les sujets fatigués et déprimés, dans l'insuffisance cardiaque, après une hémorragie importante ou au cours d'une infection traînante avec déshydratation.

Une forme particulièrement fréquente chez l'individu de cinquante ans est l'hypotension orthostatique caractérisée par une impression de vertige suivie d'une syncope lorsqu'on passe rapidement de la station couchée à la station debout.

Prise en charge thérapeutique

Allopathie (sur conseil médical)

On dispose d'une gamme de médicaments utilisés en réanimation et associés à d'autres méthodes quand les circonstances l'exigent.

On rendra donc la tension artérielle normale avec de l'*Heptamyl* que l'on peut prescrire sous trois formes (gouttes, comprimés ou ampoules injectables) que l'on alternera avec de la *Dihydroergotamine*.

À un stade plus sévère, la cortisone injectable pourra être utilisée ainsi qu'un médicament anti-inflammatoire appelé *Indocid* dont on n'a découvert que très tardivement l'action vasculaire. Il est de ce fait interdit aux rhumatisants hypertendus chez lesquels il peut provoquer des malaises.

Homéopathie

On prescrira *Ammonium carbonicum 7 CH* chez les sujets indolents et facilement ballonnés, *Natrum muriaticum 7 CH* chez les individus maigres et tristes, *Pulsatilla 7 CH* chez les sujets blonds, lymphatiques, pâles et timides, *Petroleum 7 CH* chez le patient frileux, à peau sèche, dont les éliminations sont insuffisantes[1].

---

1. Les médicaments homéopathiques et phytothérapiques ont l'avantage de pouvoir agir sur « plusieurs symptômes à la fois ». Ils sont donc « tous » actifs sur le signe principal pour lequel il sont cités mais leur action est d'autant plus profonde que la personne présente les troubles associés que nous signalons, troubles associés que d'ailleurs ils améliorent par la même occasion. On peut donc dire, pour illustrer cette notion, qu'*Ammonium carbonicum*, *Natrum muriaticum* ou *Pulsatilla* ont tous trois un effet utile dans l'hypotension et que cet effet est encore plus marqué s'ils sont donnés aux « types particuliers » que nous avons décrits pour les uns et les autres.

Phytothérapie
L'*Angélique* sera conseillée lorsque l'hypotension est associée à des vertiges ou de la migraine, le *Thym* chez un individu porteur à la fois de rhumatismes et d'éruptions cutanées intermittentes, l'*Armoise* chez les grands nerveux un peu hystériques, le *Chardon-Marie* chez les hypotendus qui ont une grande aversion pour le travail intellectuel.

Digipuncture
On stimulera en tonification les points qui apportent de l'énergie yang à l'organisme. Le *9e Cœur* est situé sur l'auriculaire, au bord externe (côté pouce) de l'angle unguéal. On stimule également le *4e Gros Intestin* situé entre le pouce et l'index, au sommet du petit monticule que l'on observe quand on les rapproche l'un de l'autre. On pourra encore intervenir sur le *14e Vaisseau Gouverneur*, situé dans le dos, juste au-dessous de la pointe (ou apophyse épineuse) de la 7e vertèbre cervicale.

INFARCTUS DU MYOCARDE

Il s'agit d'une lésion grave due à l'arrêt brutal de la circulation artérielle dans les vaisseaux qui irriguent le cœur. Il aboutit toujours, comme le rappelle le professeur Domart, à la mort d'un segment de tissu plus ou moins important, qui est remplacé par un tissu fibreux.
Cet accident grave survient chez l'homme de la cinquantaine, porteur de facteurs de risque soit connus comme le tabac, l'alcool ou une très grande anxiété, soit découverts par la biologie (diabète, cholestérol élevé, goutte).
Il se manifeste par une douleur spontanée, extrêmement violente, de siège rétrosternal avec irradiations vers la mâchoire, vers les deux bras et vers le creux épigastrique. À cette douleur s'ajoute une angoisse de mort imminente, des troubles digestifs intenses, une pâleur anormale qui correspond d'ailleurs à une chute de tension brutale. Le diagnostic

en est fait par l'électrocardiogramme et l'hospitalisation en service de réanimation cardiologique est indispensable.

L'évolution en est variable ; la cicatrisation est possible dans un délai de quinze jours sans atteinte cardiaque supplémentaire. Une bonne surveillance sera simplement nécessaire. Dans un petit nombre de cas, les complications sont redoutables et peuvent aboutir à l'insuffisance cardiaque avec troubles du rythme et même à la mort par embolie ou thrombose cérébrale.

Prise en charge thérapeutique

Allopathie (sur conseil médical)

L'hospitalisation en milieu spécialisé est indispensable et utilisera une gamme de produits complémentaires qui veilleront à soulager la douleur, à supprimer les caillots des artères coronaires qui irriguent normalement le cœur, à redilater les vaisseaux spasmés et à rétablir une circulation générale de bonne qualité en luttant contre la chute brutale de tension artérielle.

Il est important de connaître, dans la région où l'on vit, les hôpitaux ou les cliniques pourvus d'un service de réanimation pour demander à y être transporté de toute urgence en cas d'accident de cette nature.

Les médecines douces ne peuvent intervenir que dans la phase de cicatrisation en offrant leurs effets sédatifs et régulateurs circulatoires complémentaires.

Homéopathie

On reste également prudent et on se contente de proposer un traitement de terrain avec des produits en dilution 15 CH que l'on utilisera sous la forme d'un tube-dose à laisser fondre sous la langue, loin des repas, une fois par semaine pendant six à huit semaines.

Allium sativum 15 CH conviendra au sujet musclé, brun et gros mangeur ; *Arsenicum album 15 CH* aidera le sujet maigre, épuisé, à peau froide ; *Phosphorus 15 CH* convient au sujet grand, voûté, agité, dont les mains sont souvent moites ; *Moschus 15 CH* réussira au sujet dont l'humeur est très changeante et qui signale une aversion pour les aliments gras et l'odeur ou la fumée de tabac.

Phytothérapie
On conseillera, dans la phase tardive de convalescence, en accord avec les cardiologues, des plantes dont on retient surtout l'effet dépuratif, facilitant par la transpiration et la diurèse l'élimination des déchets de l'organisme, comme la *Bardane*, le *Bouillon blanc*, la *Bourrache*, le *Buis*, la *Petite centaurée*.

On peut associer dans la même préparation, en respectant les doses que nous avons préconisées, des fluidifiants sanguins comme le *Fumeterre*, le *Tilleul* et la *Salsepareille*. On complète ainsi intelligemment l'action des médicaments allopathiques, dont on sait qu'ils doivent être continués pendant très longtemps.

Digipuncture
Un seul point répété tous les deux ou trois jours peut aider le convalescent d'un infarctus : il s'agit du point de la sérénité ou *17e Vaisseau Conception* qui se trouve sur la partie moyenne du sternum, à égale distance des deux mamelons ou à la hauteur du 4e espace intercostal. Il devra être fait en dispersion et commande à l'ensemble du plexus cardio-pulmonaire dont il atténue la réactivité.

PALPITATIONS

C'est la perception par un patient de ses battements cardiaques, ressentis comme douloureux ou simplement gênants. Cette sensation a souvent inspiré les romanciers et dans *L'Auberge rouge*, par exemple, Balzac écrit : « Les palpitations de son cœur étaient si sonores, si fortes, si profondes qu'il en avait été comme épouvanté », alors que Proust dans *Jean Santeuil* nous dit qu'« au creux de sa poitrine, un palpitation faible mais immense s'éveillait, comme au loin l'incessante palpitation de la mer. »

L'origine peut en être émotive ou traduire l'existence de troubles du rythme cardiaque. Le diagnostic est fait par l'auscultation et par l'électrocardiogramme instantané ou laissé en place pendant vingt-quatre heures avec analyse informatique des enregistrements.

Il apparaît aussi bien chez l'homme que chez la femme de cinquante ans, pour des raisons hormonales, une certaine fragilité émotive et une hypersensibilité aux stress de la vie quotidienne qui expliquent la fréquence avec laquelle les palpitations ou extrasystoles sont évoquées dans les plaintes d'une consultation de routine.

Prise en charge thérapeutique

Allopathie (sur conseil médical)

Seules seront envisagées les palpitations émotives, un chapitre entier étant consacré aux troubles du rythme.

Les médicaments agiront sur le système nerveux extrinsèque du cœur, c'est-à-dire les plexus qui entourent le cœur et lui apportent une stimulation extérieure à distinguer de l'automatisme interne commandé par des nœuds de cellules nerveuses et des faisceaux de fibres directement implantés à l'intérieur de la tunique interne du cœur (ou endocarde).

Il est de coutume en cardiologie, sauf urgence, de ne jamais donner au commencement d'un traitement des doses trop fortes. On commence donc volontiers par un demi-comprimé deux fois par jour et on augmente par paliers en fonction des résultats.

Nos préférences vont à certains produits déjà anciens classés dans le dictionnaire des médicaments dans la catégorie des sédatifs de l'éréthisme cardiaque comme *Natisédine*, *Spasmosédine*, *Vagostabyl* ou *Cardicalm*.

Homéopathie

Elle est plus nuancée et on recommandera *Lycopodium*

7 CH lorsque les troubles surviennent après les repas, *Ambra grisea 9 CH* lorsqu'il s'agit d'un effort physique, *Gelsemium 9 CH* après une forte émotion, *Psorinum 9 CH* lorsqu'une aggravation survient dès la tombée de la nuit ou encore *Calcarea carbonica 9 CH* lorsqu'on note une association à des vertiges.

Phytothérapie

Le choix est grand entre les plantes connues pour leur effet sédatif. On pourra préconiser la *Camomille*, le *Saule blanc*, la *Verveine* ou encore la *Passiflore* en sachant que chacun de ces produits est hypotenseur et qu'il faut éviter, surtout après cinquante ans, une variation brusque de la pression artérielle, génératrice de malaises.

Acupuncture

Elle offre des points sédatifs, appelés points *Yin,* et on fera une tonification sur le 3e *Maître du cœur*, situé au bord interne du tendon du biceps, dans la région du coude, le 23e *Vaisseau Conception*, situé juste au niveau de la fourchette sternale, à la base du cou, sur la ligne médiane, et encore sur le 7e *Poumon*, situé juste au-dessus de l'artère radiale, à l'endroit où on prend habituellement le pouls.

TROUBLES CIRCULATOIRES PÉRIPHÉRIQUES : VARICES, ŒDÈMES, JAMBES LOURDES

Nos tissus et nos viscères sont irrigués de façon permanente par du sang artériel et les déchets sont drainés par un double système d'épuration : le système lymphatique pour les grosses molécules et le système veineux.

Le sang veineux en provenance de la partie inférieure du corps doit lutter contre la pesanteur pour parvenir au cœur droit. Sa progression est assurée par le système d'aspiration que constituent les mouvements du diaphragme pendant la respiration et par les contractions musculaires des muscles du mollet et de la cuisse qui exercent une pression alternante sur les veines et les canaux lymphatiques.

Il a été prévu par la nature que le sang ne ferait pas marche arrière dans ce processus et chaque veine porte de place en place des valvules qui empêchent le reflux. Diverses circonstances comme la sédentarité, les mauvais réglages hormonaux ou l'hérédité peuvent perturber le fonctionnement des valvules et laisser apparaître des varices, définies comme une dilatation pathologique et permanente d'une veine.

Les troubles ressentis sont variables : d'une façon générale, le patient atteint signale des jambes lourdes, surtout en fin de journée, des impatiences très caractéristiques qui s'ajoutent à un gonflement des chevilles (œdème) uniquement amélioré par la station couchée, jambes hautes.

Prise en charge thérapeutique

Allopathie (sur conseil médical)

Le réseau veineux est étudié par le Doppler associé à l'échographie qui permettent sans traumatisme particulier de localiser les secteurs les plus atteints et de choisir en connaissance de cause le traitement le plus adapté.

Lorsque de grosses veines superficielles comme la saphène interne ou la saphène externe sont atteintes, une intervention s'impose, soit simple comme la ligature des crosses à l'endroit où la veine pénètre dans le réseau profond, soit plus complexe, qui consiste à enlever l'ensemble de la veine par une technique appelée *Stripping*.

Pour tous les autres cas, la sclérose est de règle et doit être faite de haut en bas, en séances successives, avec des substances sclérosantes bien tolérées comme l'*Aetoxisclerol* ou le *Scleremo* qu'il est bon de mélanger avec un petit peu de *Xylocaïne* pour rendre les piqûres moins douloureuses.

En plus, s'impose par la bouche la prise de médicaments appelés *phlébotoniques* qui fluidifient un peu le sang veineux, renforcent la tonicité des parois et augmentent la contractilité musculaire spontanée des muscles des parois veineuses. On utilisera de préférence, parce que leur action a été prouvée par des recherches répétées, des sachets de *Veinamitol*, des gélules de *Cyclo 3* ou de *Ginkor*, des comprimés de *Cirkan*, de *Diovenor* ou de *Diosmil*, à des doses progressivement croissantes pour un effet thérapeutique sérieux.

Mésothérapie
Une technique récemment mise au point consiste à injecter très peu profondément sous la peau, le long des veines, un mélange de produits connus comme *Stryadine* ou *Esberiven* pour obtenir une concentration locale importante et avoir ainsi une action directe. La mésothérapie, dans la mesure où a été créé un minidépôt à résorption lente, n'est utile que deux fois par semaine et ne justifie aucune thérapeutique associée.

Homéopathie
On choisira, chez les sujets engourdis, facilement irritables, *Aesculus 9 CH*, chez les bruns, corpulents dont le visage est luisant, *Thuya 9 CH*, chez les individus d'aspect vieillot, aux yeux cernés et dont la démarche est lourde et lente, *Zincum metal 9 CH*.
Lorsque les œdèmes sont prépondérants, on conseillera *Vipera 9 CH*, s'ils s'accompagnent de douleurs piquantes et mobiles *Apis 9 CH*, si les troubles prédominent la nuit *Plumbum metal 9 CH*.
On est autorisé en homéopathie, comme dans toutes les autres branches de la médecine, à faire des associations médicamenteuses. La seule précaution, sauf indication contraire que nous préciserons, est de donner chaque produit pour son propre compte à une heure différente de la journée pour que les tissus d'accueil en soient bien imprégnés sans freinage ni perturbation venant d'ailleurs.

Phytothérapie
Il est possible de faire fabriquer des crèmes pénétrantes toniques à base de *Ruscus*, d'*Hamamélis*, de *Marron d'Inde* ou

d'*Hydrastis* à une concentration de 2 à 3 %. La formule la plus courante est la suivante :
— extrait fluide de marron d'Inde 2 g ;
— lanoline 50 g ;
— vaseline 40 g ;
— huile essentielle de menthe 10 gouttes ;
— conservateur *qsp* (au choix du pharmacien), en un pot.

Cette crème se conserve pendant deux mois, de préférence dans la partie « légumes » d'un réfrigérateur.

Les mêmes produits seront donnés pendant une longue période (par cycles de six semaines, avec des périodes de repos de trois semaines) par voie buccale aux doses que nous avons préconisées, le plus souvent en association parce qu'ils sont complémentaires.

Digipuncture

Elle agit sur les méridiens connus pour leur effet énergétique circulatoire. Le choix est relativement restreint et porte pratiquement exclusivement sur les points du méridien *Rate* qui naît au niveau du gros orteil et monte sur la face interne de la jambe puis de la cuisse pour rejoindre le thorax après avoir traversé l'abdomen. Il se termine sous l'aisselle au niveau du 6e espace intercostal par le point *21e Rate*.

Le massage de son trajet en appui léger, de bas en haut, a le mérite d'associer un drainage lymphatique à une stimulation successive des points d'acupuncture. Il faut donc essayer de pratiquer des massages énergétiques linéaires en s'aidant des crèmes phlébotoniques que nous avons indiquées, sans s'attaquer à un point d'acupuncture en particulier.

TROUBLES DU RYTHME CARDIAQUE

Les contractions du muscle cardiaque sont régies par une organisation nerveuse intrinsèque qui comporte des nœuds de cellules nerveuses à l'intérieur des oreillettes et un faisceau de fibres nerveuses dans la cloison interventriculaire (nœuds de Keith et Flack, de Tawara et faisceau de His). Des anomalies de la conduction, par artériosclérose surtout, peuvent rendre asynchrones les contractions des oreillettes et des ventricules et le rythme cardiaque, qui est normalement, au repos, à la température interne de 37°, compris entre 70 et 75 contractions par minute, peut présenter une grand nombre de particularités.

Prise en charge thérapeutique

Allopathie (sur conseil médical)
— Le rythme reste régulier mais le cœur est ralenti : on dit qu'il y a bradycardie et il faudra, après en avoir déterminé la cause, stimuler le rythme par des pilules de *Genatropine* ou des produits équivalents et même, s'il le faut, implanter sous la peau dans la région précardiaque des stimulateurs électriques pour empêcher le débit sanguin de s'effondrer.
— Le cœur bat beaucoup trop vite mais reste régulier :
• on dit qu'il y a tachycardie sinusale quand les oreillettes et les ventricules battent au même rythme. La digitaline, grand médicament cardiologique, est alors nécessaire et sera administrée en gouttes à des doses très précises sous surveillance de l'électrocardiogramme ;
• il y a flutter auriculaire quand les oreillettes battent à 300 par minute avec des ventricules qui ne répondent qu'une fois sur deux aux stimulations qu'ils reçoivent.
Nous sommes, dans ce cas, en situation d'urgence et la solution proposée en service de réanimation est le *choc électrique* sous anesthésie qui rétablit un rythme plus modéré et redonne aux oreillettes des contractions plus appropriées.
— Le cœur devient irrégulier, les oreillettes ont un rythme totalement désorganisé et les ventricules ne leur obéissent que de temps à autre, au gré du passage d'un influx : on dit qu'il y a fibrillation auriculaire et le traitement passe par des antiarythmiques dérivés de la *quinidine*, elle-même dérivée de la *quinine*. Les produits principaux s'appellent *Bradyl, Cardioquine, Isoptine, Rythmol, Longacor*.

La différence de dénomination a juste valeur commerciale et rien ne permet d'en proposer un plutôt qu'un autre. Une grande précaution doit être prise au moment de l'installation du traitement, parce que l'agitation anormale des oreillettes peut créer en leur sein des caillots sanguins et il a été constaté que la sanction de la régularisation pouvait être une embolie pulmonaire ou artérielle par migration. Les anticoagulants sont donc indispensables et nous sommes dans le domaine de la *grande* cardiologie ;

— des accidents plus graves encore peuvent survenir par atteinte directe des ventricules qui décident eux aussi de faire de la fibrillation et peuvent atteindre le rythme de 200 par minute avec les conséquences générales que l'on peut imaginer.

Les médecines naturelles se font très discrètes dans les grandes pathologies et seront utilisées uniquement pour leur pouvoir sédatif général et leur capacité de lutter contre le stress, en complément des produits actifs que nous venons d'énumérer.

Homéopathie

On utilisera les venins pour leur faible pouvoir anticoagulant : *Vipera 4 CH*, *Naja 4 CH*, *Cobra 4 CH* et on ajoutera, en traitement symptomatique, *Pulsatilla 4 CH* chez les personnes blondes, *Sepia 4 CH* chez les brunes et *Graphites 4 CH* pour les cheveux à tendance rousse.

Phytothérapie

Il sera fait appel à la *Marjolaine*, à la *Lavande*, à l'*Aubier de tilleul*, à l'*Éleuthérocoque*, au *Coquelicot*.

Digipuncture

On touchera au point du plexus cardio-respiratoire, ou *17ᵉ Vaisseau Conception*, à égale distance des deux mamelons, et au point *9ᵉ Cœur* qui se trouve à l'extrémité du 5ᵉ doigt côté pouce, que l'on tonifiera très légèrement une fois par jour tout en suivant les réponses du cœur aux autres traitements proposés.

APPAREIL DIGESTIF

AÉROPHAGIE

Déglutition d'air excessive survenant chez des sujets qui mangent trop vite, boivent beaucoup pendant leur repas et ajoutent à leur menu trop de pain ou de féculents.

Prise en charge thérapeutique

Cette affection entraîne une dilatation de l'estomac, des éructations fréquentes et peut être invalidante comme l'écrit Claudel dans son *Journal* : « Lina, atteinte d'aérophagie, ne peut ni parler, ni voir, ni se coucher, ni s'asseoir. Elle passe sa vie debout, dans des souffrances affreuses qui atteignent tous les organes. »

Hygiène de vie : manger lentement, mastiquer longuement les aliments, éviter les boissons gazeuses, réduire les féculents — pâtes, pommes de terre, patates douces, riz...

Allopathie (sur conseil médical)

Il est de coutume d'alterner chaque semaine pendant six semaines, pour leur action stimulante sur la digestion :

— *Génésérine* : deux pilules avant les trois repas ;
— *Gynergène* : 10 gouttes avant chacun des trois repas ;
— *Aérophagyl* : un comprimé délayé dans un demi-verre d'eau avant les trois repas ;
— *Formocarbine* : une cuillère à café avant les trois repas ;
— *Primpéran* : une cuillère à café avant les trois repas ;
— *Gastrosodine* : un sachet dans un demi-verre d'eau avant les trois repas.

Les résultats sont souvent spectaculaires.

Homéopathie

Nux vomica 5 CH, deux granules sous la langue quatre à

cinq fois par jour en dehors des repas, alterné avec *Cynara 5 CH*, à prendre de la même manière.

Phytothérapie
Extrait fluide d'*Anémone* ou de *Fenouil* ou *Sarriette* ou de *Thym* : 25 gouttes avant les trois repas. Poudre de *Carvi* ou de *Serpolet* ou de *Cumin* ou d'*Aneth* : deux gélules de 0,20 g avant les trois repas.

Digipuncture ou acupuncture
Le 12e *Vaisseau Conception* situé sur l'abdomen entre l'ombilic et la pointe de l'appendice xiphoïde, qu'il faut soumettre à une manœuvre stimulante dite de pincer-rouler jusqu'à ce que le point soit très rouge. On ajoute également le 15e *Vaisseau Conception* situé juste sous la pointe de l'appendice xiphoïde.

APHTES

Ces petites érosions superficielles entourées d'un liséré rouge siègent habituellement dans la bouche et autour des muqueuses génitales. Elles traduisent en général un déficit des sécrétions pancréatiques et une mauvaise tolérance au sucre, mais aussi aux noix, au chou, aux épices ou à certains fromages. Le traitement doit être double, local par cautérisation et général visant à rétablir un rythme correct de digestion et à favoriser les défenses générales.

Prise en charge thérapeutique

Allopathie (sur conseil médical)
Le traitement local utilise des bains de bouche avec *Hextril* pur deux à trois fois par jour ; on peut également prescrire un collutoire atomiseur à la *Rifocine* et faire sucer des glossettes soufrées de *Glossithiase*. S'il le faut, on fera des attouchements avec de l'acide trichloroacétique à 20 % ou un bâton de nitrate d'argent vendu en pharmacie.

Le traitement général, décevant, s'efforce d'être immunologique et recommande *Imudon* dont on laisse fondre six comprimés par jour, dans la bouche, pendant dix jours. On donne encore, en cure d'un mois, du *Pancréal* aux mêmes doses, pour remplacer les enzymes pancréatiques défaillantes.

Homéopathie
Surtout en traitement de terrain, à utiliser par périodes de six semaines — soit trois ou quatre cures par an —, si les rechutes sont habituelles, à la dilution 9 CH.
Borax chez les sujets blonds et pâles avec taches jaunes autour de la bouche ;
Capsicum chez les individus gras, frileux et sédentaires ;
Magnesia carbonica chez les déminéralisés, facilement irritables, aux digestions lentes ;
Nitri acid chez l'homme vindicatif, entêté et difficilement consolable ;
Mercurius solubilis chez une personne souvent prostrée, en proie à des vertiges et à des migraines rythmées par les repas.

Phytothérapie
Prêle chez les personnes déminéralisées et arthrosiques ;
Sauge quand les symptômes principaux sont digestifs ;
Noisetier si les douleurs d'accompagnement sont très vives ;
Thym chez les sujet hypotendus et constamment fatigués ;
Myrte quand on met en évidence des troubles des phanères (ongles et cheveux).

Digipuncture et acupuncture
On utilisera tous les points en dispersion puisque l'aphte est considéré comme un signe yang.
Le *7ᵉ Cœur*, à l'extrémité interne du pli du poignet pour son action cicatrisante générale ; le *17ᵉ Gros Intestin*, à la partie moyenne du cou, au bord postérieur du muscle sterno-cleido-mastoïdien qui forme une ruban épais et tendu lorsque l'on empêche la tête de tourner sur le côté ; le *4ᵉ Rate*, sur le bord interne du pied en avant de la base du premier métatarsien,

point clé anti-aphtes ; le *12ᵉ Estomac*, situé au centre du creux sus-claviculaire, pour son action efficace sur la circulation énergétique de la face.

Autres techniques
On conseillera *Ulmus campestris bourgeons* macérat glycériné 1D à la dose moyenne connue de 30 gouttes trois fois par jour pendant des cycles de six semaines. Des attouchements avec de la teinture mère de *Thuya* pourront remplacer les techniques allopathiques.

AFFECTIONS BÉNIGNES DU CÔLON

Le côlon est la partie terminale du tube digestif et a pour mission de concentrer les résidus alimentaires pour en faire des matières expulsables, tout en contribuant par les microbes saprophytes (non dangereux et vivant ensemble sans provoquer d'infection) à digérer en partie les fibres de cellulose que les enzymes digestives ne savent pas attaquer.

La programmation spontanée du côlon est cependant difficile et nombreuses sont les personnes qui présentent des colopathies avec constipation opiniâtre ou diarrhée fréquente ou de la colite spasmodique ou encore des infections à répétition quand ne s'y ajoutent pas des polypes ou même un cancer responsable de saignements, voire d'occlusion intestinale.

Prise en charge thérapeutique

Allopathie (sur conseil médical)
Trois éléments doivent être pris en compte dans le traitement des colopathies : un facteur irritatif que l'on soigne avec des pansements gastro-intestinaux, des troubles du transit qui seront améliorés par des enzymes digestives et des spasmes auxquels on opposera des antispasmodiques. La guérison est lente, surtout chez les personnes très sensibles aux stress et qui ne savent pas contrôler la qualité de leur alimentation. On

insiste en effet souvent en pathologie digestive sur les allergies et beaucoup d'affections du tube digestif seraient améliorées si on tenait davantage compte de la tolérance alimentaire générale.

Parmi les pansements gastro-intestinaux, que l'on doit prendre à la dose d'un sachet dans un demi-verre d'eau avant les repas principaux, notre préférence va à :

Gastropulgite, Actapulgite, Bedelix, Dologastrine, Topaal ou *Kaomuth.*

Les enzymes digestives sont absorbées une heure avant les repas à la dose de deux comprimés à la fois : *Amylodiastase, Askenzyme, Pancréal,* ou *Zymoflex.*

Les antispasmodiques les mieux tolérés sont : *Librax, Météoxane, Duspatalin* ou *Colopriv.*

Les patients doivent être surveillés régulièrement et on ne doit pas être avare d'examens complémentaires à la recherche de maladies graves qui se manifesteraient sous des dehors trompeurs et banals.

Homéopathie

Aloe chez un sujet lymphatique, indolent et sédentaire ;

Natrum muriaticum lorsque tous les symptômes sont aggravés par le soleil et au bord de la mer ;

Belladona quand la face est rouge et constamment chaude ;

Tarentula lorsque les troubles sont localisés à droite ;

Camomilla si on note une aggravation autour des règles ou après des relations sexuelles.

Phytothérapie

Angélique lorsque les symptômes sont aggravés par l'humidité et le froid ;

Lavande si une amélioration apparaît après application de compresses chaudes ;

Gentiane si on note des éruptions cutanées ;

Thym lorsque sont associés des rhumatismes, de l'hypotension et une grande fatigue ;

Badiane en présence d'une boulimie mal contrôlée.

Digipuncture et acupuncture
Les points seront tous faits en dispersion :
9e *Rate*, dans une dépression située au-dessous du genou, au même niveau que la tubérosité antérieure du tibia, pour son action antispasmodique intestinale ;
13e *Foie*, à l'extrémité antérieure de la 11e côte, quelle que soit sa longueur, pour son action directe sur la vésicule biliaire ;
20e *Estomac*, sur le croisement d'une ligne horizontale passant à un travers de doigt (du patient) au-dessous de la pointe de l'appendice xiphoïde et d'une ligne verticale située à 3 travers de doigt en dehors de la ligne médiane antérieure, des deux côtés. Ce point est connu pour son action de drainage des surcharges énergétiques digestives
18e *Vaisseau Conception*, sur la ligne médiane antérieure, au niveau du 3e espace intercostal, pour son action eupeptique (capacité d'améliorer la digestion).

Autres techniques
Les oligo-éléments au *zinc*, *cuivre* et à l'*aluminium* sont régulièrement conseillés en cures répétées, à la dose d'une prise par jour pendant au moins 6 semaines.

BALLONNEMENT ABDOMINAL

L'augmentation de volume de l'abdomen due à un excès de gaz intestinaux s'explique par une fermentation exagérée déclenchée par une alimentation maladroite qui ne tient pas assez compte des incompatibilités alimentaires. Il est en effet déconseillé de mélanger des sucres rapides à des sucres lents ou de la viande maigre, sans faire intervenir un aliment tampon comme la salade. Nous développerons ces notions dans le chapitre consacré à l'alimentation.

Prise en charge thérapeutique

Allopathie (sur conseil médical)
Aux conseils diététiques, on ajoute la prise de deux sortes

de médicaments : des absorbants de gaz intestinaux comme l'argile ou le charbon et des accélérateurs du transit intestinal.

On prendra donc soit du *Charbon de Belloc*, une cuillère à soupe délayée dans un peu d'eau à chacun des trois repas ou *Carbonaphtine pectinée* par cuillère à soupe ou du *Carbophagix* en gélules. Les stimulants de la motricité pourront être le *Primpéran* dont il existe différentes formes ou l'*Anausin* ou le *Motilium* ou encore le *Peridys*.

Homéopathie
Cocculus si le foie est sensible à la pression ;
Dulcamara lorsque est constatée une aversion pour le lait et les aliments gras ;
Nux vomica quand les symptômes sont améliorés par une bonne sieste ;
Berberis s'il y a aggravation par un voyage ou des secousses répétées ;
Spigelia chez les grands migraineux.

Phytothérapie
Chardon-Marie chez les sujets facilement allergiques ;
Lierre terrestre chez la personne améliorée par une marche au grand air ;
Gentiane lorsqu'il existe des éruptions variées sur la peau ;
Ginseng chez tous ceux qui se plaignent d'une grande faiblesse générale ;
Fenouil qui intervient aussi bien sur la migraine, les vertiges que la fatigue.

Digipuncture et acupuncture
On utilisera en tonification les points suivants :
3ᵉ Gros Intestin, en arrière et en dehors de l'articulation métacarpo-phalangienne de l'index, pour son action stimulante sur la motricité intestinale ;
11ᵉ Gros Intestin, à l'extrémité externe du pli du coude, pour son effet stimulant des sécrétions enzymatiques intestinales ;

15ᵉ Vaisseau Conception, à la pointe de l'appendice xiphoïde, parce qu'il équilibre les fonctions du plexus solaire ;

3ᵉ Intestin Grêle, en arrière de la tête du 5ᵉ métacarpien, sur son bord interne, parce qu'il a une action carminative (il facilite l'expulsion des gaz intestinaux).

Autres techniques

On conseille *Juniperus communis bourgeons*, macérat glycérine 1D, 30 gouttes matin et soir en association avec une mesure d'oligosol au *manganèse cobalt*, en cures de trois semaines renouvelables.

COLIQUES HÉPATIQUES

Habituellement dues à la migration d'un calcul dans les voies biliaires, les coliques hépatiques sont presque les douleurs les plus violentes que l'on puisse ressentir. Elles partent de la partie basse du thorax à droite et remontent en arrière jusqu'à l'épaule droite et sont comparées à une déchirure, à un écrasement ou même au broiement d'une partie du corps.

Cette douleur constitue en médecine une très grande urgence.

Prise en charge thérapeutique

Allopathie (sur conseil médical)

Un traitement d'urgence est indispensable et fait appel à des antispasmodiques puissants associés à des antinauséeux et, s'il le faut, des antalgiques. Les produits sont injectés par voie intraveineuse ou intramusculaire quand la voie intraveineuse est impraticable.

On fera appel, même si les produits présentent des dangers, au *Valium*, à l'*Algobuscopan*, à la *Viscéralgine*, au *Primpéran*, à la *Baralgine* ou à l'*Avafortan*. Il ne faut pas laisser l'état général s'effondrer et la prise de tension est indispensable avec administration complémentaire de tonicardiaques si nécessaire, comme l'*Heptamyl*.

L'hospitalisation est parfois indispensable et se fera par

le SAMU qui mettra le patient en perfusion pendant le transport.

Homéopathie
Il est exceptionnel que l'homéopathie, comme les autres médecines naturelles, puisse soulager la crise aiguë. Elle peut par contre prévenir les crises suivantes ou bloquer l'évolution de la crise à son tout début.
Berberis lorsque l'on note une extrême sécheresse des muqueuses ;
Carduus marianus si aux douleurs s'associent un hoquet et des éructations fréquentes ;
Calcarea fluorica chez une personne présentant une agitation et une extrême irritabilité ;
Cuprum metal quand on note une très grande sensibilité au toucher ;
Magnesia phosphorica lorsque l'on a l'impression d'une amélioration durable par un massage de la région.

Phytothérapie
Cannelle, s'il existe une sensation générale de meurtrissure ;
Cyprès si on note une humeur instable avec hypersensibilité générale ;
Boldo lorsque l'haleine est acétonique et que la tête est lourde et vide ;
Radis noir, si la crise s'accompagne de sueurs importantes.

Digipuncture et acupuncture
Les points doivent être faits en dispersion :
4e *Foie*, en avant de la pointe de la malléole interne, considéré comme un point spécifique ;
36e *Estomac*, à l'intersection d'une ligne passant un travers de doigt en dehors de la crête tibiale et d'une ligne passant à quatre travers de doigt au-dessous de la pointe de la rotule, indiqué parce qu'il diminue le potentiel yang du tube digestif ;
14e *Foie*, dans le 6e espace intercostal, sur une ligne verticale passant par le mamelon ;

6ᵉ *Maître du cœur*, 2 travers de doigt au-dessus de la ligne de flexion du poignet, sur la médiane de la face antérieure de l'avant-bras, pour son effet un peu euphorisant et sédatif.

Autres techniques
On conseille volontiers *Rosmarinus officinalis bourgeons* macérat glycériné 1D, 40 gouttes matin et soir, en cure habituelle de trois semaines à commencer une fois la crise passée

CONSTIPATION

Le retard à l'évacuation des matières peut être dû à un obstacle comme un polype ou un cancer du côlon. La cause la plus fréquente est l'atonie intestinale par défaut de contraction du côlon, qu'elle soit due à certains médicaments qui ralentissent le transit ou à une alimentation qui oublie d'introduire une quantité suffisante de fibres dans les repas.

Prise en charge thérapeutique

Allopathie (sur conseil médical)
La première précaution consiste à manger des fibres pour que le bol alimentaire soit suffisamment important pour déclencher des contractions intestinales réactionnelles. Les fibres qui sont en fait la cellulose des plantes seront trouvées dans tous les légumes verts ou non, dans les fruits, dans les aliments dits complets comme le pain et le riz.

Une bonne technique de rééducation de l'intestin consiste à se présenter à la « garde-robe » à heure fixe tous les jours, de préférence, d'après les recherches de chronobiologie, entre 7 heures et 9 heures du matin. Lorsque l'échec est patent, les médicaments sont de mise et s'orientent dans deux directions, sous la surveillance d'un gastro-entérologue :

— il s'agit d'un ralentissement du transit intestinal et les laxatifs doux lubrifiants ou de lest sont de mise comme : *Lubentyl gelée*, *Parlax huile*, *Transitol gelée*, ou *Entéromucilage granulés*, *Inolaxine*, *Spagulax granulés*, *Polykaraya granulés* ;

— il s'agit d'une incapacité pour l'ampoule rectale de se contracter et d'assurer son évacuation. On sera alors conduit à donner des laxatifs par voie rectale comme : *Antimucose suppo, Dulcolax suppo, Microlax gel, Rectopanbiline suppo*.

Homéopathie
Graphites sera conseillé à un sujet corpulent, triste et de très mauvaise humeur au réveil ;
Aesculus convient à un individu obèse, apathique, dont les yeux sont constamment cernés ;
Bryonia est indiqué chez une personne robuste, rigide et facilement agacée ;
Antimonium crudum quand la constipation est améliorée par des bains chauds réguliers ;
Veratrum viride si on note des migraines avec congestion de la tête.

Phytothérapie
Plantain sera proposé aux personnes qui ont une salivation exagérée et une mauvaise haleine ;
Patience conviendra aux personnes qui se plaignent de faux besoins et d'envies fréquentes d'uriner ;
Fucus sera administré aux lymphatiques obèses ;
Valériane est utile aux insomniaques ;
Menianthe sera recommandée à tous ceux qui sont aggravés par des boissons alcoolisées.

Digipuncture et acupuncture
Les points seront tous faits, des deux côtés, en tonification :
3e *Gros Intestin*, en arrière et en dehors de l'articulation métacarpo-phalangienne de l'index, dans le cas de constipation spasmodique avec coliques ;
7e *Intestin grêle*, sur le bord postéro-interne de l'avant-bras, à deux travers de main au-dessous du coude, dans les constipations émotives ;
6e *Triple Foyer*, à un travers de main au-dessus du pli dor-

sal du poignet, à sa partie moyenne, chez un individu affairé et trop actif ;

34ᵉ Vésicule biliaire, dans une dépression située au-dessous et en avant du péroné, après une intervention ou un accouchement ;

6ᵉ Vaisseau Conception, à égale distance du pubis et de l'ombilic, sur la ligne médiane, pour son action directe sur le plexus hypogastrique.

Autres techniques

On conseille 30 gouttes par jour d'un mélange de *Fagus sylvatica bourgeons* macérat glycériné 1D et de *Fraxinus excelsior bourgeons* macérat glycériné 1D, pendant un temps de cure.

DYSPEPSIE

Les gastro-entérologues groupent sous ce terme l'ensemble des sensations désagréables que provoque une digestion de mauvaise qualité. Il peut s'agir de brûlures, de ballonnements, de douleurs, d'aigreurs ou de nausées, le tableau clinique pouvant changer d'un repas à l'autre, le stress ayant bien entendu à chaque fois un rôle à ne pas négliger.

Prise en charge thérapeutique

Allopathie (sur conseil médical)

La thérapeutique comporte des anti-acides à action locale que l'on prend 30 minutes avant un repas, associés à des enzymes digestives. Il faut aussi apprendre à manger plus lentement et à ne pas faire de mélanges explosifs en insistant trop sur les produits acides, les piments ou les excitants comme le tabac et l'alcool.

Les produits conseillés sont : *Antih poudre orale, Carbophos comprimés, Gastropax poudre orale, Gélusil comprimés, Maalux comprimés* et même les tablettes *Rennie* qui sont l'ancêtre de cette catégorie.

Parmi les enzymes, notre préférence va à *Aerocid comprimés*, *Digestobiase comprimés*, *Festale comprimés*, *Pereflat comprimés* et la vieille solution *Schoum* que nos grands-parents connaissaient déjà.

Homéopathie
On conseillera *Anacardium* au sujet indécis, méfiant et irritable ;
Lycopodium est recommandé à ceux qui sont aggravés par les féculents ;
Phosphorus est plus actif chez les individus grands, voûtés, agités, dont les mains sont habituellement moites ;
Iris versicolor est donné à tous ceux qui sont améliorés lorsqu'ils se tiennent penchés en avant ;
Nux vomica est le remède de ceux qui ont la langue presque toujours blanche.

Phytothérapie
Coriandre est utile aux sujets nerveux qui ne peuvent s'empêcher de manger vite ;
Houblon est plus indiqué chez les buveurs d'alcool, de vin ou de boissons très amères comme le café et le thé ;
Sauge convient aux individus ridés précocement et dont les articulations sont sensibles ;
Millepertuis est plutôt conseillé aux sujets variqueux, engourdis et qui transpirent au moindre effort ;
Aunée est efficace à la fois dans les affections bronchiques traînantes et les parasitoses digestives.

Digipuncture et acupuncture
La technique de manipulation des points conseillés dépend de la symptomatologie. Quand les signes prouvent un excès énergétique (douleurs vives, coliques...), il faut faire de la dispersion ; quand il y a au contraire un retard d'évacuation et une paresse digestive, il faut tonifier.
Les points conseillés sont les suivants.
Le *15e Rate*, sur une horizontale passant par l'ombilic, à

6 travers de doigt en dehors de la ligne médiane, parce qu'il faciliterait la digestion des glucides ;

Le *40ᵉ Estomac*, à la partie moyenne de la jambe, contre le bord externe de la crête tibiale, pour son effet lipolytique (digestion des graisses) ;

le *3ᵉ Intestin grêle*, sur le bord interne de la main, en arrière du 5ᵉ métacarpien, parce qu'il permet de lutter contre l'aérophagie ;

le *41ᵉ Vésicule biliaire*, dans une dépression située en avant de la tête du 5ᵉ métatarsien, qui favorise un bon brassage intestinal.

Autres techniques

Rosmarinus officinalis bourgeons macérat glycériné 1D sera prescrit en alternance un jour sur deux avec *Juniperus communis jeunes pousses* macérat glycériné 1D, à 30 gouttes deux fois par jour.

GASTRALGIES

On désigne sous ce terme toutes les douleurs qui peuvent affecter l'estomac, qu'elles soient occasionnelles ou qu'elles soient la manifestation de l'ulcère de l'estomac. Elles ont, dans ce cas, la particularité d'être rythmées par les repas et d'apparaître trois ou quatre heures après le déjeuner et le repas du soir sous la forme de pesanteur ou de crampe localisée à l'épigastre. La nature psychosomatique est dans ce cas largement prouvée et le traitement doit en tenir compte pour éviter des rechutes habituellement fréquentes.

Prise en charge thérapeutique

Allopathie (sur conseil médical)

Le traitement n'est pas le même quand il s'agit de simples brûlures d'estomac ou d'un ulcère d'estomac prouvé.

Outre les conseils diététiques connus, on proposera des antispasmodiques comme *Manir* à prendre avant les repas à dose suffisante (1 à 3 comprimés), *Génatropine granulés, Probanthine comprimés, Riabal comprimés*... et des pansements gastriques qui protègent la muqueuse gastrique tout en exerçant un effet anti-inflammatoire comme *Gelox suspension buvable, Météoxane gélules, Mucipulgite granulés* ou *Contracide suspension buvable*.

Lorsqu'on est en présence d'un ulcère et que l'on a bien fait la différence avec un cancer de l'estomac débutant, par la gastroscopie et une biopsie éventuelle, la doctrine actuelle veut que l'on empêche la sécrétion d'acide chlorhydrique par les cellules gastriques soit par action sur l'histamine qui inhibe cette sécrétion grâce aux antihistaminiques H2, soit par action directe sur les cellules productrices par des inhibiteurs de la pompe à protons.

Les traitements doivent être poursuivis jusqu'à cicatrisation et même, suivant certains spécialistes, pendant beaucoup plus longtemps à la dose habituelle de deux comprimés par jour des produits proposés. Il faut en connaître les inconvénients, surtout sous l'angle infectieux, parce que l'acidité gastrique ne protège plus l'estomac contre les germes qui se mettent alors à pulluler dans le secteur.

Citons parmi les antihistaminiques H2 le premier-né, *Tagamet,* et ses concurrents directs *Azantac, Raniplex, Nizaxid* ; parmi les inhibiteurs de la pompe à protons, on distinguera *Lanzor, Mopral, Ogast* ou *Zoltum*.

Homéopathie

Anacardium est prévu pour les sujets qui sont améliorés en mangeant ;

Argentum nitricum est donné aux personnes qui ont la tête lourde et vide ;

Nux vomica conviendra à tous ceux qui s'endorment facilement après un repas ;

Capsicum améliorera tous ceux qui sont aggravés par l'absorption de boissons froides ;

Carbo vegetabilis est réservé aux végétaliens qui ne mangent ni viande, ni beurre, ni lait, ni œufs, ni poisson.

Phytothérapie
Fumeterre est le remède des auto-intoxiqués présentant des manifestations cutanées ;
Mélisse sera donnée aux sujets pusillanimes, s'évanouissant facilement ;
Pariétaire est utile à ceux qui se plaignent d'une fatigue intellectuelle et physique permanente ;
Saule blanc est la plante active chez les déminéralisés attirés par les épices et les alcools ;
Marjolaine soulagera à la fois les gastralgies et les migraines associées.

Digipuncture et acupuncture
Tous les points doivent être faits en dispersion.
Le *45e Estomac*, 2 mm en avant et en dehors de l'angle unguéal externe du 2e orteil, a un effet décontractant sur l'estomac ;
le *4e Gros Intestin*, au sommet du petit promontoire qui se forme lorsqu'on rapproche le pouce de l'index, agit sur la composante psychique de la douleur ;
le *17e Rate*, dans le 5e espace intercostal, à 2 travers de main en dehors de la ligne médiane, a une action antidouleur digestive ;
le *21e Vessie*, à 2 travers de doigt de la ligne médiane postérieure, sur une horizontale passant par la pointe de la 12e vertèbre dorsale (apophyse épineuse).

Autres techniques
On associera *Ficus Carica bourgeons* macérat glycériné 1D et *Abies pectinata bourgeons* macérat glycériné 1D, 30 gouttes du mélange deux fois par jour pendant trois à six semaines, suivant l'intensité des symptômes.

GASTRO-ENTÉRITE

Infection saisonnière, la gastro-entérite se manifeste par des douleurs digestives, une diarrhée importante, de la fièvre et, en absence de traitement, une altération de l'état général par déshydratation.

Prise en charge thérapeutique

Allopathie (sur conseil médical)
La gastro-entérite réagit remarquablement à des anti-infectieux intestinaux associés à des inhibiteurs de la motricité intestinale.

On prendra donc trois fois par jour avant les repas pendant quatre à cinq jours, jusqu'à amélioration : *Ercéfuryl* ou *Bacifurane* ou *Intétrix* ou *Lumifurex* avec *Diarsed* ou *Hordénol*, ou *Imodium* ou encore des comprimés déjà anciens de *Parégorique*.

Homéopathie
Aconit sera efficace si les signes sont apparus après exposition au froid sec ;
Arsenicum album est préféré pour les sujets anxieux et vite épuisés ;
China sera donné à ceux qui sont aggravés après un repas ;
Phosphoric acid est intéressant si une petite note hépatique s'ajoute au tableau clinique ;
Gnaphalium correspond aux personnes accusant des douleurs alternantes et un sentiment d'engourdissement général.

Phytothérapie
Cajeput soulagera également les nausées et l'hypotension associées ;
Origan est conseillé lorsque coexiste une bonne congestion pelvienne ;
Verge d'or est un très bon antiseptique à la fois digestif et urinaire ;
Chardon béni soignera aussi bien les courbatures et la sensation de meurtrissure ressenties par certaines personnes ;
Souci permet de sélectionner les individus qui sont améliorés par la chaleur.

Digipuncture et acupuncture
Les points seront tous faits en dispersion.
Le *38ᵉ Estomac*, à 3 travers de main (du patient) au-dessous de la pointe de la rotule, contre la partie externe de la crête tibiale, renforce les défenses générales ;
le *5ᵉ Triple Foyer*, à 2 travers de doigt au-dessus de la ligne de flexion postérieure du poignet, supprime les douleurs intestinales ;
le *25ᵉ Estomac*, à 2 travers de doigt en dehors de l'ombilic, ralentit le transit intestinal ;
le *8ᵉ Gros Intestin*, 6 travers de doigt au-dessous de l'extrémité externe du pli du coude, améliore les conditions de la digestion.

Autres techniques
Juniperus communis bourgeons macérat glycériné 1D et *Tilia Tomentosa bourgeons* macérat glycériné sont intéressants et doivent être donnés matin et soir pendant dix jours à la dose de 30 gouttes matin et soir.

HÉMORROÏDES

Congestion importante des veines hémorroïdaires s'accompagnant de perte de sang rouge au moment de la défécation et de douleurs périanales souvent intenses empêchant la station assise. Elles peuvent apparaître à la suite d'une indigestion, dans une insuffisance hépatique ou comme signe d'accompagnement d'une tumeur rectale qu'il faut toujours rechercher.

Prise en charge thérapeutique

Allopathie (sur conseil médical)
Il faut une action locale par des topiques et une action générale par des veinotoniques à forte dose. Un état chronique sera traité par une sclérose locale, souvent douloureuse mais habi-

tuellement efficace. On tiendra également compte de l'état du foie, dont la sclérose ralentit la circulation veineuse de retour et peut être responsable d'hémorroïdes persistantes.

Dans les topiques à utiliser deux fois par jour, nous choisirons : *Anoréine suppo, Anusol suppo et pommade, Proctolog, Glyvénol suppo, Rectoquotane, Titanoréine suppo et pommade.*

Dans les vasculoprotecteurs ou veinotoniques à prendre matin, midi et soir, nous distinguons : *Ampecyclal, Circularine, Cirkan, Cyclo 3, Difrarel, Veinamitol, Ginkor.*

Homéopathie
Ruta est indiqué chez le sujet qui est amélioré par des applications locales chaudes ;
Capsicum est utile chez les petits insuffisants hépatiques ;
Vipera agira favorablement chez les porteurs de varices associées ;
Kalmia Latifolia est souhaitable chez les sujets qui sont très rapidement améliorés en position couchée ;
Crotalus horridus est un hémostatique général.

Phytothérapie
Cyprès sera donné en cas d'aggravation par le café ou les excitants ;
Hamamélis intervient systématiquement ;
Pensée sauvage a l'avantage d'être un excellent antalgique ;
Ortie blanche agit sur la petite infection souvent associée ;
Marron d'Inde est surtout efficace la nuit. Il faut donc le prendre en fin de journée.

Digipuncture et acupuncture
Tous les points doivent être faits en dispersion.
40e Vessie, au milieu du pli de flexion du creux poplité (à l'arrière du genou), point classique antihémorroïdaire ;
6e Foie, 2 travers de main au-dessus de la pointe de la malléole interne de la cheville, pour son action sur le drainage hépatique veineux ;

1ᵉʳ Vaisseau Gouverneur, entre la pointe du coccyx et l'anus, à manier avec beaucoup de précautions ;
6ᵉ Rate, au bord postérieur du tibia, un travers de main au-dessus de la pointe de la malléole interne (tibia).

Autres techniques

L'oligosol *manganèse* et *Aesculus Hippocastanum bourgeons* macérat glycériné 1D soulagent la douleur et résorbent très convenablement les hémorroïdes en poussée aiguë.

Note : il est possible d'appliquer localement des crèmes contenant les produits que nous avons mentionnés. Il suffit pour ce faire de demander conseil à un pharmacien.

INSUFFISANCE HÉPATIQUE

Ce terme regroupe tous les petits malaises que l'on rapporte habituellement au foie, comme des nausées faciles, de la migraine, une bouche amère, de la mauvaise humeur inexpliquée ou une fatigue anormale.

À un stade avancé, on citera l'hépatite d'origine virale ou la cirrhose d'origine éthylique dont les traitements sont affaire de spécialiste.

Prise en charge thérapeutique

Allopathie (sur conseil médical)

Stimuler le fonctionnement du foie n'est possible qu'après avoir fait un bilan des lésions éventuelles et avoir éliminé une sclérose avancée comme la cirrhose, une hépatite aiguë ou un cancer du foie souvent secondaire.

Pour lutter contre les petits troubles digestifs et généraux rapportés au foie, on dispose de médicaments dits hépatotropes comme *Arginotrib*, *Eucol*, *Legalon*, *Rocmaline* ou *Tiadilon* que l'on prescrit aux repas pendant un temps de cure, soit trois semaines.

Il est recommandé aussi de faciliter la production de bile et son élimination par la vésicule biliaire par des cholérétiques et des cholagogues que sont : *Diskinébyl, Hépadial, Transoddi, Norbiline* ou le vieil *Hépax* que l'on prenait autrefois une heure avant un repas de gala ou de famille prévu comme très riche.

Homéopathie
Bryonia rendra service aux sujets dont la peau est jaunâtre, huileuse et les cheveux gras ;
Nux vomica est le remède des bons mangeurs, attirés par les alcools et les épices ;
Podophyllum correspond à un type sensible à l'électricité atmosphérique ;
Solidago est bon pour le migraineux à qui l'on connaît une insuffisance rénale ;
Carduus marianus convient à qui offre la particularité d'être amélioré de ses troubles quand il se couche sur le côté droit.

Phytothérapie
Douce Amère conviendra à l'homme ou à la femme qui est très attiré par les aliments acides ;
Géranium est à conseiller à tous ceux qui ont une mauvaise haleine et une salivation exagérée ;
Cumin est prévu pour ceux qui ont un ballonnement abdominal particulièrement important ;
Cassis doit être donné aux obèses, qu'ils soient ou non hypertendus ;
Artichaut est le médicament universel des hépatiques.

Digipuncture et acupuncture
Les points doivent être faits en tonification.
Le *13ᵉ Foie*, à l'extrémité de la 11ᵉ côte quelle que soit sa longueur, renforce l'effet dépuratif du foie ;
le *3ᵉ Triple Foyer*, en arrière de l'articulation métacarpo-phalangienne de l'annulaire, sur le dos de la main, facilite la digestion ;
le *30ᵉ Vésicule biliaire*, juste au-dessus du grand trochanter

sur la face supérieure et externe de la cuisse, améliore le drainage lymphatique général ;
le *8ᵉ Foie*, à l'extrémité interne du pli de flexion du genou, stimule les hépatocytes ou cellules nobles du foie.

Autres techniques
Les oligo-éléments au *soufre* et au *phosphore* sont un appoint intéressant, en cure de trois semaines.

NAUSÉES ET VOMISSEMENTS

La mauvaise tolérance au contenu de son estomac entraîne des envies parfois irrésistibles de le rejeter.
Les causes peuvent en être multiples et la liste est longue des affections qui comportent dans leur tableau clinique des symptômes de cette nature, qu'il s'agisse d'une appendicite, d'une péritonite, d'une colique hépatique, d'aérophagie ou, chez la jeune femme, d'un signe primitif de grossesse.

Prise en charge thérapeutique

Allopathie (sur conseil médical)
Une fois éliminées les causes organiques des vomissements, on dispose d'une gamme d'antiémétiques (dans le jargon médical) très performants et utiles qui peuvent être administrés soit en suppositoires, soit en comprimés, soit en injections intraveineuses ou intramusculaires, si l'intolérance digestive est absolue.
Citons : *Anausin, Motilium, Peridys, Primpéran, Vogalène*, très apprécié par la femme enceinte, *Nautamine*, utilisé dans les voyages en mer ou *Mercalm* qui présente le même intérêt.

Homéopathie
Antimonium Crudum sera conseillé au sujet triste, hargneux et larmoyant ;
Iris versicolor est plus orienté vers les céphalées associées ;

Tabacum est à la fois utile dans les nausées et sur les vertiges qui les accompagnent ;
Veratrum album est le médicament du sujet très consciencieux et très scrupuleux ;
Phytolacca comporte dans ses indications le contrôle d'une faim vorace augmentée la nuit.

Phytothérapie
Anis vert convient à tout sujet amélioré par la marche, le mouvement et l'activité ;
Menthe est une herbe médicinale de base, qui facilite la digestion et exerce un certain pouvoir anesthésique sur les parois digestives ;
Chardon-Marie est intéressant parce qu'il calme les douleurs sourdes de l'hypocondre droit ;
Marjolaine se donne à ceux qui bâillent beaucoup ;
Thym soulagera également les rhumatismes, la fatigue et permettra à la tension artérielle de se stabiliser.

Digipuncture et acupuncture
Tous les points se font en dispersion.
Le *11ᵉ Foie*, à la partie moyenne du pli de l'aine, supprime l'envie de vomir ;
le *22ᵉ Rein*, dans le 5ᵉ espace intercostal, à 3 travers de doigt en dehors de la ligne médiane antérieure, calme le plexus solaire ;
le *12ᵉ Estomac*, juste au milieu de la fossette susclaviculaire, permet d'agir par voie réflexe sur le nerf phrénique qui commande les mouvements du diaphragme ;
le *7ᵉ Poumon*, au niveau de l'endroit où on prend habituellement le pouls, améliore la circulation générale par meilleure oxygénation des tissus.

Autres techniques
Les tendances nauséeuses sont atténuées par le mélange des oligosols de *chrome* et de *zinc nickel* à prendre deux fois par jour, pendant dix jours, à titre de test.

APPAREIL GÉNITAL FÉMININ

LES ATROPHIES SEXUELLES DE LA FEMME

La diminution ou la disparition des hormones a des conséquences désastreuses sur les tissus génitaux. On constate, dans un premier temps, une pâleur des muqueuses, puis une atrophie progressive qui atteint successivement la région clitoridienne, l'orifice vulvaire et l'élasticité du vagin. Les rapports sexuels deviennent difficiles et, même quand ils sont possibles, n'apportent aucun plaisir par disparition progressive des terminaisons nerveuses sous-muqueuses qui ne peuvent donc plus alors transmettre les stimulations auxquelles elles étaient soumises antérieurement.

Prise en charge thérapeutique

Allopathie (sur conseil médical)
Les atrophies sexuelles sont la sanction de l'insuffisance hormonale de la ménopause. Il suffit de compenser le manque naturel d'hormones par un traitement général que nous reverrons dans la rubrique consacrée aux bouffées de chaleur et par l'application locale régulière, donc quotidienne, de produits bien tolérés qui ont considérablement amélioré la joie de vivre des femmes qui les utilisent.

On conseillera : *Colpotrophine* en ovules et en pommade, *Trophigil* en gélules vaginales, *Trophicrem* en crème vaginale, *Physiogyne* en ovules et en crème et *Replens* qui a l'avantage supplémentaire de très bien réhydrater les parois vaginales, facilitant ainsi considérablement les relations sexuelles de la période ménopausique et postménopausique.

Homéopathie
Sanguinaria entraîne une vasodilatation progressive des tissus génitaux et une amélioration de leur nutrition ;

Kali bromatum est plus indiqué lorsque la muqueuse est très pâle et très sensible au toucher ;
Sarsaparilla est idéal pour les peaux chiffonnées et ridulées ;
Selenium est le remède des tissus dévitalisés qui ont perdu leur modelé et leur élasticité ;
Erigeron a un pouvoir cicatrisant et reconstituant.

Phytothérapie
Le choix se porte sur les plantes riches en minéraux et en vitamines et que l'on classe dans les topiques eutrophiques. Elles seront utilisées aussi bien par voie buccale que par voie locale dans, par exemple, du lait de lanoline à la concentration de 2 %.
Capucine contient beaucoup de vitamine A ;
Carotte est idéale sur les tissus « défraîchis » ;
Millepertuis agit également à distance sur la qualité de la vue ;
Alliaire, plus rarement utilisé, est riche en flavonoïdes et en protecteurs vasculaires ;
Sceau de Salomon peut redonner sa sensibilité à une région vulvaire très resserrée et atrophique.

Digipuncture et acupuncture
Les points se font tous en tonification.
Le *23e Vessie* se trouve à 2 travers de doigt en dehors de la ligne médiane postérieure à la hauteur de la deuxième vertèbre lombaire et commande à la vascularisation de la peau ;
le *1er Poumon*, situé à 2 travers de doigt au-dessous de la clavicule, au niveau de son tiers externe, améliore l'oxygénation des tissus ;
le *2e Vaisseau Conception*, situé sur la ligne médiane antérieure juste au-dessus du bord supérieur du pubis, commande au plexus hypogastrique donc à toute l'énergétique du petit bassin. On lui associe le *11e Rein*, situé à un travers de doigt en dehors de la ligne médiane sur une ligne horizontale passant également par le bord supérieur du pubis, pour son action

stimulante indirecte sur les sécrétions de l'hormone cortico-surrénale.

Autres techniques

Populus nigra bourgeons macérat glycériné 1D et *Zea mais bourgeons* macérat glycériné sont deux produits complémentaires que l'on utilise également toutes les fois que l'organisme présente des carences trophiques. La dose habituelle est de 20 gouttes de chaque produit deux fois par jour, à alterner dans une journée.

LES BOUFFÉES DE CHALEUR

Le terme est parfaitement exact et décrit très bien les ondes d'énergie chaude qui naissent dans la région de la nuque et du cou et qui montent à grande vitesse vers le sommet de la tête, accompagnées de grandes sueurs et d'une sensation de malaise variable avec chaque femme.

La bouffée de chaleur est un des premiers symptômes de la ménopause, signant le déficit ovarien en folliculine. La régulation hormonale fonctionne sous la loi de *feed-back* (aller-retour) et toute insuffisance de sécrétion donne lieu à une hyperréaction de la glande qui ne reçoit plus le message attendu. Elle s'efforce alors d'hyperstimuler la glande paresseuse pour en obtenir une réponse, sans pouvoir contrôler pour autant les réactions parasites.

Prise en charge thérapeutique

Allopathie

La bouffée de chaleur est le symptôme principal d'une ménopause qui s'installe. Le dérèglement des centres sous-corticaux qui en est responsable peut être freiné par des médicaments non hormonaux aux succès considérés comme aléatoires et par une prise en charge hormonale de la ménopause qui va durer des années et permettra à la femme, quand la surveillance est bien faite, de *ne plus vieillir* ni dans ses tissus ni dans son esprit !

Les médicaments non hormonaux sont les suivants, à prendre quotidiennement à la dose d'un ou de deux comprimés par jour, suivant les résultats :
Abufène, Agreal, Centralgol.

La prise en charge de la ménopause, qui signifie disparition des bouffées de chaleur et reprise d'un cycle régulier, doit suivre un schéma posologique très précis, compte tenu des connaissances actuelles.

Le cycle de la femme comporte deux parties, une première qui part du premier jour du cycle jusqu'au 15e jour et correspond à la sécrétion isolée de folliculine ou bêta-œstradiol par l'ovaire et une deuxième qui suit l'ovulation et où l'on voit apparaître dans le sang de la progestérone qui s'associe à la folliculine pour préparer le nid utérin au cas où l'œuf pondu serait fécondé. La chute concomitante de folliculine et de progestérone est suivie des règles et le cycle recommence.

Il faut donc donner de la folliculine à la femme dans un premier temps et de la progestérone ensuite.

Plusieurs tactiques sont possibles avec les produits dont nous disposons.

Trois médicaments font le travail complet et comportent les deux composants répartis correctement dans des pilules de couleur différente, un peu comme certaines pilules contraceptives :

Divina et *Climène* comportent l'un et l'autre 10 comprimés blancs et 11 comprimés roses. Lorsqu'une boîte est terminée, on attend une semaine et on en recommence une nouvelle.

Trisequens en comporte 10 blancs, 12 bleus et 6 rouges et doit être pris en continu

La plupart des gynécologues sont orientés vers les présentations qui permettent le passage percutané du produit actif avec l'impression que la fatigue du foie est moindre dans ces traitements de longue durée. Trois produits sont actuellement disponibles :

— *Œstrogel* qui se présente sous la forme d'un gel avec lequel la femme se masse le corps trois semaines sur quatre.

La dose usuelle est d'une réglette par jour, cette réglette se trouvant dans la boîte et présentant des encoches qui permettent de mesurer correctement la quantité nécessaire ;

— *Systen 50* qui est un patch que l'on applique directement sur la peau et que l'on change deux fois par semaine (par exemple le lundi et le jeudi), trois semaines sur quatre ;

— *Estraderm 50* qui se manipule de la même façon mais colle moins bien à la peau et risque de se détacher au cours d'un bain ou d'une douche.

Ces trois produits contiennent du bêta-œstradiol ou folliculine ; il faut donc fournir à l'organisme de la progestérone du 14e au 25e jour du cycle sous forme de progestérone naturelle ou *Utrogestan* qui a l'inconvénient d'être hypnotique, ou de progestatifs de synthèse de deuxième génération, bien tolérés et auxquels on ne peut plus reprocher de faire pousser les poils, comme *Duphaston, Colprone, Farlutal, Lutenyl, Lutionex, Surgestone 0,25*. La dose usuelle est d'un comprimé par jour.

Il existe enfin des œstrogènes par voie buccale que l'on fera prendre trois semaines sur quatre à la dose d'un comprimé par jour, en les associant comme il se doit à un progestatif en deuxième partie de cycle.

Citons *Estrofem, Progynova, Oromone* et, plus accessoirement, des œstrogènes d'origine équine, tel *Premarin*, qui ont la préférence des Américains.

Il existe enfin une dernière catégorie de femmes qui acceptent d'être traitées pour leur ménopause mais refusent de voir revenir leurs règles. Un médicament à prendre en continu a été créé pour elles, c'est le *Kliogest*.

Il reste à convaincre les praticiens que cette formule est satisfaisante, la majorité d'entre eux, et nous partageons leur point de vue, estimant que les règles sont une excellente voie « supplémentaire » d'élimination de déchets et de toxines et qu'il ne convient pas de la supprimer !

Homéopathie
Glonoinum est le remède de base qu'il faut systématiquement donner et que l'on peut accompagner d'un des produits suivants :

Carbo vegetabilis intervient quand les bouffées de chaleur augmentent après les repas ;
Sanguinaria est utile aussi en cas de vertiges ;
Cactus est le remède de l'angoisse ;
Helonias est spécifique des frissons ;
Lachesis est réservé aux bouffées émotives.

Phytothérapie
Aubépine est réservée aux bouffées accompagnées de besoins sexuels exagérés ;
Gui agira mieux s'il existe des céphalées congestives avec tête lourde ;
Passiflore est efficace parce qu'elle agit sur le facteur nerveux associé ;
Cyprès sera conseillé si l'humeur est instable ;
Fragon soigne les bouffées qui suivent les repas.

Digipuncture et acupuncture
Les points doivent être faits en dispersion.
Le 6e *Rate*, un travers de main (de la patiente) au-dessus de la pointe de la malléole interne (cheville), est la « bonne à tout faire » du gynécologue ;
le 20e *Vaisseau Gouverneur* situé au sommet du crâne diminue la quantité d'énergie yang de tout l'organisme ;
le 6e *Maître du cœur* à 2 travers de doigt au-dessus de la ligne de flexion antérieure du poignet, sur la ligne médiane, améliore la circulation générale et apporte un peu de sérénité ;
le 7e *Rein*, au bord antéro-interne du tendon d'Achille, à 3 travers de doigt au-dessus de la pointe de la malléole interne, intervient sur le tonus sympathique du corps et améliore les éliminations.

Autres techniques
Le *zinc* joue un rôle important dans le métabolisme des noyaux gris centraux. Il est un excellent régulateur et sera donné à trois prises par jour pendant deux mois, associé au *cuivre*, en oligo-éléments.

LES CANCERS FÉMININS

Le cancer correspond au développement anarchique des cellules d'un viscère ou d'un organe. Les méthodes de dépistage et une vie plus saine ont diminué considérablement le nombre de cancers et leur gravité. Les découvertes modernes, dans les cas dépistés à temps, permettent de reprendre une vie quasi normale avec une mutilation minimale.

La ménopause comme l'andropause sont des moments particuliers où des poussées cancéreuses peuvent s'observer sur les différents organes génitaux. Quatre régions doivent être particulièrement surveillées par les gynécologues : le col de l'utérus dont la maladie se traduit par des saignements anormaux en dehors des cycles (on les appelle métrorragies), le corps de l'utérus plus tardivement atteint dont les symptômes sont identiques avec une note infectieuse surajoutée, l'ovaire auquel le médecin pense rarement et qu'il découvre souvent à un stade déjà très avancé et enfin le cancer du sein pour lequel ont été institués dans certaines régions de France, par les services nationaux de prévention, des examens radiologiques de routine gratuits qui en permettent la découverte à un stade guérissable.

Il est donc important de savoir demander à son médecin tous les ans un frottis de dépistage à la recherche de cellules anormales et, en cas de douleurs abdominales, une échographie pelvienne et abdominale qui explore avec des ultrasons très sensibles tous les organes abdominaux et en décèle les anomalies.

Des analyses plus sophistiquées sont disponibles quand il est nécessaire d'en savoir plus : le scanner, la biopsie, la résonance magnétique ou la cœlioscopie exploratrice...

Prise en charge thérapeutique

Allopathie (sur conseil médical)
Les services de cancérologie disposent de remarquables outils pour combattre les divers cancers qui peuvent atteindre les femmes, que ce soit le cancer du sein, le cancer du col de

l'utérus, le cancer de l'endomètre ou les cancers des voies génitales externes.

À la chirugie, à la chimiothérapie, à la radiothérapie s'ajoutent si besoin une hormonothérapie des cancers qui, sous surveillance attentive, utilisera les produits suivants présentés sous très forte concentration et proches des progestatifs de première génération, donc virilisants : *Farlutal 500*, *Lutométrodiol*, *Norfor*, *Primolutnor*, *Prodasone*. De façon plus spécifique, on donnera dans le cancer du sein *Kessar*, *Nolvadex*, *Oncotam* ou *Tamofène*.

Homéopathie
L'homéopathie n'a pas la prétention de soigner le cancer, elle joue un rôle d'appoint en contribuant à soulager les douleurs, à apaiser l'esprit, à drainer quelque peu les toxines ou, en dehors de toute atteinte, à prévenir des transformations trop rapides.

Nitri acid permet d'agir sur la dépression morale avec irritabilité et mauvaise humeur ;

Psorinum lutte contre la frilosité et la baisse des réactions vitales ;

Conium empêche le ralentissement fonctionnel général et atténuerait la tristesse ;

Echinacea soulage les douleurs quelle que soit la localisation ;

Scrofularia permet parfois à de grosses suppurations de se tarir plus vite.

Phytothérapie
On demande surtout aux plantes de drainer les toxines et d'atténuer les sensations douloureuses. On fera appel à :

Angélique, qui est également un stimulant et un tonique digestif ;

Aspérule connu pour son action sédative et stimulante hépatique ;

Lamier, excellent anti-inflammatoire ;

Gui, hypotenseur et diurétique, dont certains principes

actifs sont actuellement étudiés pour leur action spécifique anticancéreuse ;

Lierre terrestre, connu pour son action régénérante sur les tissus nécrosés.

Digipuncture et acupuncture

L'acupuncture n'a pas d'action anticancéreuse à proprement parler. Elle intervient par son action relaxante et antalgique. Elle est aussi anti-inflammatoire. Elle permet également de lutter contre la tendance dépressive commune à toutes les personnes atteintes de cette maladie.

Les manœuvres doivent être faites en dispersion et repèrent les points sensibles, dans les régions atteintes.

Autres techniques

À l'époque où n'existaient pas encore les techniques modernes efficaces, certains praticiens avaient coutume de prescrire sous dilution homéopathique des plantes en provenance de la flore sud-américaine, connues en France sous le nom de *Poconeol*. Le plus conseillé était le *Poconeol n° 4*, considéré comme le remède des cancériniques, à la dose de 15 gouttes par jour pendant des mois. Aucune recherche statistique n'a été faite sur les propriétés de ce médicament : il reste donc traditionnellement utile et sa prise ne doit jamais dispenser des autres moyens thérapeutiques.

DYSMÉNORRHÉES

Les règles douloureuses sont habituellement dues à une hypercontractilité de l'utérus sur un obstacle réel comme un fibrome ou un polype ou sur un col de l'utérus spasmé qui laisse difficilement passer le sang résultant de la desquamation (ou chute) de la muqueuse utérine.

Prise en charge thérapeutique

Allopathie (sur conseil médical)
La dysménorrhée se traite un peu comme les douleurs utérines qui apparaissent au cours de la grossesse et qui obligent, outre le repos, à utiliser des utérorelaxants sans oublier la part de stress qui l'accompagne.

Une double prise en charge est de règle : des sédatifs légers comme le *Sympathyl*, le *Sympavagol*, *Sédatonyl* ou *Neurocalcium* et des utérorelaxants comme *Duvadilan*, *Bricanyl*, *Prepar* ou *Salbumol* qui peuvent se faire en piqûre si les douleurs sont intolérables.

Certains gynécologues ajoutent des anti-inflammatoires à commencer trois ou quatre jours avant l'arrivée des règles.

Homéopathie
Actea racemosa aide la femme taciturne, délicate, au teint pâle ;
Belladona est plutôt réservée aux femmes dont les douleurs s'accompagnent d'une congestion avec bouffissure de la face ;
Helonias améliorera la femme qui signale être constamment préoccupée par sa région pelvienne ;
Chamomilla est utile à la femme nauséeuse, migraineuse et qui se plaint de vertiges ;
Graphites correspond à la femme corpulente, frileuse, frigide, aux règles très irrégulières.

D'une façon générale, les médicaments dans ce cas particulier ne doivent être pris que dans la deuxième partie du cycle, soit du 15e jour du cycle jusqu'au 4e jour des règles, pendant plusieurs mois.

Phytothérapie
Chardon-Marie est la plante utile aux femmes lymphatiques, frileuses et aggravées par l'humidité ;
Marjolaine convient à toutes celles qui souffrent de troubles circulatoires ;
Vigne rouge réparera par la même occasion la tendance aux hématomes spontanés ;

Gui est réservé aux femmes associant tête lourde, nausées et tendance aux évanouissements ;

Girofle est presque spécifique de toute personne semblant vieillie prématurément.

Digipuncture et acupuncture

Les points choisis doivent être faits en dispersion, si possible dès le 20ᵉ jour du cycle, à raison d'une séance tous les deux jours, jusqu'au 4ᵉ jour des règles, au moins trois cycles de suite.

60ᵉ Vessie à la pointe de la malléole externe (cheville), considéré comme un point *aspirine* ;

6ᵉ Rate, au bord postérieur du tibia, un travers de main au-dessus de la pointe de la malléole interne ;

10ᵉ Rate, sur le bord interne de la cuisse, à 3 travers de doigt au-dessus de la rotule, parce qu'il améliore la qualité de l'écoulement menstruel ;

5ᵉ Foie, au bord postérieur du tibia, à 6 travers de doigt au-dessus de la pointe de la malléole interne (cheville), à utiliser au début des règles pour son action antispasmodique.

Autres techniques

Rubus Idaeus jeunes pousses macérat glycériné 1D est un traitement de longue haleine qui donne des résultats satisfaisants et persistants après 3 semaines de prise régulière aux doses habituellement préconisées.

DYSPAREUNIE ET VAGINISME

La douleur pendant un rapport sexuel est en relation directe avec une atrophie de la muqueuse vaginale dévitalisée par un manque hormonal.

Elle se différencie du vaginisme qui est une réaction psychosomatique de refus à la pénétration et qui peut exister à tout âge. Une infection locale est un facteur aggravant et apparaît souvent comme une excuse pardonnable.

Prise en charge thérapeutique

Allopathie (sur conseil médical)
La difficulté à avoir une relation sexuelle ou la douleur pendant le rapport, une fois éliminée l'origine psychologique, sont améliorées par des décontracturants et quelques séances de massage vaginal relaxant avec des crèmes anesthésiques locales.

Les crèmes anesthésiques sont *Nestosyl*, *Parfenac*, *Quotane* et *Tronothane*. Les décontracturants sont choisis dans les produits suivants : *Décontractyl*, *Coltramyl*, *Myolastan* ou *Trancopal*.

Homéopathie
Actea racemosa soigne à la fois l'aspect psychologique et le réflexe local inconscient de contracture ;

Sepia s'efforce de s'opposer à l'indifférence affective ;

Platina a une hypersensibilité locale et un refus malgré une excitation sexuelle normale ;

Alumina luttera contre la sécheresse locale ;

Natrum Muriaticum a une action décongestionnante sur la région vulvo-vaginale.

Phytothérapie
Angélique correspond au vaginisme accompagné de douleurs vives au toucher ;

Carvi sera utile lorsqu'il existe en plus de faux besoins urinaires et rectaux ;

Menthe guérira les femmes qui accusent une pesanteur pelvienne ;

Ylang-Ylang, par ses propriétés anti-allergiques, est indiqué lorsqu'on note des démangeaisons sans infection.

Digipuncture et acupuncture
Les points doivent être faits en tonification.

4e Vaisseau Conception, 3 travers de doigt au-dessus du milieu du bord supérieur de la symphyse publienne, augmente la sensibilité de l'ensemble du petit bassin ;

36ᵉ Estomac, 4 travers de doigt au-dessous de la pointe de la rotule et un travers de doigt en dehors de la crête tibiale, accélère la circulation générale ;

6ᵉ Rein, à la pointe de la malléole interne, a une action générale désangoissante ;

3ᵉ Maître du cœur, en dedans du tendon du biceps, au niveau du coude, est réputé comme très actif dans le vaginisme.

Autres techniques

Poconeol 73 et *Poconeol 74* peuvent être associés, à la dose de 10 gouttes par jour matin et soir, parce qu'ils contiennent des produits naturels sédatifs d'action douce, régulateurs du système nerveux et antistress.

FIBROMES

À l'intérieur de l'utérus se développent parfois des tumeurs bénignes faites de fibres musculaires entrelacées enrobées dans du tissu conjonctif et entourées d'une capsule épaisse qui limite leur extension anarchique. Ces fibromes peuvent se développer soit à la surface de l'utérus, sous le péritoine qui le recouvre, soit à l'intérieur de l'utérus, augmentant alors globalement son volume, ou aux dépens de sa cavité qu'ils occupent et dans laquelle ils s'infectent, provoquant alors des hémorragies importantes qui prolongent anormalement les règles.

Prise en charge thérapeutique

Allopathie (sur conseil médical)

Certains fibromes sont une indication opératoire soit par leur volume, soit par leur siège endocavitaire, soit par les troubles qu'ils entraînent : douleurs, anémie par hémorragie, infections.

La plupart des autres fibromes bénéficient d'un traitement médical orienté vers l'usage, du 10e au 25e jour du cycle, de progestatifs de deuxième génération, à dose double de celle donnée pour une simple régulation hormonale soit deux comprimés par prise et par jour de *Luényl, Lutionex, Surgestone 0,25* ou *Duphaston*.

L'involution des fibromes est suivie tous les trois mois par des mesures échographiques et, dans la majorité des cas, on note une régression et une stabilisation de la maladie.

Le traitement doit être de longue durée, mais est habituellement bien supporté sous réserve d'une surveillance clinique et biologique usuelle.

Homéopathie

Dans le fibrome qui est une affection chronique, l'homéopathie doit être donnée de façon prolongée pour obtenir une stabilisation souvent aussi bonne que celle obtenue avec les hormones.

On lutte contre la congestion veineuse avec la prise simultanée de *Fraxinus* et de *Lachesis*.

On s'efforce de retarder la fibrose par l'alternance de *Lapis albus* et de *Thuya* et on diminue les pertes sanguines avec *Sabina* et *Phosphorus*.

Phytothérapie

Le raisonnement est le même qu'en homéopathie et on fera appel, sans qu'aucun des produits mentionnés ne mérite une préférence, à *Bourse à pasteur, Persicaire, Lierre grimpant, Renouée*, et *Souci des jardins*.

Digipuncture et acupuncture

Le principe veut que l'on fasse circuler de l'énergie et que l'on empêche toute stagnation dans le petit bassin.

On fera donc en tonification les points suivants.

2e *Vaisseau Conception*, au bord supérieur de la symphyse pubienne, sur la ligne médiane.

30e *Estomac*, sur la partie moyenne de la ligne inguinale ;

25e *Estomac*, à 2 travers de doigt en dehors de l'ombilic et 25e *Vésicule biliaire*, à l'extrémité libre de la 12e côté, quelle que soit sa longueur.

Autres techniques

La gemmothérapie fait appel à *Sequoia gigantea bourgeons* macérat glycériné 1D, 30 gouttes matin et soir pendant plusieurs mois, sans marquer de temps d'arrêt pendant les règles.

FRIGIDITÉ ET TROUBLES DE LA LIBIDO

La frigidité, à l'inverse de l'érotisme, est le terme utilisé pour définir le ralentissement voire l'absence de l'appétit sexuel et l'incapacité d'atteindre l'orgasme, défini pudiquement par Gide comme « le plaisir qui accompagne l'acte par lequel s'affirme la plus grande dépense de l'activité vitale ». Gillibert ajoute une note nostalgique en insistant sur « le sentiment d'anéantissement qui suit cet orgasme et qui rappelle aux idéalistes que nous sommes la nostalgie des paradis perdus ».

Prise en charge thérapeutique

Allopathie (sur conseil médical)

Il s'agit d'un problème complexe qui oblige dans un premier temps à éliminer toute cause locale, comme une cicatrice d'intervention ancienne, une sécheresse vaginale, une atrophie vulvaire.

Dans un deuxième temps, il faudra avoir recours à des entretiens orientés où la présence du partenaire est parfois utile et à des psychostimulants comme : *Ordinator*, *Arcalion*, *Cantor*, *Stivane*. Dans les cas graves, on est autorisé à faire de une à trois injections intramusculaires d'hormones mâles comme *Androtardyl*, connu dans cette indication depuis son introduction dans la pharmacopée.

Homéopathie

Gelsemium sera proposé aux femmes qui ont de l'appréhension ;

Ignatia essaiera de chasser les déceptions refoulées ;

Graphites est le remède des femmes qui sont lentes à s'épanouir ;
Kali bromatum est spécifique de l'insensibilité des muqueuses ;
Sepia chassera l'indifférence et le désir d'échapper au monde.

Phytothérapie
Anis vert pour les femmes qui se plaignent de douleurs violentes au toucher ;
Chèvrefeuille chez les femmes qui ont des infections répétées ;
Gingembre lorsqu'il y a une excitation sexuelle chronologiquement inadéquate ;
Gattilier pour les femmes qui redoutent l'arrivée de la nuit ;
Verge d'or lorsque la cause principale est une altération des tissus élastiques.

Digipuncture et acupuncture
Le méridien *Maître du cœur* était autrefois appelé *Péricarde-sexualité* et était utilisé pour réveiller la sensibilité endormie des jeunes et des vieux. Des conseils pratiques existent encore dans les vieux traités d'acupuncture de Chine et notamment « le massage de tendresse » qui se pratique de la façon suivante.
Avec la pulpe de l'index et du majeur, on fait une tonification du point qui se trouve juste au milieu de la paume de la main, des deux côtés (le 8e *Maître du cœur*), puis on remonte en effleurage sur la partie moyenne de l'avant-bras jusqu'au 3e *Maître du cœur* qui se trouve au bord interne du tendon du biceps, sur le coude.
On recommence cette manœuvre sept fois et on refait autant de séances qu'il semble nécessaire.

Autres techniques
Certains auteurs ont préconisé les oligosols de *magnésium* associés aux oligosols de *lithium* en cures de trois semaines, une fois par jour...

HIRSUTISME OU EXCÈS DE PILOSITÉ

Les hommes comme les femmes fabriquent des hormones du sexe opposé. Chez la femme, dans les conditions physiologiques normales, les hormones mâles d'origine ovarienne ou surrénale sont freinées et ne peuvent provoquer d'effet secondaire.

Lorsque la ménopause apparaît, la baisse des hormones féminines libère la testostérone et on peut assister à une transformation visible de la morphologie : la femme grossit, sa voix se modifie et devient plus grave et sa face peut se couvrir de poils inélégants.

Prise en charge thérapeutique

Allopathie (sur conseil médical)

Quatre produits sont prescrits pour freiner la pousse de poils et bloquer une hyperproduction d'hormones mâles par les ovaires ou les surrénales. Leur maniement est délicat et peut fortement perturber les cycles si leur administration est faite sans discernement.

Citons *Androcur*, le plus employé, *Anandron*, *Eulexine* et *Diane* qui est par ailleurs une pilule donnée aux jeunes femmes couvertes d'acné.

Il n'existe pas, dans l'état actuel de nos connaissances, de produits dérivés des médecines naturelles qui puissent avoir une action réductrice sur le développement des poils. Les ressources esthétiques locales sont donc les seules utilisables, les épilations pouvant être électriques ou pratiquées avec de la cire à la volonté de la patiente.

INFECTIONS GÉNITALES (MYCOSES, MYCOPLASMES, CHLAMYDIAE, ETC.)

La vie sexuelle comporte des dangers infectieux plus ou moins graves qui se traduisent par des sécrétions anormales de couleur variable, des douleurs vulvo-vaginales ou des éruptions péri et intragénitales.

Un gynécologue saura, devant ces symptômes, évoquer un diagnostic de maladie sexuellement transmissible et demander des examens complémentaires pour ajuster le traitement.
Toutes les maladies sexuellement transmissibles, sauf le sida et les hépatites, peuvent être guéries par des antibiotiques ou des antiseptiques connus.
La précocité du traitement évitera des récidives qui pourraient cependant survenir si le partenaire n'est pas traité concurremment.

Prise en charge thérapeutique

Allopathie (sur conseil médical)
Le traitement est à la fois local et général et dépend du germe responsable.
— Lorsqu'il s'agit d'une mycose, un traitement local suffit, associé à un antiallergique pris par la bouche à la dose de deux comprimés par jour comme *Hypostamine*, *Zyrtec*, ou *Teldane*. Localement, on fera prendre des ovules de *Bétadine*, *Fazol*, *Gynodaktarin* ou *Gynopevaryl* pendant une semaine et plus dans les mycoses récidivantes.
— Contre le trichomonas, on emploiera par voie locale des ovules de *Flagyl*, *Colposeptine* ou *Mycomnes* et par voie orale *Atrican*, *Fasigyne*, *Naxogyn* ou *Flagyl*, les doses étant variables avec la concentration des produits, que les praticiens connaissent bien.
— Contre les mycoplasmes et les chlamydiae, la voie orale est de règle, sera poursuivie pendant 20 jours et utilisera les cyclines comme *Mynocine*, *Spanor*, *Doxycline*, *Vibramycine* ou *Tetralysal*.
— Contre l'herpès, on donne par voie orale du *Zovirax* à 6 comprimés par jour pendant 10 jours et on applique localement de la crème de *Zovirax* plusieurs fois par jour.

Homéopathie
L'homéopathie ne peut rien faire contre les germes eux-mêmes, mais elle renforce le terrain et permet à l'organisme

de mieux se défendre lorsque l'infection n'est pas trop massive. Elle devra donc être associée aux médicaments spécifiques et proposée dans un deuxième temps pour éviter les récidives, notamment pour les mycoses et les germes ne participant pas à une maladie sexuellement transmissible.

Pyrogenium dans tous les cas, *Candidine* dans les mycoses, *Belladona* dans toutes les réactions infectieuses très congestives, *Ferrum phos* chez les personnes très fatiguées, *Aconit* lorsque les réactions sont très vives, quelle que soit leur nature, et *Carduus marianus* chez les allergiques.

Phytothérapie

De grands progrès ont été obtenus en phytothérapie lorsque a été introduit dans le traitement des infections l'*aromatogramme,* qui consiste à chercher sur un prélèvement infectieux l'huile essentielle capable de détruire le germe isolé. On est ainsi amené, sur les conseils du laboratoire d'analyses, à utiliser par voie buccale, à la dose de 10 gouttes par jour pour une personne de 70 kg, de l'huile essentielle d'*Origan*, de *Lavande*, de *Géranium*, de *Sarriette*, de *Pin sylvestre* ou de *Cyprès*.

Il est possible de faire préparer par un pharmacien compétent des ovules phytothérapiques et de réussir ainsi à guérir un nombre important de vaginites, de cervicites, de métrites ou de vulvites.

Digipuncture et acupuncture

L'acupuncture doit se faire bien entendu avec des aiguilles stériles et jetables. Elle se contente de diminuer les sensations désagréables et de mobiliser l'énergie générale pour mieux résister à l'infection. Il s'agit donc d'une méthode d'appoint dont l'intérêt est secondaire.

On utilisera les *31e*, *32e*, *33e* et *34e Vessie* qui se trouvent dans les quatre trous sacrés ; on y ajoutera le *23e Vessie* situé à 2 travers de doigt en dehors de la ligne médiane postérieure au niveau de la deuxième vertèbre lombaire. Le dernier point utile sera le *3e Triple Foyer* situé juste en arrière de l'articulation métacarpo-phalangienne de l'annulaire.

Autres techniques

Les oligo-éléments riches en *cuivre* seul ou associé au *zinc* sont considérés par les infectiologues comme de bons protecteurs contre les rechutes infectieuses, par cures de deux mois.

MÉNORRAGIES ET MÉTRORRAGIES

Dans les conditions fonctionnelles normales, la femme présente tous les 28 jours des règles qui durent 3 à 4 jours, de sang rouge incoagulable. La quantité totale de sang perdu ne dépasse pas 300 g. Toute atteinte de l'intégrité de l'utérus ou de l'ovaire entraîne des pertes de sang anormales qui prolongent la durée des règles ou surviennent en dehors de la menstruation à n'importe quel moment du cycle.

Un examen attentif est alors nécessaire pour en déterminer l'origine et prendre les mesures qui s'imposent.

Prise en charge thérapeutique

Allopathie (sur conseil médical)

Les ménorragies sont habituellement en rapport avec des fibromes en poussée évolutive. Il faut en faire le diagnostic et mettre en route un traitement freinateur à base de progestérone, comme nous l'avons signalé dans la rubrique consacrée aux fibromes.

En attendant qu'il fasse effet, on donne un utérotonique (*Methergin* 15 gouttes trois fois par jour, jusqu'à amélioration du tableau clinique) qui contracte l'utérus et « spasme » les petits vaisseaux contenus dans le muscle utérin et dans l'endomètre.

Les métrorragies, saignements en dehors des règles, évoquent une pathologie plus grave dont il faut absolument faire la preuve. Il ne faut, toutefois, pas laisser les saignements se poursuivre et on proposera des coagulants ou hémostatiques comme *Exacyl* en comprimés ou en ampoules buvables, *Arhémapectine buvable*, *Dicynone* en comprimés ou en ampoules injectables ou encore de la *vitamine K* qui est la vitamine de la coagulation.

Homéopathie

L'homéopathie intervient remarquablement sur le syndrome hémorragique, indépendamment de la cause qui doit être soignées pour elle-même.

Lachesis est donné à la femme sensible, bavarde, qui se plaint souvent de son cou ;

Secale cornutum convient aux femmes attirées par le froid, sous toutes ses formes ;

Nux vomica est le remède des gourmandes qui associent volontiers les épices et l'alcool à leurs repas toujours trop riches ;

China est conseillé à la femme dépressive et quelque peu hypocondriaque ;

Helonias ajoute à son action hémostatique un effet antalgique sur le petit bassin.

Phytothérapie

Alchemille est réservée aux femmes qui se plaignent de brûlures génitales et de gêne à la miction ;

Coriandre est indiquée dans les hémorragies de sang constamment noirâtre ;

Hamamélis soigne aussi les douleurs lombo-sacrées et même les contractions utérines ;

Ortie piquante est aussi efficace sur les brûlures et les démangeaisons des parties génitales ;

Fragon agira mieux si les douleurs associées sont localisées du côté droit.

Digipuncture et acupuncture

Les points doivent être faits en tonification et ont un effet cicatrisant et contractile sur les muqueuses.

6ᵉ Rate, au bord postérieur du tibia, un travers de main au-dessus de la pointe de la malléole interne, dont on sait l'action polyvalente en gynécologie ;

14ᵉ Rate, situé au croisement d'une ligne qui passe deux travers de doigt au-dessus du bord supérieur de la symphyse pubienne et d'une ligne verticale qui descend à 5 travers de doigt en dehors de la ligne médiane antérieure ; il diminue la congestion pelvienne ;

30ᵉ Estomac, sur une horizontale passant par le bord supérieur de la symphyse pubienne, à 3 travers de doigt en dehors de la ligne médiane antérieure, pour son action régulatrice sur les sécrétions ovariennes ;

5ᵉ Vaisseau Conception, 3 travers de doigt au-dessous de l'ombilic, parce qu'il agit de façon réflexe sur le plexus hypogastrique ;

25ᵉ Estomac, 3 travers de doigt en dehors de l'ombilic, à droite et à gauche ; il améliore la circulation énergétique entre le haut et le bas du corps

Autres techniques

Prunus amygdalus bourgeons macérat glycériné 1D et *Buxus sempervirens bourgeons* macérat glycériné 1D ont tous deux une action antihémorragique. Il convient de les mélanger dans un même flacon et de prendre la dose habituelle qui est de 60 gouttes par jour en deux fois, dans un peu d'eau.

KYSTES DE L'OVAIRE

Un kyste correspond à une coque fibreuse enfermant un liquide fluide, transparent et séreux ou un liquide beaucoup plus épais et plus dense ou muqueux.

Une différence doit encore être faite entre les kystes intermittents correspondant à un ovule non évacué par l'ovaire au moment de l'ovulation par mauvaise coordination endocrinienne et les kystes permanents qu'il faut surveiller pour éviter une confusion avec un cancer de l'ovaire débutant.

Prise en charge thérapeutique

Allopathie (sur conseil médical)
On sépare les kystes de l'ovaire en deux catégories.

— Les kystes vrais, qu'ils soient séreux (ils contiennent un liquide très fluide), qu'ils soient muqueux (le liquide est épais) ou dermoïdes (les éléments contenus sont très complexes et peuvent être aussi bien des dents, des cheveux, que des fragments osseux).
Ces kystes doivent être opérés et analysés pour éviter de passer à côté d'un cancer de l'ovaire.

— La deuxième catégorie est dite fonctionnelle et, à l'examen clinique comme à l'échographie, l'ovaire change de taille d'un cycle à l'autre. Le traitement est alors hormonal et consiste à freiner l'ovaire pendant quelques cycle avec soit la pilule soit un progestatif pour lui permettre de reprendre son fonctionnement normal, dans un deuxième temps.

Homéopathie
Les homéopathes classent dans une catégorie particulière les personnes qui ont tendance à faire des kystes ou des petites tumeurs superficielles ou profondes. À cette catégorie appelée *sycose* appartient un groupe de médicaments qui peuvent stabiliser une affection ou même la faire régresser, s'il s'agit d'une maladie bénigne.

Les produits conseillés, à prendre en alternance par cures de trois semaines, sont *Thuya*, *Graphites*, *Nux vomica*, *Phytolacca*, *Sulfur*, *Medorrhinum*. La surveillance est bien entendu à la fois clinique et échographique.

Phytothérapie
Il n'existe pas de plantes antikystes. On insiste sur l'association de plantes à action dépurative et stimulante de la circulation générale, le kyste étant considéré comme la résultante de l'accumulation de toxines, autour desquelles se multiplient de façon anormale les cellules environnantes.
On fera appel à la *Bardane*, au *Bouillon blanc*, à la *Pensée*

sauvage, à la *Prêle* et à la *Reine des prés*, par des préparations à prendre au long cours (6 semaines et plus) et en association. L'expérience a montré qu'il ne faut pas mélanger plus de trois produits dans la même gélule ; une formule de référence serait la suivante :
— *Reine des prés poudre* 0,20 g ;
— *Prêle poudre* 0,10 g ;
— *Bouillon blanc poudre* 0,10 g ;
pour une gélule.
Prendre deux gélules matin et soir avant manger pendant six semaines.

Digipuncture et acupuncture
La digipuncture et l'acupuncture ne seront utilisées que pour diminuer la tension pelvienne et améliorer la circulation générale, en stimulant le foie, les organes digestifs et les vaisseaux pelviens.
Les points utiles, à faire en tonification, seront :
le *12e Foie* situé un travers de main en dehors de la ligne médiane antérieure et un travers de doigt au-dessus d'une ligne horizontale passant par le bord supérieur du pubis ;
le *12e Rate*, situé à un travers de main et un travers de doigt en dehors de la ligne médiane antérieure, sur une ligne passant par le bord supérieur du pubis ;
le *3e Vaisseau Conception*, situé 2 travers de doigt au-dessus du pubis ;
le *10e Rein*, situé, genou fléchi, à l'extrémité interne du pli de flexion du genou.

Autres techniques
Des essais sont actuellement en cours avec des produits actifs dérivant de *Ficus carica* et de *Carpinus betulus*. Ces produits existent sous forme de macérat glycériné de bourgeons 1D : il est donc tout à fait légitime de les utiliser.

MALADIES BÉNIGNES DES SEINS (MASTOSES)

Un sein est constitué d'un système glandulaire complexe, futur producteur du lait nécessaire au nourrisson, et d'un entourage conjonctif qui assure sa protection et sa nutrition.

Sous influence hormonale au cours d'un cycle, on note au cours de la deuxième partie du cycle une congestion avec rétention d'eau du tissu conjonctif et une augmentation de volume des cellules acineuses, élément primaire de la glande mammaire.

Toute anomalie perturbe ce système et peut provoquer très facilement de petites tumeurs comportant, au centre, des cellules glandulaires et à leur pourtour une sclérose douloureuse à base de fibres collagènes et élastiques du tissu conjonctif remanié.

À la palpation, on sent des nodules douloureux mais bien isolés et mobiles dont les mammographies confirment la bénignité. La ménopause est un des agents majeurs de leur apparition.

Prise en charge thérapeutique

Allopathie (sur conseil médical)

À partir de 40 ans et très régulièrement, tous les deux ans ou au maximum trois ans, une mammographie et une échographie mammaire doivent être pratiquées à la recherche d'une image anormale rarement signalée d'ailleurs par des douleurs.

La tension douloureuse des seins accompagnée de nodules répartis dans toute la masse mammaire est traitée par des crèmes décongestives locales à base de progestérone comme le *Progestogel* et par des progestatifs par voie orale associés souvent à des diurétiques pour enlever la surcharge aqueuse qui accompagne habituellement la mastose.

Les progestatifs seront donnés en deuxième partie du cycle du 15e au 24e jour du cycle, le choix se faisant entre *Lutény*l, *Lutionex*, *Colprone* et *Surgestone*.

Le diurétique associé est le plus souvent *Aldactazine* qui augmente la diurèse de façon équilibrée sans trop léser l'organisme en ses oligo-éléments.

Homéopathie

Un certain nombre de produits ont la propriété de stabiliser la mastose et de diminuer les sensations douloureuses qui en accompagnent les poussées.

Aconit est indiqué lorsqu'il y a aggravation par temps froid et humide ;

Belladona est donné aux femmes qui vont mieux dès l'arrivée des règles ;

Lac caninum est le produit de base à associer aux autres, si besoin ;

Phytolacca est prescrit lorsque les douleurs ressemblent à des crampes ou à des meurtrissures ;

Rhus tox est surtout réservé, d'après certains homéopathes, aux troubles qui perturbent le sein droit.

Phytothéraphie

Le principe du traitement est de diminuer la tension mammaire et de régulariser le flux hormonal.

On fera appel à :

Artichaut quand le foie est sensible à la pression ;

Camomille quand les douleurs sont particulièrement vives ;

Gremil dans l'hyperfolliculinie, habituellement responsable de congestion générale ;

Millepertuis si l'engorgement mammaire est diffus ;

Cassis quand la femme est en plus hypertendue et obèse.

Digipuncture et acupuncture

Les points doivent être faits en dispersion :

le *13ᵉ Estomac*, dans le creux sous-claviculaire, sur une verticale passant par le mamelon, parce qu'il est un anticongestif mammaire ;

le *36ᵉ estomac*, 4 travers de doigt au-dessous de la pointe de la rotule et un travers de doigt en dehors de la crête tibiale, parce qu'il draine vers le bas toutes les surcharges énergétiques de la région thoracique ;

le *22ᵉ Rein*, dans le 5ᵉ espace intercostal, à 2 travers de doigt en dehors de la ligne médiane antérieure ; le 19ᵉ *Vessie*, sur une horizontale passant par la pointe de la dixième vertèbre dorsale, à deux travers de doigt en dehors de la ligne médiane postérieure.

Autres techniques
Rubus idaeus jeunes pousses macérat glycériné 1D est conseillé en association avec *Tilia tomentosa bourgeons,* surtout dans la deuxième partie du cycle, plusieurs mois de suite.

PROLAPSUS UTÉRIN

Une atonie musculaire périnéale, une déficience du rôle de soutien des divers ligaments qui entourent l'utérus peuvent être responsables d'une descente progressive de l'utérus à l'intérieur du vagin et une extériorisation est possible si aucun traitement n'a veillé à y remédier.

L'utérus, en glissant ainsi vers l'extérieur, entraîne la face postérieure de la vessie et la face antérieure du rectum, créant mécaniquement des incontinences qu'il est parfois bien difficile de corriger.

Une des séquences thérapeutiques comporte un enrichissement de l'organisme en hormones pour leur intérêt revitalisant.

Prise en charge thérapeutique

Allopathie (sur conseil médical)
La solution idéale est l'intervention chirurgicale qui remet chaque élément en place et rétablit une statique pelvienne correcte.

Un refus ou une contre-indication orientent vers les deux moyens palliatifs que sont la gymnastique périnéale avec des appareils de stimulation électrique et le port d'un pessaire au diamètre adapté à la taille du vagin et qu'il faudra changer tous les six mois en obligeant la patiente à des soins d'hygiène rigoureuse pour éviter toute irritation ou infection.

Homéopathie
On a recours à des produits qui ont une action musculaire et tonique qui ne dispense pas de la kinésithérapie associée.
Aesculus s'il y a des varices ou des troubles circulatoires veineux ;
Agaricus chez les femmes dépressives ;
Aletris si le prolapsus s'accompagne d'une très grande fatigue ;
Fraxinus qui soigne également les céphalées avec battements ;
Trillium pendulum lorsque la patiente se sent beaucoup mieux quand l'abdomen est serré par un bandage.

Phytothérapie
Toutes les plantes qui ont une action stimulante générale sont utiles et on aura le choix entre :
Capucine, conseillée à toute personne lymphatique ;
Millepertuis, assez spécifique des insuffisances circulatoires ;
Peuplier, qui a par ailleurs une action revitalisante sur la peau ;
Grenadier, pour ses propriétés astringentes et antirhumatismales.

Digipuncture et acupuncture
Les points seront faits en tonification :
le *34ᵉ Vésicule biliaire*, dans une dépression située en bas et en avant de la tête du péroné, sous le genou, renforce tous les muscles du corps ;
le *2ᵉ Vaisseau Conception*, juste au-dessus du pubis, pour son action tonique sur les muscles du petit bassin ;
le *3ᵉ Vaisseau Gouverneur*, sur la ligne médiane postérieure,

entre la 3ᵉ et la 4ᵉ vertèbre lombaire, qui complète l'action du point précédent ;

le *30ᵉ Vésicule biliaire*, au sommet du grand trochanter, en haut de la cuisse, sur la face externe, parce qu'il est le point de distribution énergétique du bassin.

SYNDROME PRÉMENSTRUEL

Un syndrome est un ensemble de signes dont le point commun est souvent uniquement la date d'apparition.

Il en est ainsi dans la deuxième partie du cycle, chez les femmes à règles déjà irrégulières, où on note à la fois une augmentation de poids par rétention d'eau, des accès de mauvaise humeur, des migraines très invalidantes, des douleurs articulaires, un gonflement des seins et des troubles digestifs.

Il suffit parfois d'une toute petite réorganisation des sécrétions hormonales pour que ce mal de vivre s'évanouisse.

Prise en charge thérapeutique

Allopathie (sur conseil médical)

Certaines femmes vivent la deuxième partie du cycle comme une catastrophe et voient apparaître des troubles très divers qui disparaissent dès l'apparition des règles, qu'il s'agisse de migraines, de mauvaise humeur, de prise de poids ou de douleurs pelviennes.

On a longtemps pensé que l'explication en était une prédominance de la folliculine sur la progestérone (une hyperfolliculinie relative) et le traitement classique en était l'administration de progestatifs (comme décrits dans la rubrique consacrée au traitement de la bouffée de chaleur) du 15ᵉ au 25ᵉ jour du cycle.

Un grand nombre d'échecs orientent actuellement les recherches vers des perturbations au niveau des neurotransmetteurs et des endorphines. Le traitement est modifié et fait intervenir des médicaments anti-inflammatoires et des produits antiallergiques.

Parmi les anti-inflammatoires, on choisira *Cebutid*, *Apranax*, *Indocid* ou *Ponstyl*.

Dans les antiallergiques, la préférence est donnée à ceux qui sont en même temps calmants comme la *Periactine*, le *Phénergan*, *Allerga* ou *Actidilon*.

Il semble que les médecines naturelles soient finalement les plus appropriées et les gynécologues les utilisent très fréquemment.

Homéopathie

L'homéopathie ne soigne pas les signes un par un mais propose des produits à haute dilution qui s'accordent à la personnalité ou à la morphologie de la patiente.

On donnera donc du 10e au 25e jour du cycle :

Causticum à la femme mélancolique, abattue, dépressive et qui vit avec la constante appréhension d'un malheur imminent ;

Nux vomica aux personnes fortement colorées, de caractère ardent, vif et irritable, avec rougeur et chaleur des joues ;

Psorinum chez la femme d'aspect maladif, aux cheveux secs et ternes, aux lèvres sèches et à la peau grasse et huileuse ;

Calcarea fluorica conviendra davantage aux femmes maigres, indécises, sans appétit, avec douleurs diffuses et mobiles touchant aussi bien les articulations que le ventre ou les lombes ;

Argentum nitricum appartient aux grandes femmes minces dont les yeux sont profondément enfoncés dans les orbites et qui font tout sans ordre et avec précipitation.

Phytothérapie

Les phytothérapeutes considèrent que le syndrome prémenstruel correspond à une mauvaise adaptation physiologique. Ils s'inquiètent moins d'un dérèglement hormonal que de l'accumulation de substances nocives dans les reins, le foie ou la région péricordiale.

Ils donneront donc pendant six semaines (temps de double cure) suivies d'un repos d'un mois et d'une nouvelle série :

Chardon-Marie qui traite en même temps le foie, lorsqu'il est sensible à la pression ;
Ortie piquante chez les femmes qui ont de fréquentes rechutes infectieuses ;
Vigne rouge lorsqu'on constate des hématomes et des ecchymoses spontanées ;
Épine vinette qui interviendra sur les troubles circulatoires ;
Citron lorsque la langue est toujours blanche et chargée.

Digipuncture et acupuncture

L'acupuncteur oriente sa réflexion vers des blocages de circulation énergétique et lutte avec des points qu'il tonifie contre la stase locale. Il s'efforce donc de libérer le mieux possible le petit bassin.

On utilisera :

le *3ᵉ Vaisseau Conception*, à un travers de doigt au-dessus de la partie moyenne du pubis, pour son action stimulante générale ;

le *27ᵉ Vésicule biliaire*, en avant de l'épine iliaque antéro-supérieure (pointe osseuse située au même niveau que l'ombilic, tout à fait à l'extérieur de l'abdomen), pour son pouvoir de coordination énergétique ;

le *6ᵉ Rate*, au bord postérieur du tibia, un travers de main au-dessus de la pointe de la malléole interne, parce qu'il a une action polyvalente en gynécologie ;

le *13ᵉ Vaisseau Conception*, à 7 travers de doigt au-dessus de l'ombilic, sur la ligne médiane antérieure, parce qu'il est à la fois excitant du foie, dépuratif et diurétique.

Autres techniques

Nous aimons bien conseiller dans cette indication les poconéols qui sont des mélanges de plantes brésiliennes à dilution homéopathique. L'expérience montre l'intérêt de cures de trois mois de *Poconéol 1* et de *Poconéol 14* que l'on prendra à la dose de 15 gouttes par produit, de préférence le matin, dans un peu d'eau.

APPAREIL GÉNITAL MASCULIN

AFFECTIONS BÉNIGNES DE LA PROSTATE

La prostate est une glande complexe qui enserre la partie inférieure de la vessie et le début du canal qui la suit, ou canal prostatique, chargé de gérer à la fois l'urine et le sperme qui lui arrivent par des canaux éjaculateurs.

Une prostatite ou infection de la prostate peut entraîner des douleurs et des troubles de la miction avec, en phase aiguë, de la fièvre et un malaise général. Une tumeur bénigne de la prostate aura la même incidence et devra être suivie de très près pour éviter une évolution maligne ou des complications bien connues de transit urinaire.

Prise en charge thérapeutique

Allopathie (sur conseil médical)
L'allopathie n'est pas capable de guérir un adénome prostatique. Elle peut simplement bloquer son évolution et diminuer de façon encourageante les réactions congestives correspondant à des poussées désagréables.

Les médicaments proposés sont nombreux sans que l'on puisse affirmer que l'un est meilleur que l'autre :
Minipress sera donné à la dose d'un demi-comprimé matin et soir. Ce médicament est également utilisé pour le traitement de l'hypertension artérielle et peut donc entraîner des chutes brutales de tension si des précautions posologiques ne sont pas prises ;
Urion est prescrit à la dose de trois comprimés par jour ;
Xatral est conseillé aux mêmes doses ;
Capistan est conseillé à la dose de deux gélules par jour ;
Tadenan, le plus ancien, a des posologies plus modulées.

Homéopathie

L'homéopathie ne fera pas régresser un adénome de la prostate. Elle pourra certainement stabiliser son évolution et retarder longtemps l'apparition de troubles urinaires pénibles.

On choisira :

Benzoic acid souvent donné aux rhumatisants dont les articulations craquent au moindre mouvement ;

Chimaphila, qui améliore l'envie constante d'uriner associée à une pesanteur pelvienne pénible ;

Medorrhinum indiqué chez l'homme agité qui a l'impression que le temps passe trop lentement et dont on connaît l'attirance pour les liqueurs et les alcools ;

Pareira brava est spécifique des troubles prostatiques et doit être conseillé régulièrement ;

Sabal est réservé à l'homme qui est aggravé par le froid, les boissons froides, le temps humide et le plein air.

Phytothérapie

La phytothérapie dispose de substances décongestionnantes et stimulantes de la régénération des tissus conjonctifs :

Cyprès est connu pour son action hormonale régulatrice et ses qualités de draineur lymphatique et veineux ;

Bruyère a la capacité de désinfecter l'arbre urinaire, d'éliminer les toxines de l'organisme et d'améliorer le fonctionnement du gros intestin,

Orthosiphon réalise un drainage de toutes les toxines contenues dans l'organisme et calme très bien toutes les douleurs du petit bassin ;

Marrube blanc a d'abord été employé contre la toux et les affections respiratoires. Ses propriétés pelviennes n'ont été découvertes que récemment et les pharmacologues s'efforcent actuellement d'extraire de cette plante une molécule efficace ;

Pourpier est recommandé dans toutes les inflammations du petit bassin. C'est un excellent dépuratif, souvent négligé.

Digipuncture et acupuncture

Le point le plus utile parce que décongestionnant et anti-inflammatoire est le *2ᵉ Vaisseau Conception,* juste au-dessus de la partie moyenne du pubis, que l'on tonifiera en même temps que le *30ᵉ Estomac* qui se trouve à la partie moyenne de l'aine, au-dessus de l'artère fémorale que l'on sent battre.

Autres techniques
Certains oligo-éléments sont utiles pour leur effet neurovégétatif et leur action circulatoire. On associera le *manganèse cuivre* et le *lithium* en microsol à raison d'une prise par jour pendant des cycles de deux mois.

ATROPHIES SEXUELLES DE L'HOMME

La baisse progressive de la sécrétion de testostérone a pour conséquence une baisse de la vitalité de tous les organes normalement régis par cette hormone : les testicules deviendront plus petits, la verge aura un volume moindre et même en érection perdra des centimètres et du volume. La peau des bourses pâlira et on verra apparaître, comme chez la femme, une sensibilité particulière de l'épiderme qui par sa fragilité donnera prise à n'importe quelle infection.

Prise en charge thérapeutique

Allopathie (sur conseil médical)
D'une façon générale, les atrophies sexuelles sont en relation avec une diminution de la quantité de testostérone mais aussi avec des erreurs alimentaires chez des patients qui, par paresse ou oubli, négligent un apport régulier de vitamines et d'acides aminés essentiels.
Le traitement est indexé sur ces constats et comporte la prise régulière quotidienne pendant un cycle de deux mois d'un comprimé d'*Halotestin* à 5 mg associé à une alimentation riche en protéines et à une polyvitaminose par un comprimé de *Quotivit* ou un comprimé de *Vivamyne*.

La seule contre-indication est l'existence de troubles prostatiques.

Homéopathie

Le traitement est rarement local. Il prend en charge le terrain pour de longues cures de trois mois avec les produits suivants :

Dioscorea qui sera donné aux hommes agités, anxieux, solitaires, avec tendance aux idées de persécution ;

Elaps corallinus pour l'homme dont toutes les sensations sont aggravées par la pluie et l'humidité et qui est constamment irrité contre lui-même pour son incapacité à franchir des obstacles ;

Gelsemium chez les sujets émotifs, tremblants, enclins au trac et très sensibles aux changements de saison ;

Juglans regia chez les hommes anémiques, frileux, de tendance mélancolique, susceptibles et jaloux ;

Lachnantes chez les grands bavards, incapables de se concentrer et de réfléchir, pleurant de façon incontrôlée et constamment agités.

Phytothérapie

Les plantes le plus souvent employées sont vasodilatatrices et eutrophiantes, c'est-à-dire revitalisantes. Le choix est grand et fait appel au *Kella*, à l'*Olivier*, au *Gui*, à l'*Aubépine* ou à l'*Ail*. Il est intéressant de faire des mélanges de deux plantes et de les faire se succéder en séries de six semaines.

L'influence psychologique est de règle et veille à redonner du courage et de la volonté à celui qui renonce trop vite.

Digipuncture et acupuncture

On stimulera en tonification par digipuncture le *2e Vaisseau Conception*, situé juste au-dessus de la partie moyenne du pubis, qui commande — d'après la médecine chinoise — toute la vascularisation du petit bassin.

Autres techniques

On attache une certaine importance aux substances antioxydantes dont il est prouvé qu'elles ralentissent l'évolution générale de la sénescence. Le praticien dispose de *Flavosen*, une gélule par jour, de *Gerimax* à la même dose ou de *ADN HP*, deux comprimés par jour en cures longues de deux mois renouvelables.

CANCERS

Il convient, comme pour tout autre cancer, de faire un diagnostic précoce qui permet un traitement plus léger, mieux adapté et souvent plus efficace. Il existe trois cancers importants dont la littérature médicale fait état relativement souvent :
— le cancer de la prostate, dont le diagnostic est fait sur les troubles de la miction, sur les résultats d'un toucher rectal bien fait, sur une échographie pelvienne et enfin des examens biologiques portant sur le PSA, considéré comme son marqueur spécifique ;
— le cancer de la vessie, qui se révèle par une hématurie (urines teintées de sang), dont le pronostic est très grave ;
— et le cancer du sein, rare mais très grave parce qu'il évolue vers des complications beaucoup plus rapidement que le cancer de la femme.

Prise en charge thérapeutique

Allopathie (sur conseil médical)
Toute constatation de cancer doit faire consulter des équipes spécialisées qui proposeront, en fonction de la localisation et des circonstances, la chirurgie, la radiothérapie ou la chimiothérapie.

La médecine ne dispose pas encore de connaissances suffisantes pour lui permettre d'établir un traitement préventif, même si les recherches sur certaines vitamines et sur certains antiradicaux libres semblent prometteuses.

Les cancers de la prostate sont les seuls avec les cancers du sein à bénéficier d'une thérapeutique hormonale. Citons : le *Decapeptyl*, l'*Enantone*, le *Suprefact*, l'*Eulexin*, le *Distilbene* pour le cancer de la prostate et le *Nolvadex*, le *Tamofène*, l'*Oncotam* pour le cancer du sein chez l'homme comme chez la femme.

Homéopathie

L'homéopathie peut alléger les souffrances et apporter son action anti-inflammatoire aux traitements entrepris par ailleurs.

Carbo vegetabilis est donné dans les cas de grande débilité, lorsque la situation est pénible et que les ressources humaines semblent définitivement limitées ;

Arsenicum album est le médicament de la personne anxieuse qui redoute une fin prématurée, est agitée surtout entre 1 heure et 3 heures du matin et supporte mal la vue et l'odeur de nombreux aliments ;

Eupatorium intervient lorsque les douleurs sont vives et qu'elles donnent l'impression de brisure et de courbature généralisées ;

Nitri acid est recommandé dans les affections chroniques et profondes avec inflammation et irritation des muqueuses.

Phytothérapie

Gui contiendrait un principe anticancéreux et se prescrit parfois en piqûres, par série de 30 injections. Il n'est pas encore prouvé qu'il soit réellement efficace et il convient de ne pas lui accorder trop d'importance.

Persicaire est surtout utile pour son pouvoir cicatrisant et ses propriétés hémostatiques.

L'huile essentielle de *Thuya*, à la dose de 5 gouttes maximum par jour, limiterait le volume des tumeurs et permettrait aux coques formées de se ramollir, laissant donc aux autres médicaments la possibilité de pénétrer dans les foyers malades.

Oignon bénéficie d'une excellente réputation et il est prouvé statistiquement que ceux qui en consomment beaucoup ont une protection immunitaire de meilleure qualité.

Les affections de A à Z

Digipuncture et acupuncture
Le rôle de l'acupuncture est de soulager la douleur et de donner un peu de sérénité. On fera donc, dans les régions douloureuses, des massages circulaires dans le sens inverse des aiguilles d'une montre, en effleurage autour des points signalés douloureux, pendant deux minutes trente pour chaque point, et on terminera par une dispersion du 17e *Vaisseau Conception*, situé sur le sternum, à égale distance des deux mamelons, sur le patient couché.

Autres techniques
On donne de principe des ampoules de *cuivre*, d'*or* et d'*argent* en veillant bien à les séparer pour que chaque produit puisse atteindre facilement ses cellules cibles.

IMPUISSANCE ET TROUBLES DE LA LIBIDO

Nous avons étudié dans un chapitre spécial les difficultés éprouvées par l'homme vieillissant pour répondre aux stimulations qui lui étaient autrefois familières et agréables. Il convient de noter que même ses envies de bien faire sont contrecarrées par l'âge et qu'il ne suffit pas de traiter la région pour espérer une guérison si on ne décide pas en plus d'insuffler un peu d'énergie positive à chacune des séances de stimulation que l'on aura proposées.

Prise en charge thérapeutique

Allopathie (sur conseil médical)
Il faut éliminer les causes organiques qui relèvent d'un traitement chirurgical maintenant bien au point. Seules les impuissances dites psychogènes peuvent être soignées avec succès par des techniques médicales dont l'importance dépend des premiers résultats obtenus.
Outre le contact psychologique, qui est essentiel, nous disposons dans un premier temps de vieux médicaments vasodi-

latateurs qui continuent à faire leurs preuves lorsqu'ils sont pris régulièrement :

La *Yohimbine* en granules que l'on prend à la dose de trois granules trois fois par jour ;

l'*Albatran* à la dose de 4 comprimés par jour ;

le *Vastarel* à la dose de 4 comprimés par jour ;

le *Carlytène* à la dose de 4 comprimés par jour ;

le *Praxilène* à la dose de 3 comprimés par jour.

En l'absence de résultat, les spécialistes deviennent plus agressifs et injectent directement dans la verge un produit vasodilatateur qui donne des réactions immédiates. Cela doit donc être fait peu de temps avant une relation sexuelle programmée.

Le produit de base a été pendant longtemps la *papavérine* qui est responsable d'une certaine intolérance.

Le médicament actuellement utilisé s'appelle *Icavex*, dont il existe plusieurs concentrations et que l'on apprend au patient à s'injecter lui-même pour lui permettre de programmer à loisir sa vie sexuelle.

En cas d'échec, il ne reste plus qu'à implanter une prothèse pénienne gonflable avec une sorte de réservoir que l'on enferme dans les bourses et que le patient peut presser au moment utile pour gonfler les deux conduits que l'on a insérés entre ses cordons caverneux.

Homéopathie

Lorsque l'impuissance est d'origine psychique et que les examens ne montrent aucune lésion locale définitive, l'homéopathie agit lentement et redonne un tonus pelvien souvent estimable.

Caladium sera conseillé aux hommes très sensibles au bruit, paresseux et très hostiles au contact de l'eau froide.

Lycopodium réussira aux hommes qui se mettent souvent en colère, ont un aspect vieillot et sont très vite rassasiés, même après un très petit repas.

Phosphoric acid est le médicament de l'homme indifférent à tout, insouciant, apathique, qui se plaint souvent de maux de tête avec vertiges et élancements.

Selenium est utile à l'homme épuisé qui perd ses cheveux et dont les ongles cassent. On note aussi dans ce cas des sueurs abondantes et de discrètes éruptions localisées dans la sphère hépatique.
Tabacum est plutôt indiqué chez l'homme habituellement pâle, nauséeux et répondant à tout effort par des vertiges et des bourdonnements d'oreille.

Phytothérapie

Les plantes médicinales doivent avoir un effet stimulant sur la vascularisation pelvienne et on choisira :
Berce, également utile contre l'hypertension artérielle et l'insuffisance rénale ;
Cannelle dont on connaît les propriétés digestives et stimulantes générales ;
Capucine dont il faut cependant redouter l'action purgative et laxative (on doit noter qu'elle facilite, en application locale, la repousse des cheveux) ;
Gingembre qui fait partie de la plupart des repas d'Extrême-Orient et auquel on reconnaît aussi des propriétés anti-infectieuses et apéritives ;
Menthe qui a la réputation d'être cordiale, tonique et excitante.

Digipuncture et acupuncture

On stimulera tous les jours ou tous les deux jours au doigt, à l'aiguille ou avec un bâton de moxa (sorte de cigare contenant de l'armoise que l'on allume et que l'on tient à environ 3 cm du point que l'on veut chauffer jusqu'à sensation de brûlure) le *3e Vaisseau Gouverneur*, appelé point des geishas, qui se trouve à la partie moyenne du bas du dos, entre la 3e et la 4e vertèbre lombaire.

Autres techniques

Il est de coutume d'associer aux autres médications du *Poconeol 6* qui contient un stimulant et un régulateur glandulaire et de l'oligosol au *zinc*, considéré comme un régulateur endocrinien.

STÉRILITÉ MASCULINE

Contrairement à la femme, l'homme peut fabriquer des spermatozoïdes jusqu'à un âge très avancé. Des dosages ont montré que l'âge avait pour conséquence une diminution de la production du sperme, une perte de sa vitalité et de sa mobilité, alors que s'accroissait le nombre de spermatozoïdes anormaux.

Un problème de conscience se pose au praticien devant un homme de 50 ans et plus qui consulte pour stérilité. Sa guérison, avec les médicaments modernes, est possible, mais elle porte uniquement sur le nombre et sur la vitalité, sans modifier le caractère anormal des spermatozoïdes. Faut-il prendre le risque d'accepter un pourcentage élevé d'enfants anormaux ?

Prise en charge thérapeutique

Allopathie (sur conseil médical)

La stérilité masculine peut se présenter sous des formes variables : elle peut être définitive et correspond à une absence complète de spermatozoïdes à des examens répétés ; elle peut n'être que partielle et porter sur le nombre total, sur la mobilité ou sur la qualité du sperme.

Les traitements sont alors adaptés à chaque cas et sont pour partie vitaminiques (vitamine B surtout) et protéiques (tous les fortifiants sont utiles) et pour partie hormonaux.

Un schéma de traitement comportera :

Alvityl, 4 comprimés par jour pendant deux mois ;
Sargenor, 4 ampoules par jour pendant deux mois ;
Révitalose, 2 ampoules par jour pendant deux mois,
pour ce qui est des toniques ;
Clomid, un comprimé par jour pendant deux mois ;
Hormone gonadotrope chorionique 5 000 unités internationales, une injection intramusculaire deux fois par semaine pendant deux mois.

Il faut deux mois pour faire naître un spermatozoïde, ce qui explique la longueur des traitements qui peuvent d'ailleurs être poursuivis, légèrement modifiés, si les résultats ne sont pas satisfaisants.

Il faut savoir cependant ne pas insister si on constate au spermogramme un nombre trop élevé de formes anormales. Il ne faut pas non plus oublier de soigner une infection locale quand la spermoculture l'a mise en évidence.

Homéopathie
Toute revitalisation de l'organisme est bénéfique et les produits suivants seront utiles :

Natrum muriaticum utile à l'homme qui a un désir anormal de sel, une soif permanente avec sécheresse de la bouche et une grande sensibilité au froid ;

Luesinum intervient chez l'homme qui se plaint de sensations de faiblesse, de constriction de la poitrine et qui signale que tous ses symptômes sont aggravés par le tabac ;

Silicea doit intervenir quand il y a perte de toute énergie morale avec hypersensibilité au froid et inflammation presque permanente du canal lacrymal ;

Helonias est un anti-inflammatoire pelvien auquel on prête un effet stimulant sur la spermatogenèse.

Phytothérapie
On utilise à la fois des plantes revitalisantes et des plantes vasodilatatrices. Elles serviront d'appoint à l'allopathie.

Fragon est utilisé depuis des siècles dans les difficultés urinaires, les troubles de l'éjaculation et pour l'amélioration de la qualité du sperme ;

Petite centaurée est le médicament des convalescences. Elle est donc stimulante et doit être donnée toutes les fois que l'on est confronté à de la faiblesse générale ;

Aspérule est surtout connue comme protecteur du foie. Certains auteurs affirment avoir rendu service avec cette plante à des hommes stériles aux doses que nous avons indiquées ;

Alkekenge est en premier lieu un dépuratif et débarrasse

l'organisme de l'acide urique en excès. Au passage, il améliore la circulation pelvienne.

Digipuncture et acupuncture

On tonifiera le *2ᵉ Foie*, juste en arrière de la commissure des deux premiers orteils et le *12ᵉ Rate* situé sur une ligne horizontale passant par le bord supérieur de la symphyse pubienne, à 2 travers de main en dehors de la ligne médiane. Ces deux points ont la réputation de stimuler la spermatogenèse.

Autres techniques

Un oligo-élément est souvent utilisé pour sa capacité de rétablir certaines liaisons endocriniennes : le *zinc* mélangé au *cuivre* qu'il faut donner associé au *Poconeol 2*.

# APPAREIL OSTÉO-ARTICULAIRE

ARTHRITE

Chaque articulation comporte, protégées par une capsule recouverte de ligaments, les surfaces articulaires cartilagineuses des os en contact. Le cartilage est lui-même protégé par une fine membrane appelée synoviale qui sécrète un liquide épais et légèrement huileux qui permet un glissement convenable des os l'un sur l'autre.

L'arthrite correspond à l'inflammation de cette membrane synoviale par des germes ou par un processus mettant en jeu des anticorps inutiles dont l'organisme ne sait que faire. On entre à travers les arthrites dans le groupe des maladies *auto-immunes* où l'organisme se détériore lui-même parce qu'il a perdu tout contrôle sur sa physiologie.

L'hérédité joue certainement un rôle mais les stress et certaines pollutions augmentant la quantité circulante des radicaux libres sont volontiers cités par les chercheurs.

Les articulations atteintes sont habituellement celles des mains et de la colonne vertébrale et on note au cours du temps à la fois des douleurs désagréables, survenant par crises, une diminution des capacités fonctionnelles et une déformation accentuée.

Prise en charge thérapeutique

Allopathie (sur conseil médical)

Les crises aiguës sont traitées par des antalgiques et des anti-inflammatoires comme *Actron*, *Detoxalgine*, *Novacetol*, *Trancogesic* en comprimés et *Minalfène*, *Lodine* ou *Naprosyne*.

La cortisone doit parfois être employée lorsqu'on note une résistance à un premier traitement bien conduit.

Le traitement de fond est délicat et utilise des antipaludéens comme *Nivaquine* ou *Plaquénil* sous forte surveillance ou des produits dangereux comme *Acadione, Encéphabol* ou *Trolovol* dont il faut se demander si les inconvénients (sanguins, digestifs et cutanés) ne sont pas supérieurs aux avantages.

Homéopathie

Apis est spécifique des inflammations aiguës douloureuses surtout lorsque la peau est brillante, lisse, rose et vernissée ;

Sabina, connue pour son action antalgique sur le petit bassin, soigne aussi les douleurs articulaires, surtout si elles sont aggravées par la chaleur du lit, de la chambre ou d'un vêtement ;

Salicylic acid est le remède des rhumatismes articulaires aigus améliorés par des applications locales chaudes et sèches et associés à des sueurs abondantes et incontrôlables ;

Phytolacca sera aussi bien utile dans une angine congestive douloureuse que dans des douleurs mammaires ou des douleurs rhumatismales aiguës aggravées par le froid humide et la nuit.

Phytothérapie

Cajeput est donné à la dose maximale de 5 gouttes par jour d'huile essentielle dans du lait ou du miel, pour sa richesse en terpènes et en aldéhydes antalgiques ;

Calamus joue un rôle analogue mais sera prescrit en poudre suivant les exemples que nous avons donnés ;

Camomille soulage rapidement par son action hypnotique. Elle peut être prise en décoction ou en teinture mère à la dose d'une goutte par kilo de poids pendant un minimum de trois semaines ;

Estragon est plus utile en huile essentielle à la dose de 5 gouttes par jour au maximum. Il pourra être demandé au pharmacien de préparer une solution diluée d'huile essentielle en la mélangeant avec de l'huile de noisette ou d'amande douce.

Digipuncture et acupuncture

Tous les points d'acupuncture utilisés en dispersion ont un effet antalgique et anti-inflammatoire. Il faut donc avoir le courage de prendre les articulations atteintes une par une et de disperser les points d'acupuncture que l'on a repérés.

L'état général sera renforcé en sollicitant le thymus qui se trouve derrière le sternum : on le fait en tapant de bas en haut trois fois de suite, par petits coups secs, le long du sternum, sur sa ligne médiane.

Autres techniques

On ajoutera *Vitis vinifera bourgeons* en macérat glycériné 1D et *Poconeol* 8 pour son effet de drainage.

ARTHROSE

L'usure du revêtement cartilagineux des os en contact s'accompagne de douleurs, de diminution de la motilité et surtout d'une réaction paradoxale de l'os atteint qui, sous l'influence d'une irritation locale occasionnée par le frottement anormal des pièces osseuses en contact, sécrète par ses bords latéraux de l'os sous forme de petites stalactites (ostéophytes en langage médical) qui ont le très grave inconvénient d'irriter par leur présence à la fois les ligaments, les muscles et les nerfs qui les entourent.

Les localisations de l'arthrose sont multiples et justifient un traitement général antivieillissement et un traitement régional de l'articulation et des articulations atteintes.

Prise en charge thérapeutique

Allopathie (sur conseil médical)

Le traitement des poussées aiguës est le même que pour les arthrites. Le traitement de fond veille à lutter contre la sclérose, à améliorer la vascularisation périarticulaire et à faire cesser les enraidissements séquellaires.

On citera comme myorelaxants : *Décontractyl*, *Myolastan*, *Neuriplege* ou *Trancopal* en comprimés. Comme modificateurs de la substance fondamentale : *Conjonctyl injectable*, *Arthryl*,

Structum en comprimés, *Madécassol* en comprimés, *Protéosulfan* en comprimés.

Les cures thermales sont particulièrement indiquées ainsi que la *thalassothérapie*.

Homéopathie

Dulcamara traite les douleurs rhumatismales secondaires à une exposition au froid humide ;

Medorrhinum est indiqué dans les rhumatismes qui s'accompagnent d'épanchements et d'œdèmes douloureux. On l'utilisera également dans les entorses ou les traumatismes pour obtenir une résorption accélérée.

Actea racemosa intervient surtout sur les douleurs musculaires (courbatures et crampes) qui accompagnent une poussée d'arthrose. Donné pendant deux ou trois mois, il finit par avoir un rôle préventif.

Rhus tox sera donné lorsque les douleurs surviennent après un effort violent et qu'elles s'accompagnent d'une raideur persistante.

Phytothérapie

Bouleau est actif parce qu'il contient de l'acide salicylique qui entre dans la composition de l'aspirine ;

Germandrée entre dans la composition de nombreuses boissons apéritives et a un effet antalgique retard ;

Petit Houx sert, par son écorce, à préparer la glu et possède dans ses baies un principe anti-inflammatoire efficace et bien toléré ;

Jasmin est efficace contre les migraines, les névralgies faciales et les rhumatismes localisés dans la partie haute du corps.

Digipuncture et acupuncture

L'acupuncture, que presque tous les rhumatologues et les kinésithérapeutes ont été obligés d'apprendre, en raison de ses succès, continue de donner des résultats étonnants dans le traitement des douleurs rhumatismales.

C'est le traitement local qui est le plus efficace, la digipuncture ou l'acupuncture devant être faites en dispersion. On n'oubliera pas en fin de séance les points aspirine que nous avons signalés dans la rubrique consacrée aux névralgies.

Autres techniques
On utilisera largement les oligo-éléments, non parce qu'ils soignent les rhumatismes mais parce qu'ils interviennent dans l'ensemble des métabolismes de l'organisme. On fera appel à *Manganèse, Cuivre, Or, Argent* et *Cobalt*.

CERVICALGIES

Les douleurs de la région cervicale sont fréquentes. Les vertèbres cervicales sont souvent sollicitées et ont une grande latitude de mouvement alors que des nerfs importants passent à leur niveau dans tous les interstices ménagés.

Les cervicalgies évolueront donc du torticolis avec contracture musculaire réactionnelle au blocage complet des articulations vertébrales du cou, qui empêchera tout mouvement.

En plus des thérapeutiques médicales du même ordre que celles des arthroses, la kinésithérapie ainsi que la thalassothérapie rendront de très bons services.

Prise en charge thérapeutique

Allopathie (sur conseil médical)
Les rhumatologues ne disposent que d'un petit arsenal thérapeutique. Ils utilisent les myorelaxants, les antalgiques et les anti-inflammatoires. Quand la douleur est très violente, ils font des infiltrations avec des produits cortisoniques et recommencent autant de fois que nécessaire jusqu'à ce que la crise soit calmée.

Les anti-inflammatoires et autres produits sont les mêmes que ceux que nous avons présentés dans le traitement de l'arthrose.

Les corticoïdes injectables sont dangereux parce qu'ils peuvent faciliter une infection et avoir des effets indésirables sur les muscles et les os, sur la peau, sur la régulation de l'eau du corps et même sur le système endocrinien, que ce soit *Altim*, *Betnesol*, *Célestène*, *Depomedrol*, *Kenacort* ou *Diprostène*. Il faut donc les utiliser en désespoir de cause.

Homéopathie

Arnica soigne les troubles musculaires, cellulaires et cutanés en rapport avec une contusion ou un traumatisme ;

Bryonia est un grand remède homéopathique et intervient dans la plupart des syndromes aigus lorsqu'il y a une inflammation associée des séreuses avec œdème douloureux ;

Calendula correspond à une courbature douloureuse des muscles lorsqu'il y a hypersensibilité au bruit et à l'air froid ;

Gnaphallium est orienté vers les douleurs névralgiques avec sensation d'engourdissement et avec sensations de fourmillement des extrémités des doigts.

Phytothérapie

Harpagophytum est considéré comme le meilleur anti-inflammatoire de la phytothérapie. Il peut être absorbé ou introduit dans des crèmes avec lesquelles on massera soigneusement la région douloureuse.

Lierre terrestre est classé dans les plantes vulnéraires, donc capables de soigner toutes les contusions et tous les traumatismes locaux. Il est riche en alcaloïdes antalgiques.

Reine des prés associe une action vasodilatatrice à un effet diurétique et anti-inflammatoire. Elle est souvent associée aux autres produits conseillés.

Levure de bière doit être donnée après amélioration des douleurs pour son rôle préventif sur les rechutes probables.

Digipuncture et acupuncture

Les points utiles sont, en dispersion, le *16ᵉ Triple Foyer*, à la racine des cheveux en arrière de la pointe de la mastoïde, le *15ᵉ Vaisseau Gouverneur*, sur la ligne médiane postérieure au niveau de l'implantation des cheveux, le *11ᵉ Vessie*, 2 travers de doigt en dehors de la ligne médiane postérieure au niveau de la pointe de la première vertèbre dorsale.

Autres techniques
Pinus Montana Bourgeons macérat glycériné 1D est un des produits utiles dans cette pathologie.

CRAMPES MUSCULAIRES

Il s'agit de la contraction douloureuse et involontaire d'un muscle. Elle est naturelle après un gros effort avec entraînement insuffisant. Elle est par contre anormale dans la vie courante et traduit une déviation du métabolisme des sucres dans le sang avec production exagérée d'acide lactique.
La prise en charge est médicamenteuse et bénéficie d'un bon réglage alimentaire.

Prise en charge thérapeutique

Allopathie (sur conseil médical)
Le magnésium intraveineux ou par voie buccale à forte dose peut permettre d'éviter de prendre des médicaments plus importants. Les dérivés de la *quinine* sont toutefois d'un grand secours et on pourra faire appel à *Hexaquine, Quinine Vit C, Quinisedine,* ou encore *Bepanthène* qui est une vitamine B concentrée.
Les doses sont de 4 comprimés par jour à continuer deux ou trois jours au-delà du jour où l'amélioration a été constatée.

Homéopathie
Aranea Diadema améliore les douleurs musculaires périodiques qui s'accompagnent de sensation d'engourdissement et sont aggravées par temps pluvieux ;
Cuprum est intéressant dans les crampes des mollets aggravées par la pression et le toucher, survenant chez des individus facilement épuisés et insomniaques ;

Oleander a les membres raides et tremblants. Ses doigts gonflent et présentent des douleurs brûlantes et sa peau est sensible à la moindre friction ;

Psorinum accuse des tiraillements dans les membres, des fourmillements dans les doigts et des crampes surtout localisées aux membres supérieurs.

Phytothérapie

Bourse à pasteur est utile aux femmes présentant des troubles des règles mais aussi aux hommes quelque peu spasmophiles qui ressentent des crampes violentes après un effort même fugace ;

Frêne est un dépuratif et élimine l'acide urique, les oxalates et modifie même, après effort, le métabolisme de l'acide lactique responsable des crampes ;

Chardon-Marie stimule la digestion, fait tomber la fièvre (il est fébrifuge) et stimule le foie qui peut ainsi fournir davantage de glycogène aux muscles qui en ont besoin comme source d'énergie ;

Châtaignier est un astringent utile dans la diarrhée et un antalgique d'action rapide sous la forme d'extrait fluide ou de teinture mère facilement obtenus dans toutes les pharmacies.

Digipuncture et acupuncture

Ce sont le foie et la vésicule biliaire et plus accessoirement les autres méridiens digestifs qui sont responsables, en médecine traditionnelle chinoise, du bon fonctionnement de nos muscles. Il faut donc disperser la surcharge énergétique qui explique les crampes par le *34ᵉ Vésicule biliaire*, situé en avant et un peu au-dessous de la tête du péroné, le *40ᵉ Vésicule biliaire* en avant et juste au-dessous de la pointe de la pointe de la malléole externe de la cheville, pour les crampes du membre inférieur, et le *5ᵉ Gros Intestin*, au fond de la tabatière anatomique, et le *8ᵉ Intestin grêle*, au bord interne de l'articulation du coude, en arrière, pour les crampes du membre supérieur.

Autres techniques
Les *Poconeols 28* et *4* sont de petits produits d'appoint dont l'action est intéressante.

DORSALGIES

Avoir mal au dos a une triple signification : le dos peut simplement être le témoin de lésions sous-jacentes et il faut penser à une affection cardiaque, pulmonaire, pleurale ou même digestive ; il peut encore être douloureux par arthrite ou arthrose et le traitement n'est pas tout à fait le même.

Prise en charge thérapeutique

Allopathie (sur conseil médical)
Il ne faut jamais oublier l'intérêt de la kinésithérapie dans le traitement des douleurs du dos. Les produits utilisés sont les mêmes que dans le lumbago, les cervicalgies ou l'arthrose en général.

Homéopathie
Dulcamara agit sur la peau, le tissu musculaire, les muqueuses, le système nerveux et le système lymphatique. On note dans ses indications l'aggravation par l'humidité et l'alternance d'éruptions cutanées avec des douleurs rhumatismales.

Eupatorium agit sur les ligaments, les os, l'appareil digestif et les bronches. Les douleurs sont à type de meurtrissure et apparaissent et disparaissent rapidement.

Ferrum phosphoricum est actif sur les petites articulations, sur l'hématopoïèse (fabrication des globules rouges) et sur le tube digestif. Il sera donné aux personnes moroses, querelleuses, qui passent d'une joie excessive à une tristesse profonde sans raison.

Kalium bichromicum est conseillé aux personnes obèses, à la face rouge, qui associent des douleurs dorsales à des troubles gastro-intestinaux.

Phytothérapie
Carvi traite en même temps les retards de transit intestinal et les douleurs arthrosiques.
Cassis est indiqué dans le traitement général de l'artériosclérose et de l'arthritisme par son pouvoir éliminateur des urates et des purines (déchets d'origine protidique).
Chèvrefeuille est diurétique et antalgique.
Gentiane est un anti-inflammatoire et antalgique et peut être employée en lotion sédative sur la région douloureuse.

Digipuncture et acupuncture
Nous avons dit l'intérêt de la dispersion de points locaux, cette dispersion chassant l'excès énergétique, responsable de la douleur.
On agira donc sur les points spontanément douloureux et sur tous les points de la chaîne externe du méridien *Vessie*, à un travers de main en dehors de la ligne médiane postérieure, ces points correspondant à la pointe des différentes vertèbres dorsales.

Autres techniques
On utilise en alternance des oligo-éléments contenant du *soufre*, du *fluor* et du *lithium*. On peut également conseiller l'organothérapie qui consiste à donner sous forme de suppositoire un extrait de la région malade en dilution homéopathique : dans ce cas, on fera appel à *Vertèbres dorsales* 7 CH, un suppositoire trois fois par semaine pendant six semaines.

LUMBAGO

Le lumbago atteint presque toutes les couches de la population quels que soient leur âge et leur sexe et est la sanction de notre capacité à tenir et à marcher debout : nos vertèbres se tassent !
C'est au niveau des dernières vertèbres lombaires que les radiologues trouvent le plus volontiers des lésions visibles qui

correspondent à des pincements discaux, à des déviations vertébrales ou à des arthroses interarticulaires.

Le traitement comme pour toutes les situations rhumatismales est à la fois symptomatique et préventif.

Prise en charge thérapeutique

Allopathie (sur conseil médical)

Il faut noter, en plus des anti-inflammatoires par voie générale que nous connaissons, l'intérêt de médicaments administrés par voie percutanée sous une source de chaleur comme le passage après massage d'un sèche-cheveux au-dessus de la région traitée.

On pourra faire appel à : *Algesal, Algipan, Carudol Gel, Crème Rap, Décontractyl baume, Dolodrem, Kamol, Profenid gel* qui ont tous l'avantage d'être pénétrants et de pouvoir agir au lieu même de la douleur.

Homéopathie

Les remèdes conseillés sont souvent les mêmes que ceux utilisés dans les autres localisations rhumatismales.

Aconit convient au sujet vigoureux, pléthorique, au teint coloré, enraidi et sensible aux variations atmosphériques ;

Apis est caractérisé par une grande irritabilité nerveuse. Il est maladroit, et ressent dans sa colonne lombaire des secousses musculaires comme des décharges électriques ;

Helleborus se plaint d'une raideur qui le rend inapte à des efforts prolongés. Son sommeil est agité avec des cauchemars et il se sent mieux à l'air frais et si on le distrait ;

Petroleum est donné aux lombalgiques aigus, très susceptibles, qui ont pris l'habitude de se lever la nuit pour manger.

Phytothérapie

Cassis est intéressant pour son action anti-inflammatoire ;
Lavande est antalgique et dépurative ;
Millepertuis améliore la circulation artériolaire locale et a un rôle cicatrisant général ;

L'*Hysope* entre dans la composition de l'alcoolat vulnéraire et est employée en massage local.

Digipuncture et acupuncture
Les points les plus actifs sont les *27e, 28e, 29e* et *30e* Vessie qui se trouvent à 2 travers de doigt de la ligne médiane postérieure, respectivement au niveau du 1er, 2e, 3e et 4e trou sacré, et qui doivent être manipulés en dispersion.

Autres techniques
Les médecins chinois nous proposent en gélules *Angelica pubescens* et *Gentiana macrophylla* parce qu'ils dispersent le vent, c'est-à-dire la douleur. On les trouve en pharmacie.

OSTÉOPOROSE ET DÉCALCIFICATION

Dans les conditions normales, l'os fixe le calcium sanguin sur la trame osseuse protéique dont il est constitué. Un système de production et de destruction équilibré permet aux ostéoblastes (cellules constructrices) et aux ostéoclastes (cellules destructrices) de fonctionner de façon harmonieuse.

La commande de cette régulation est hormonale et le déficit en folliculine surtout, accélère le processus de raréfaction osseuse et les examens radiologiques spécialisés montrent des os transparents et fragiles qui se casseront au traumatisme le plus banal.

Tout le progrès de l'hormonologie moderne associée aux médecines naturelles vise à freiner cette autodestruction physiologique et à corriger les méfaits de la nature.

Prise en charge thérapeutique

Allopathie (sur conseil médical)
Les hormones sexuelles fixent le calcium à l'intérieur de l'os et ralentissent le processus naturel de destruction. Leur disparition dans la ménopause et dans l'andropause a pour effet

Les affections de A à Z 279

à long terme de déminéraliser les os et de les rendre presque transparents à la radio. Les fractures au moindre choc sont alors fréquentes avec toutes les difficultés de consolidation que l'on peut imaginer.

Chaque femme doit donc, pour bien connaître sa masse osseuse et faire le bilan de ses risques, passer un examen radiologique sophistiqué, appelé tomodensitométrie osseuse, qui fait appel à l'informatique pour donner un pourcentage de normalité qui servira de référence et autorisera les comparaisons ultérieures.

Des dosages biologiques permettent d'affiner ces résultats. On recherchera dans le sérum des marqueurs de la formation de l'os comme les *phosphatases alcalines* et l'*ostéocalcine* et dans les urines des marqueurs de la résorption osseuse comme l'*hydroxyproline* et la *déoxypyridinoline*.

Le traitement hormonal de la ménopause a donc trouvé sa justification dans la prévention de cette affection. L'intolérance aux hormones ou les modifications mal contrôlées du poids obligent souvent les médecins à trouver un traitement palliatif qui existe et est pratiquement aussi efficace que le traitement majeur.

Il fait appel au calcium et à des fixateurs de calcium ou encore à des produits qui freinent le catabolisme du calcium à l'intérieur de nos os. Parmi les calciums disponibles, il faut citer, présentés en comprimés : *Orocal, Calperos, Calciprat, Calciforte, Efical, Eucalcil* et *Sandocal*.

La dose habituelle est d'un gramme par jour à prendre de façon presque continue, les médicaments pouvant même être supprimés si on tolère et consomme beaucoup de produits lactés.

Les fixateurs de calcium sont les vitamines D dont il existe plusieurs marques : *Adrigyl, Sterogyl, Uvédose, Zymad 2* dont on prend une dose par mois, surtout si on n'aime pas s'exposer au soleil.

Les produits qui ralentissent la destruction osseuse sont présentés en ampoules injectables à utiliser deux fois par semaine en cures longues : ce sont des *calcitonines* comme *Cal-*

citar, *Calsyn*, *Miacalcic*, *Staporos* ou des diphosphonates comme *Aredia*, *Clastoban* ou *Didronel*.
Ces derniers produits ont également un effet antidouleur et inhibent les tassements vertébraux.
Les médecines naturelles, en dehors de toute influence hormonale, sont capables de fixer le calcium dans les travées osseuses et de ralentir le processus de décalcification en freinant les ostéoclastes. Elles sont donc une voie de secours quand des traitements allopathiques majeurs sont contre-indiqués, en association bien entendu avec une alimentation riche en produits lactés.

Homéopathie
Calcarea carbonica correspond aux personnes grosses, aux digestions lentes et au teint pâle ;
Magnesia carbonica convient aux personnes maigres, au visage pâle, aux traits tirés et aux yeux cernés ;
Natrum carbonicum est donné à ceux qui aiment s'isoler, adorent la musique, ne supportent pas l'orage et présentent de nombreuses taches de rousseur ;
Silicea s'adresse aux personnes d'aspect vieillot, insomniaques, mélancoliques et facilement découragées.

Phytothérapie
Aunée donne de l'appétit et de la vigueur et injecte un peu de vitalité dans un organisme déficient ;
Avoine est très riche en oligo-éléments et stimule ainsi le métabolisme osseux ;
Prêle a les mêmes indications et doit être associée à l'*Avoine* ;
Fénugrec, connu pour redonner de l'appétit, fournit également à l'organisme une stimulation de bonne qualité ;
Spiruline est une algue marine et apporte donc tous les bienfaits de l'eau de mer à la personne qui la consomme.

Digipuncture et acupuncture
Le métabolisme de l'os est commandé par le méridien *Rein*

et accessoirement le méridien *Vessie* qui lui est couplé. On améliorera la situation en tonifiant le *1er Rein* qui se trouve au tiers antérieur de la plante du pied, dans sa partie médiane, et le *52e Vessie,* situé au niveau de la pointe de la 2e vertèbre lombaire à un travers de main de la ligne médiane postérieure.

Autres techniques
Abies pectinata bourgeons a un effet revitalisant sur l'appareil ostéo-articulaire.

SCIATIQUE

Les vertèbres lombaires ont, comme les autres vertèbres, des orifices latéraux appelés trous de conjugaison par lesquels sortent les nerfs en provenance de la moelle épinière. Le nerf sciatique naît par plusieurs branches de la partie basse de la moelle et vient apporter son innervation à la partie postérieure de nos membres inférieurs, de la fesse à l'extrémité des orteils. Il peut être comprimé à sa sortie des orifices signalés et devient alors source de douleurs vives, invalidantes et même accompagnées de paralysie.

Prise en charge thérapeutique

Allopathie (sur conseil médical)
Il est nécessaire d'analyser très soigneusement la localisation de la douleur, son intensité, ses irradiations et les signes d'accompagnement (surtout paralysie de la jambe) pour éliminer une hernie discale dont la sanction est une intervention chirurgicale ou une nucléolyse qui est une technique très particulière de destruction du noyau central d'un disque par injection locale d'un produit spécifique, la *Chymiodactine*.

Dans les cas « banals », le traitement est le même que celui que nous avons présenté dans l'arthrose, en séparant l'attitude à observer dans la crise aiguë et le traitement au long cours des sciatiques récidivantes ou des petites douleurs traînantes.

Homéopathie

Colocynthis présente la particularité d'être efficace quand la douleur oblige le patient à se courber en avant ;

Magnesia phosphorica est actif dans les douleurs aiguës, lancinantes, survenant brusquement et disparaissant aussi vite à rythme périodique ;

Kalium carbonicum améliore les douleurs piquantes accompagnées de raideur et d'engourdissement ;

Cantharis aidera les patients dont la sciatique s'arrête au niveau du genou où persiste, même au repos, une sensation de tiraillement.

Phytothérapie

Lotier est considéré comme une plante dangereuse pour son action narcotique et hypnotique puissante. Il est toutefois un très bon sédatif de la douleur.

Mélisse doit à ses effets antispasmodiques généraux d'être très souvent conseillée.

Radis noir contient des flavonoïdes qui activent la circulation lymphatique et veineuse et décongestionnent ainsi les régions qui en ont besoin. On peut l'utiliser localement.

Serpolet est uniquement utilisé par voie externe sous forme d'huile de serpolet qui se prépare de la façon suivante, d'après Gérard Debuigne : mettre à macérer pendant trois jours une poignée de sommités fleuries dans un litre d'huile d'olive. Passer et remettre des tiges fraîches jusqu'à ce que l'huile soit parfumée.

Digipuncture et acupuncture

On reprendra les points proposés pour le lumbago auxquels on ajoutera en tonification le *40e Vessie*, situé au milieu du pli de flexion du creux poplité (derrière le genou) et le *60e Vessie* ou point aspirine à la pointe de la malléole externe.

Autres techniques

Des résultats ont été obtenus avec des minerais d'origine naturelle présentés en ampoules buvables à la dilution homéopathique de 8 DH. La dose est de trois ampoules par jour pendant dix jours, à titre de test, et beaucoup plus longtemps lorsque le test est satisfaisant.

Les deux minerais employés sont : *Garniérite D8* et *Chalcopyrite D8* que l'on trouve aisément dans toutes les pharmacies.

APPAREIL RESPIRATOIRE

ASTHME

Il s'agit d'une gêne respiratoire intense survenant par crises et obligeant l'individu à adopter la position assise, à la recherche d'un souffle perdu. Sans traitement, l'évolution naturelle se fait vers la guérison précédée par l'expulsion de gros crachats épais.

Les complications sont fréquentes autour de la cinquantaine sous forme d'infection, de récidive fréquente avec retentissement cardiaque.

Prise en charge thérapeutique

Allopathie (sur conseil médical)
La réaction allergique à de nombreux produits est la cause la plus fréquente et la plus recherchée. On signale ainsi des poussières végétales comme les pollens, les grains de céréales, les moisissures, les farines ou des poussières d'origine animale comme les plumes, les poils, les laines ou les crins.

La crise aiguë oblige à des injections intraveineuses de substances ayant un effet vasodilatateur sur les bronches, qu'il s'agisse de dérivés de la théophylline (que l'on trouve dans le thé) ou de sympathomimétiques, également utilisés pour freiner les contractions utérines chez la femme enceinte qui présente un risque d'accouchement prématuré.

On fera donc une injection intraveineuse d'*Antalby*, de *Neutraphylline* ou de *Trentadil* ou une injection sous-cutanée de *Bricanyl* ou enfin, avec une activité pratiquement identique, trois ou quatre inhalations de *Ventoline*.

Il faut ajouter dans la plupart des cas un tranquillisant pour réduire la tension psychique évidente qui accompagne cette crise de suffocation : *Equanil* injectable ou *Valium* ou encore *Doxergan*.

Entre les crises, s'organise un traitement de terrain qui s'efforce d'éliminer les allergènes responsables par une hygiène de vie modifiée, ou par vaccination antiallergique ou par la prise régulière d'antiallergiques bien tolérés comme l'*Hypostamine* ou la *Polaramine* sous sa forme retard.

On y ajoute un traitement de désensibilisation par de l'hyposulfite de soude, inventé en 1921 (*Hyposulfène*), et on laisse prendre chaque jour un ou deux comprimés de *Théophylline* ou *Trentadil*.

On évitera aussi souvent que possible les antibiotiques qui peuvent être mal tolérés et certains médicaments proches de l'adrénaline qui ont des effets secondaires comme *Dyspne Inhal, Asthmasedine, Chilral* ou *Ampliphylline*.

La cortisone est réservée en urgence aux jeunes enfants et aux crises suraiguës !

Homéopathie
Les remèdes homéopathiques employés au tout début d'une crise peuvent souvent la stopper.

Ammonium carbonicum traitera la sensation de constriction thoracique aggravée par le moindre mouvement ;

Antimonium tartaricum sera utile si des nausées ou des vomissements sont associés à la crise ;

Arsenicum album est plutôt conseillé à l'asthmatique de la deuxième partie de la nuit, assis dans son lit, penché en avant, agité et anxieux ;

Coccus cacti est surtout orienté vers l'asthmatique qui tousse beaucoup et rejette difficilement des mucosités incolores, épaisses, visqueuses et filantes.

Phytothérapie
Fumeterre a une action vasodilatatrice sur les bronches. On peut le faire en pulvérisation par un appareil à aérosol dans lequel on a mis 10 ml de teinture mère.

Marjolaine est surtout un sédatif nerveux. Elle atténuera le retentissement psychologique de la crise.

Orange amère a des propriétés eupnéiques et doit être systématiquement proposée.

Euphraise a une action proche de la cortisone et est donc particulièrement bienvenue.

Digipuncture et acupuncture

En cas d'urgence, il faut agir directement sur l'organe par des points spéciaux que les Chinois appellent *Shu* et *Mu*. Ces points interviennent sur le tonus neurovégétatif de l'organe et permettent un meilleur fonctionnement général.

Dans l'asthme, on fera donc en tonification le point *Shu* du Poumon ou *13e Vessie* qui se trouve à deux travers de doigt de la ligne médiane postérieure, au niveau de la pointe de la 3e vertèbre dorsale, et le point *Mu* ou *1er Poumon*, situé sous le tiers externe de la clavicule, à deux travers de doigt de son bord inférieur.

Autres techniques

On a proposé des suppositoires d'une préparation spéciale appelée *Poumon Histamine* qui bloquerait la crise et aurait un effet antiallergique. Les résultats ne sont pas assez satisfaisants pour que ce produit puisse être conseillé.

BRONCHITE

Cette inflammation générale de la muqueuse des bronches se manifeste par un malaise général avec de la fièvre, une douleur thoracique plus ou moins pénible, une toux incessante accompagnée de mucosités.

La forme aiguë réagit rapidement aux traitements modernes ; la forme chronique est surtout le fait des fumeurs et des individus qui ont perdu leur immunité par stress ou sous l'influence d'un vieillissement accéléré.

Prise en charge thérapeutique

Allopathie (sur conseil médical)

Le traitement comporte plusieurs étapes : au tout début on

conseille contre le coryza des vasoconstricteurs puissants à usage local comme *Déturgylone* ou *Aturgyl*.

Pendant la période de toux irritante, des antitussifs en sirop comme *Pholcomereprine*, *Hibernyl*, *Becantex*, *Paxeladine* ou *Toplexil*. La plupart des sirops ont un effet constipant marqué auquel il faudra remédier par des laxatifs légers comme *Pursennide* ou *Modane*.

Les antibiotiques sont rarement nécessaires et sont pratiquement les mêmes que ceux que l'on oppose aux angines. Il sera par contre très utile de conseiller les balsamiques, médicaments d'autrefois qui sont loin d'avoir perdu leur pouvoir comme : *Camphopneumine*, *Coquelusédal*, *Goménol*, *Eucalyptol*, *Pneumorel*, *Voxpax*, *Stodal*. La liste en est très longue et nous en avons cité les meilleurs.

Les anti-inflammatoires identiques à ceux utilisés en rhumatologie sont parfois nécessaires dans les périodes intermédiaires pour éviter les inflammations, sources de récidives. Ils seront pourtant bien moins utiles que les cures thermales ou *climatiques* dans des endroits chauds, abrités des vents comme *Dieulefit*, *Grasse*, *Amélie-les-Bains*, *Vence* ou *Montlouis* et *Enghien-les-Bains* ou le *Mont-Dore*.

Homéopathie
Aconit agit sur les symptômes d'apparition brutale après exposition au froid ;
Bryonia traite aussi bien la fièvre que la toux et l'encombrement bronchique quand il est donné en début de maladie ;
Causticum soulagera la bronchite aiguë avec céphalées et forte transpiration ;
Spongia doit intervenir quand il y a des troubles respiratoires et que le visage a tendance à bleuir par anoxie (manque d'oxygène).

Phytothérapie
Eucalyptus ainsi que *Pin* sont d'excellents antiseptiques respiratoires.

Mauve est antiseptique et adoucissante. Elle calmera la toux et fluidifiera les sécrétions. On peut demander au pharmacien d'en faire un sirop.

Angélique a une action similaire et peut être utilisée dans la même préparation.

Niaouli existe sous forme d'huile essentielle et sera donné à la dose de 5 gouttes par jour dans du lait en compagnie de térébenthine.

Digipuncture et acupuncture

Le traitement comporte des points du méridien *Poumon* comme le *11ᵉ Poumon*, en dehors de l'angle unguéal externe du pouce et des points thoraciques comme le *21ᵉ Rate* sur la ligne axillaire, dans le 6ᵉ espace intercostal, pour son action antitussive, et le *16ᵉ Vaisseau Conception* sur la ligne médiane antérieure, au niveau du 5ᵉ espace intercostal.

Autres techniques

On fera appel à deux éléments connus, le *soufre* et le *cuivre*, qui resteront des produits d'appoint.

DYSPNÉE

Ce mot est utilisé comme synonyme des mots essoufflement ou gêne respiratoire. L'intensité peut en être variable et les causes multiples puisque la simple obésité la déclenche après un effort, comme le ferait une affection cardiaque ou respiratoire. Le traitement doit être correctement ajusté pour être efficace.

Prise en charge thérapeutique

Allopathie (sur conseil médical)

La dyspnée ne peut être soignée sans qu'on en connaisse la cause. Le traitement n'est pas le même lorsqu'il s'agit d'une affection pulmonaire où les médicaments de l'asthme sont particulièrement recommandés ou lorsqu'il s'agit d'une affection cardiaque où les tonicardiaques devront prendre la première place.

Citons parmi les bronchodilatateurs *Dilatrane*, *Theolar*, *Xanthium* et parmi les tonicardiaques *Inocor*, *Digitaline* ou *Cedilanide*.

Un apport d'oxygène est parfois nécessaire et toutes les équipes de réanimation en possèdent, que ce soit les pompiers ou le SAMU.

Il est important de déterminer la cause de ce symptôme avant de le traiter. Les médecines naturelles n'agissent qu'en complément des médicaments majeurs, quelquefois nécessaires.

Homéopathie

Allium Sativum est intéressant à la fois dans l'asthme et dans l'emphysème pulmonaire même infecté ;

Apis correspond à une gêne respiratoire avec suffocation et à l'examen, outre les poumons encombrés, un œdème de la glotte ;

Sambucus est prévu pour le coryza aigu avec obstruction du nez et des spasmes laryngés avec grande difficulté d'expiration ;

Moschus guérira la dyspnée des neurotoniques et leur redonnera un meilleur sommeil.

Phytothérapie

Les plantes médicinales n'ont pas de propriétés particulières. Elles facilitent toutes l'inspiration par leur action bronchodilatatrice. On pourra conseiller indifféremment *Origan*, *Pin*, *Tussilage* ou *Ache*.

Digipuncture et acupuncture

Le traitement est le même que dans l'asthme. Dans les dyspnées aiguës, en plus des autres traitements, on utilisera la chaleur d'un bâton de moxa que l'on promènera sur la face antérieure du sternum après l'avoir laissé sur les points *Shu* et *Mu* pendant un minimum de deux minutes.

Note : les bâtons de moxa se trouvent dans tous les magasins chinois de France.

Autres techniques
Corylus avellana bourgeons en macérat glycériné donne de très bons résultats immédiats et à distance, à la dose de 30 gouttes matin et soir pendant un temps de cure de trois semaines.

APPAREIL URINAIRE

COLIQUES NÉPHRÉTIQUES

Il s'agit d'une douleur extrêmement violente, qui part de la fosse lombaire pour descendre jusqu'à la vessie et qui est provoquée par la migration de cristaux ou d'un calcul au départ du rein.

Prise en charge thérapeutique

Allopathie (sur conseil médical)
La colique néphrétique est une urgence et tous les moyens sont bons pour stopper le plus vite possible une crise extrêmement douloureuse de migration de sable ou de petits calculs.

Le traitement se fera par voie intraveineuse ou, si les veines sont d'accès difficile, par voie intramusculaire. Il associe des antispasmodiques et des sédatifs centraux et évitera, par principe et pour ne pas créer une demande, les dérivés de la morphine.

Citons : *Atropine, Buscopan, Spasfon, Viscéralgine, Spasmaverine, Avafortan, Spasmodex* ou *Baralgine*.

Comme nous l'avons dit bien souvent, les médecines naturelles utilisées au tout début de la crise peuvent tout arrêter.

Homéopathie
Cocculus connu par son action rapide sur les spasmes musculaires ;

Coffea conseillé lorsqu'il y a hypersensibilité à la douleur et excitation cérébrale anormale ;

Lycopodium qui associe souvent une insuffisance hépatique à des calculs de la sphère rénale ;

Urtica Urens à donner à ceux qui ont de l'allergie et supportent difficilement les médications lourdes.

Phytothérapie
On conseillera des plantes antalgiques à forte concentration de principes actifs. On sera donc conduit à prescrire des huiles essentielles dont les plus importantes sont : *Marjolaine, Sauge, Gaïac, Géranium* et *Sassafras*.

Digipuncture et acupuncture
Il existe en acupuncture des points appelés XI ou TSRI dans l'ancienne transcription, qui ont la propriété d'intervenir efficacement dans les affections aiguës, en début de maladie ou de crise. Le point XI de *Rein* est le 5e *Rein*, en avant et au-dessus de la tubérosité calcanéenne, au bord interne du pied, et le point XI de la *Vessie* est le 63e *Vessie* situé dans un creux en arrière de la tête (partie arrière) du 5e métatarsien.

Autres techniques
Seuls l'oligosol au *lithium* et l'oligosol au *magnésium* qui ont un certain pouvoir antalgique et sédatif pourront être essayés, à dose inhabituelle : trois ampoules de chaque produit dans un peu d'eau deux fois de suite à une heure d'intervalle.

CYSTITE

L'infection de la vessie se manifeste par une envie fréquente d'uriner, des douleurs à la miction et souvent des urines épaisses et troubles dans lesquelles on découvrira le plus souvent de très nombreux colibacilles.

Prise en charge thérapeutique

Allopathie (sur conseil médical)
Une cystite, surtout lorsqu'elle est récidivante, oblige à un prélèvement urinaire pour analyse et antibiogramme. Le traitement conseillé doit être au minimum de dix jours et être suivi d'une nouvelle analyse qui apporte la preuve de la guérison.

Les produits conseillés sont nombreux, en général assez bien tolérés et de valeur égale, certains apportant en plus une note décongestionnante : *Apurone, Noroxine, Pipram, Urotrate, Microdoine, Wellcoprim, Pyridium* ou *Mictasol* qui est l'ancêtre de tous les produits proposés.

Homéopathie

Cannabis indica correspond tout à fait aux symptômes de la cystite : élancements et brûlures pendant la miction ; parfois efforts inutiles pour uriner et sensation de boule dans l'urètre ;

Cantharis a une action équivalente au médicament précédent mais il agit aussi sur les troubles gastro-intestinaux qui pourraient être associés ;

Capsicum sera donné de préférence aux sujets lymphatiques, à tissus et muscles mous, frileux et redoutant le moindre effort ;

Naja sera le remède des patients aggravés par les boissons alcoolisées, le froid et l'humidité.

Phytothérapie

Les plantes utilisées doivent être à la fois antalgiques et antiseptiques. Elles peuvent être aussi anti-inflammatoires et diurétiques.

On dispose de *Bourrache*, de *Fragon*, de *Marron d'Inde* plus souvent employé dans les varices ou les hémorroïdes, et d'*Ortie blanche* que l'on donnera en extrait fluide ou en gélules à doses suffisantes pendant un minimum de dix jours.

Digipuncture et acupuncture

On doit d'abord tonifier le 9e *Rate* qui est un antispasmodique de tous les organes creux : il est dans un creux sous la tubérosité interne du tibia, au même niveau que la tubérosité antérieure. On dispersera ensuite le 3e *Vaisseau Conception* situé 2 travers de doigt au-dessus de la symphyse pubienne et le 13e *Rein*, un travers de main au-dessus du pubis et un travers de doigt en dehors de la ligne médiane antérieure.

Autres techniques
Le granion *Hydrargyre* a la réputation de désinfecter la vessie dans de bonnes conditions : il est donc indiqué au tout début de l'affection.

DYSURIE

Le terme dysurie est utilisé dans le jargon médical pour désigner les douleurs très particulières qui accompagnent l'émission des urines lorsqu'il y a infection.

Prise en charge thérapeutique

Allopathie (sur conseil médical)
La dysurie existe rarement sans infection vésicale associée. Il faudra donc toujours rechercher les germes responsables. Les médicaments utiles sont des antalgiques habituels (*Spasmopriv, Lamaline, Rhonal, Propofan*) et certains produits spécifiques décongestionnants comme : *Mandocarbine, Mictasol* que nous connaissons déjà (voir cystite), *Pelvomagnésium, Saprol* ou *Uraseptine Rogie*.

Homéopathie
Berberis est le remède des troubles urinaires qu'ils soient infectieux ou qu'ils soient en relation avec la migration de sable ou de calculs ;
Cantharis se caractérise par le caractère brûlant de la miction qui est difficile et ne donne à chaque fois que quelques gouttes d'urine ;
Capsicum a un effet antispasmodique sur tous les phénomènes qui se produisent à l'intérieur du petit bassin ;
Nux vomica est utile uniquement chez les patients pléthoriques, bons vivants et amateurs de piments et de liqueurs fortes.

Phytothérapie

On demande aux plantes d'être antiseptiques, d'acidifier un peu les urines et de supprimer les spasmes au niveau des deux sphincters vésicaux.

On utilisera *Anémone Pulsatille, Artichaut, Cannelle, Épine Vinette* et la *Lavande* qui doit être associée à tout mélange.

Digipuncture et acupuncture

Toute perturbation fonctionnelle sur un méridien répond bien, suivant les circonstances, au point de tonification ou au point de dispersion que contient ce méridien. Dans la dysurie, on s'orientera vers le point de dispersion du *Rein*, le 2e *Rein*, qui se trouve en avant et un peu au-dessous de la malléole interne de la cheville et le 65e *Vessie* en arrière et au-dessous de la tête du 5e métatarsien.

Autres techniques

On se servira de l'élément *phosphore* et du *cobalt* pour obtenir un relâchement des muscles vésicaux.

INCONTINENCE URINAIRE CHEZ LA FEMME

Un des grands soucis de la femme autour de la ménopause est l'atrophie et le relâchement des muscles de la région périnéale, souvent amorcés par tous les accidents qui ont émaillé les accouchements difficiles : déchirures musculaires, réparations insuffisantes, infections locales répétées.

L'incontinence peut simplement apparaître à l'effort ou à l'occasion de la toux ou d'éclats de rire. Elle peut devenir permanente et obliger la femme à se protéger, tout en créant de fortes envies d'uriner répétées dans le temps.

Prise en charge thérapeutique

Allopathie (sur conseil médical)
L'incontinence urinaire est pratiquement toujours en rela-

tion avec une descente d'organe ou prolapsus dont le degré peut être variable, soit simple descente de vessie ou cystocèle, soit descente associée de l'utérus et du rectum qui peut conduire à l'extériorisation des organes féminins.

Le traitement sera opératoire et délicat ou utilisera une vieille méthode que les médecins d'un certain âge continuent à promouvoir : la mise en place dans le vagin d'un *Pessaire de Dumontpallier*, sorte d'anneau en caoutchouc dur, qui retient l'utérus et permet de tout remettre en place. Ce pessaire doit être changé tous les six mois et doit faire l'objet de soins anti-infectieux locaux relativement faciles.

Les médicaments associés comportent *Ditropan*, *Énurétine Vit E* et deux antidépresseurs dont on a isolé une action urologique, l'*Anafranil* et le *Tinoran*.

Homéopathie

Belladona convient aux femmes qui sentent leur utérus peser vers le bas, avec des élancements dans le vagin et un mauvais contrôle des émissions urinaires ;

China est une femme mélancolique, très préoccupée par sa région pelvienne et soumise inconsciemment à des pulsions sexuelles difficiles à réprimer ;

Ignatia est une femme oppressée, insomniaque, volontiers rhumatisante et dont les symptômes changent souvent ;

Opium est une femme plutôt euphorique, indifférente, somnolente dans la journée et dont l'incontinence urinaire alterne avec une constipation opiniâtre.

Phytothérapie

Aigremoine intervient en urologie pour ses qualités astringentes générales. Elle est par ailleurs dépurative, antidiarrhéique et utilisée en cosmétologie contre les peaux grasses.

Busserole est un antiseptique des voies urinaires. Elle a aussi des propriétés musculotropes sur les muscles vésicaux et renforce leur tonus.

Cyprès, connu comme vasoconstricteur veineux, est souvent

donné pour lutter contre l'incontinence urinaire de l'enfant. Il doit être associé aux autres produits.

Houblon calme l'envie fréquente d'uriner et permet un meilleur contrôle conscient de sa vessie.

Digipuncture et acupuncture

On renforcera le tonus musculaire par le *34ᵉ Vésicule biliaire*, en avant et au-dessous de la tête du péroné (juste au-dessous du genou, dans sa partie externe), puis on tonifiera le *2ᵉ Vaisseau Conception* au-dessus de la symphyse pubienne et le *11ᵉ Rein* à un travers de doigt en dehors de ce dernier point.

Autres techniques

On conseille volontiers des sels de Schussler, comme *Kalium sulfuricum 6 DH*, à la dose de trois mesures de poudre sous la langue pendant des périodes de trois semaines renouvelables.

INCONTINENCE URINAIRE CHEZ L'HOMME

L'homme présente rarement une incontinence parce que la prostate de façon générale enserre la région sphinctérienne et bloque plus qu'elle n'autorise le passage des urines.

Prise en charge thérapeutique

Allopathie (sur conseil médical)

L'incontinence urinaire est en relation avec une maladie de la prostate. Il faut donc, en premier lieu, faire un large bilan de la situation, proposer les médicaments qui essaieront de réduire le volume de l'adénome éventuel ou de stabiliser le petit cancer découvert. Dans un deuxième temps, on ne dispose que de la vitamine E à fortes doses (*Toco 500, Ephynal, Egermol*) dont les résultats sont inconstants, d'un acidifiant urinaire qui stimule quelque peu les couches musculaires sphinctériennes (*Ionyl* en gouttes, à 30 gouttes trois fois par jour au cours des repas pour ne pas irriter l'estomac) et de myotoniques à base de potassium (*Nati K*, *Potassion*, *Kaleorid* ou *Diffu K*).

Homéopathie

Arsenicum album est donné aux sujets nerveux, agités, qui ont besoin de bouger constamment et qui sont impatients, critiques et susceptibles.

Causticum est indiqué toutes les fois que l'on note une paresse musculaire dans le fonctionnement d'un organe (on dit parésie). Les patients sont souvent des rhumatisants aux articulations raides et de type bilieux.

Kali phosphoricum est très sensible au bruit. Il a du mal à se lever le matin, présente des tremblements des mains et des pieds et est amélioré quand on le distrait.

Mezereum calme la sensation d'irritation vésicale qui donne sans cesse au sujet l'envie de bouger et d'aller uriner. On note souvent, en plus, des éruptions croûteuses qui réagissent mal aux traitements proposés.

Phytothérapie

Bistorte est un astringent ; elle resserre les tissus qu'ils soient digestifs (diarrhée) ou urinaires (vessie).

Chêne est riche en tanin ; il agira donc sur la musculature lisse de la vessie, sur la sudation et dans la gastro-entérite.

Genévrier est un excellent antiseptique urinaire et on le considère comme un régénérateur tissulaire.

Millepertuis améliore l'oxygénation de l'ensemble des tissus et joue un rôle dépuratif important en contrôlant les sécrétions urinaires.

Digipuncture et acupuncture

À partir du moment où le problème de la prostate est résolu, les points conseillés sont les mêmes que ceux de l'incontinence urinaire féminine.

Autres techniques

On ajoute volontiers *Juglans regia bourgeons* macérat glycériné 1D et des éléments au *Potassium* pour renforcer le tonus musculaire local.

RÉTENTION D'URINE

La rétention des urines est une des complications majeures de l'adénome de la prostate. La situation anatomique de cette glande lui permet, lorsqu'elle présente un développement anormal, de bloquer tout le système urinaire ainsi que l'émission de sperme et de rendre donc la vie de l'homme intenable jusqu'à libération par une intervention ou certains médicaments qui ont de fortes propriétés décongestionnantes.

Prise en charge thérapeutique

Allopathie (sur conseil médical)
La cause de la rétention d'urine peut être infectieuse et un traitement antibactérien bien conduit (voir cystite) résoudra le problème très rapidement, après peut-être un ou deux sondages rendus nécessaires par la douleur.

L'autre étiologie est encore et toujours une maladie de la prostate et des antispasmodiques-sédatifs seront nécessaires, qui s'ajouteront au traitement plus spécifique.

Citons : *Sympaneurol, Felisedine, Vericardine, Supadol, Luostyl*, dont certains seront administrés si urgence en intraveineuse ou en intramusculaire, pour débloquer une situation.

Les médecines naturelles agissent uniquement en absence de lésion organique.

Homéopathie
Actea racemosa est en dépression morale, présente un terrain rhumatismal et est aggravé par le froid et les émotions ;

Avena sativa est prescrit chaque fois que l'on note un engourdissement général et une mauvaise coordination de ses actes musculaires ;

Berberis vulgaris traitera cette impression de gêne et de

douleur locale qui empêche souvent le patient de satisfaire sans angoisse ses besoins ;

Selenium renforce la qualité des influx qui émanent de la partie basse de la colonne vertébrale. On lui doit un remaniement physiologique du plexus hypogastrique et sans doute un meilleur fonctionnement vésical.

Phytothérapie
Angélique relâche les sphincters vésicaux et est aussi un très bon régulateur du rythme cardiaque ;

Carline est surtout connue pour ses qualités vulnéraires (cicatrisantes) et veinotropes ;

Iris de Provence, employé dans des sirops pour lutter contre les toux rebelles, est un purgatif et un excitant myotrope (musculaire) ;

Sabline a un tropisme urinaire et agit à la fois comme antiseptique et comme stimulant de la diurèse.

Digipuncture et acupuncture
Il faut faire en dispersion les points qui se trouvent au-dessus des quatre trous sacrés, à la base du dos, au-dessus de la fesse, et qui s'appellent les *31e*, *32e*, *33e* et *34e Vessie*, en répétant la manœuvre trois ou quatre fois dans la journée pour avoir une réponse du plexus hypogastrique que l'on atteint de cette manière.

Autres techniques
On conseille *Fraxinus Excelsior bourgeons* en macérat glycériné 1D et du *phosphore* en cure de longue durée.

URÉTRITES

L'urètre est le petit canal par lequel sort l'urine. Chez la femme, son orifice se trouve dans la région vulvaire, à mi-distance du clitoris et du vagin ; son infection peut être due à la fois à une infection sexuellement transmissible et à une infection vésicale banale.

Il en est de même chez l'homme dont l'urètre, plus long et extensible comme la verge au centre de laquelle il court, est plus facilement sensible aux germes rencontrés au cours de la vie sexuelle. Le signe le plus évident est la brûlure parfois très vive en urinant ou une douleur ressemblant à une plaie faite par un couteau pointu.

Prise en charge thérapeutique

Allopathie (sur conseil médical)
L'infection de l'urètre peut être due à de très nombreux germes. La contamination peut être accidentelle ou survenir à l'occasion de relations sexuelles (cf. *Les Maladies sexuellement transmissibles*, éditions Albin Michel, coll. « Santé pour tous », 1993).

Le germe doit être identifié et sa résistance aux antibiotiques testée avant qu'on entreprenne un traitement qui s'oriente vers plusieurs gammes d'antibiotiques auxquels on associera toujours des antalgiques et des anti-inflammatoires. Citons :
— les cyclines efficaces contre les mycoplasmes et les chlamydiae (*Doxycycline, Spanor, Vibramycine, Mynocyne, Hexacycline*) ;
— les nitro-imidazoles efficaces contre les trichomonas et les germes Gram négatifs (*Fasigyne, Flagyl, Tiberal Metronidazol*) ;
— les pénicillines et les céphalosporines contre les germes dits banals comme les staphylocoques, les streptocoques, les entérocoques ou les colibacilles (*Amodex, Clamoxyl, Hiconcil, Augmentin, Cefaperons, Keforal* ou *Rocephine*.) Ces produits sont également actifs contre le gonocoque, agent de la blennorragie et le tréponème responsable de la syphilis ;
— les antifongiques qui bloquent l'évolution des mycoses, en comprimés, en crèmes, en ovules ou en solution injectable pour les cas graves (*Ancotil, Daktarin, Fulcine, Grisefuline* ou *Sporanox*).

Homéopathie

Cantharis atténue de façon parfois spectaculaire les douleurs violentes qui accompagnent la miction, permettant ainsi à l'organisme de mieux assurer sa propre défense ;

Pyrogenium stimule les moyens de défense de l'organisme un peu comme le fait le *cuivre* en oligo-élément. Il faut donc le conseiller dans toutes les infections rebelles aux traitements classiques.

Argentum nitricum est donné lorsqu'on note une aggravation au grand air frais et par les contacts froids. Il soignera par la même occasion les vertiges et les céphalées qui peuvent accompagner le tableau clinique.

Colchicum rend service chaque fois que les tissus rénaux sont irrités. Il ne contribuera pas à tuer les germes responsables mais il fera cicatriser plus rapidement les muqueuses infectées.

Phytothérapie

Les huiles essentielles sont conseillées, surtout après un examen appelé aromatogramme qui donne la liste des produits actifs testés sur les germes recueillis.

Les plus usuels sont : *Aspic, Citron, Genièvre, Thym* et *Lavande*.

En cas d'infection grave, on peut atteindre 10 gouttes par jour réparties dans la journée. Il est préférable de faire préparer par le pharmacien une solution d'huile d'olive de 50 ml dans laquelle on mettra 2 g du mélange d'huiles essentielles choisies. 20 gouttes trois fois par jour dans un peu de lait ou une boisson chaude représentent la dose moyenne pour un adulte de 70 kg.

Digipuncture et acupuncture

Les organes génitaux externes sont sous la dépendance d'une branche secondaire du méridien *Foie* et les douleurs entraînées par l'infection de l'urètre seront calmées par le 4e *Foie*, en avant de la pointe de la malléole interne de la cheville, le 10e *Foie*, 2 travers de main au-dessous du creux inguinal et le *12ᵉ Foie*, un travers de main en dehors de la ligne médiane antérieure, au niveau du bord supérieur du pubis.

Autres techniques

Les granions *Hydrargyre* peuvent rendre service ainsi que deux plantes chinoises appelées *Gentiana scabra* et *Coptis sinensis* que l'on trouve, présentées en gélules, dans certaines pharmacies.

DERMATOLOGIE ET MÉDECINE ESTHÉTIQUE

ALOPÉCIE

Perte provisoire des cheveux diffuse ou circonscrite survenant au décours d'une infection importante ou d'un stress durable.

Prise en charge thérapeutique

Allopathie (sur conseil médical)
Dans la forme diffuse, on prescrit en injections intramusculaire l'association de *Biotine* ou vitamine H et de *Bépanthène* ou vitamine B5 pendant un trimestre à raison de deux piqûres par semaine. On conseille des shampooings une fois par semaine avec des produits à base d'huile de cèdre et on demande au patient de se faire chaque jour un massage du cuir chevelu avec *Alostil* ou *Minoxidil* pour leurs propriétés vasodilatatrices locales.

Dans les formes circonscrites, on recommande de la *Cystine B6*, quatre comprimés par jour pendant deux mois, associée à un produit en application locale appelé *Trafuril*.

Homéopathie
Ambra grisea après de gros soucis ;
Thuya lorsque existe une forte séborrhée ;
Graphites après une maladie infectieuse ;
Phosphoric acid lorsque le patient est en état dépressif.
L'alopécie en plaques relève de l'association de *Pulsatilla* et de *Ustilago*.

Phytothérapie
Bardane chez les sujets souffrant de troubles digestifs ;
Capucine chez les sujets fatigués et hypotendus ;
Origan chez les rhumatisants ;
Serpolet chez les hépatiques présentant des troubles de l'humeur.

Digipuncture et acupuncture

La technique actuellement la plus efficace est la *mésopuncture,* mise au point par le Dr M. Rubin (*La Mésopuncture,* PUF, coll. « Que sais-je ? »), qui consiste à injecter dans tous les points d'acupuncture du cuir chevelu un mélange de *biotine,* de *bépanthène* et d'*oligosol manganèse* en séries bihebdomadaires pendant deux mois. On obtient ainsi une revitalisation et une amélioration nette de la microcirculation dans la région bulbaire du cheveu avec des résultats corrects et persistants.

Autres techniques

Les oligo-éléments sont utiles ainsi que les vitamines pour leur rôle dans le contrôle du métabolisme cellulaire : on donnera donc très volontiers du *soufre,* du *manganèse,* du *magnésium* chez les personnes nerveuses et surtout du *zinc* lorsque l'alopécie coexiste avec des troubles hormonaux.

ECZÉMA ET URTICAIRE

Manifestation cutanée d'une mauvaise tolérance à un produit local ou à un aliment. Les localisations en sont diverses et revêtent soit l'aspect de petites vésicules sur fond rouge avec démangeaisons intenses, soit de grandes plaques cerclées par un liséré plus foncé.

Pour les homéopathes, la peau est une « poubelle » dont l'organisme se sert pour y déverser ses déchets quand les voies normales d'élimination ne suffisent pas.

Le traitement de ces affections ne doit jamais être simplement local mais doit s'accompagner d'une technique de drainage dont nous verrons les composants.

Prise en charge thérapeutique

Allopathie (sur conseil médical)

On calme les démangeaisons avec un antiallergique comme

le *Teldane*, un comprimé matin et soir. On combat l'infection souvent associée avec des antibiotiques couplés à des corticoïdes comme l'*Ultralan Néomycine* ou le *Topifram* ou le *Diprosone*.

On s'efforce parfois de réduire l'éruption par *Ichtyocrème* tout en écartant par une enquête les allergènes tenus pour responsables.

Un traitement par voie générale est rarement conseillé et le patient est revu tous les mois pour renouvellement d'ordonnance.

Homéopathie

Antimonium crudum lorsqu'est notée une aggravation par l'eau froide ;

Petroleum quand les croûtes sont humides et jaunâtres ;

Anagallis quand les démangeaisons sont intenses ;

Hepar sulfur lorsque existe une très grande sensibilité au toucher ;

Dulcamara lorsqu'il y a aggravation par le temps humide ;

Graphites pour l'eczéma de l'été.

On n'omettra jamais d'associer un traitement de terrain avec *Psorinum* chez les sujets très frileux, *Lycopodium* dans les insuffisances hépatiques modérées ou *Sulfur Iod* chez les sujets très maigres, intolérants à la chaleur et fatigués malgré un bon appétit.

Phytothérapie

Les plantes dépuratives sont particulièrement indiquées.

Centaurée, également utile dans la lutte contre l'ostéoporose.

Douce amère, considérée comme un des meilleurs décongestifs de l'organisme.

Salsepareille, qui intervient dans le métabolisme du cholestérol et des graisses.

Orme, utile par voie interne et par voie externe en application locale sous forme de décoction.

Les traitements sont toujours longs et leur efficacité est rarement spectaculaire.

Digipuncture et acupuncture
La digipuncture s'efforce à la fois d'améliorer les éliminations naturelles et d'oxygéner la peau. Les points utiles, en tonification, sont : le *1er Poumon* situé dans le 2e espace intercostal, sur une verticale passant par le tiers externe de la clavicule ; le *5e Triple Foyer* placé sur la face dorsale de l'avant-bras à 2 travers de doigt (de la personne que l'on soigne) au-dessus du pli du poignet dans sa partie médiane ; le *13e Foie*, à l'extrémité antérieure de la 11e côte, quelle que soit sa longueur.

Autres techniques
La prise régulière d'oligo-éléments à base de *manganèse* et de *cuivre* est vivement recommandée. Ces produits peuvent servir également à la mésopuncture, associés au *lithium* si la personne est facilement irritable.

HERPÈS

L'herpès, qui se présente sous forme de petites vésicules regroupées en bouquet, n'apparaît que lorsque l'immunité générale s'est modifiée. Cette affection est due à un virus qui se localise le long des gaines nerveuses et qui ne sort que lorsque l'individu est fragile et ne sait plus se défendre.
Il est donc à la fois le témoin d'un trouble général et l'objet de douleurs et de brûlures très mal supportées lorsqu'elles se localisent dans la région vulvaire, autour de l'anus ou de la bouche.

Prise en charge thérapeutique

Allopathie (sur conseil médical)
On dispose depuis quelques années d'un produit qui stoppe l'évolution de l'herpès sans pour autant le guérir.
Il s'agit du *Zovirax* prescrit à la fois en comprimés à la dose de six comprimés par jour pendant dix jours au minimum, et

en crème à appliquer quatre à cinq fois par jour pendant la même période.

Ce produit a relégué tous les autres dans l'oubli. Il est cependant utile dans les formes mineures de savoir que l'on peut conseiller *Cuterpès* ou *Vira MP Gel*.

Tout effort pour augmenter l'immunité est le bienvenu et il est bon de conseiller pendant deux mois, une fois la crise finie, de l'*Isoprinosine*, quatre comprimés par jour, dont l'intérêt a été prouvé.

Homéopathie
Borax sera donné dans les localisations buccales ;
Croton si l'œil est atteint ;
Rhus tox lorsque les parties génitales sont envahies ;
Aethusa si l'herpès occupe le pourtour des narines ;
Phytolacca en cas d'aggravation par le froid humide.

Phytothérapie
Bourrache qui augmente l'épuration de l'organisme ;
Alkékenge pour ses qualités régénératrices de la peau et son action diurétique ;
Millepertuis parce qu'il est un peu purgatif et que l'herpès apparaît entre autres quand il y a des troubles d'élimination ;
Vergerette du Canada pour son action tonique générale et analgésique ;
Aigremoine connue aussi pour ses propriétés antitussives.

Digipuncture et acupuncture
L'expérience a prouvé que la mise en place d'une aiguille stérile jetable au milieu du bouquet d'herpès avait une action résolutive et permettait de gagner quatre à cinq jours sur la durée de la maladie.

On y ajoute habituellement le *21ᵉ Rate* pour son action immunostimulante, en tonification, dans le 6ᵉ espace intercostal sur une verticale abaissée du creux de l'aisselle.

Autres techniques

Les oligo-éléments sont donnés en fonction de la morphologie : les personnes grasses et bedonnantes feront une cure d'*oligosol manganèse* alors que les individus maigres et nerveux utiliseront *microsol sélénium*, une prise par jour pendant deux périodes de trois semaines pour éviter des rechutes et non pour la période d'éruption elle-même où ils sont inefficaces.

PRURIT

Le prurit est le terme médical donné aux démangeaisons quelle que soit leur origine. Il faut le soigner pour lui-même parce qu'il est très désagréable et tenir compte de l'étiologie pour appliquer à chaque fois un traitement complet.

Prise en charge thérapeutique

Allopathie (sur conseil médical)

L'allopathie utilise, quelle que soit la cause, des anti-allergiques et choisit ceux qui ont le moins d'effets secondaires ; la préférence va au *Zyrtec* et à l'*Hismanal*, à la dose de deux à trois comprimés par jour, jusqu'à amélioration. Dans les cas graves on a recours à la cortisone sous forme de *Prednisone* ou *Cortisone 5* qu'il faut administrer avec prudence à cause des risques circulatoires et infectieux secondaires.

Le traitement local utilisera des pommades anesthésiques comme le gel au *Tronothane* ou des crèmes renfermant de la cortisone comme *Ultralan*. Il est évident que la cause des démangeaisons doit être recherchée avec soin et qu'un traitement complémentaire s'impose à chaque fois.

Homéopathie

Kreosotum lorsqu'il y a aggravation par la chaleur ;
Agaric pour aggravation par le froid ;
Sulfur lorsque tous les troubles augmentent la nuit ;

Arsenicum en cas d'amélioration par les applications chaudes ;
Urtica urens pour les démangeaisons augmentées au réveil ;
Berberis quand coexistent des lésions importantes de grattage.

Phytothérapie
Alchemille, surtout utile chez les femmes dont il contribue à décongestionner le bassin ;
Bouillon blanc qui est à la fois sédatif et « émollient » (donc adoucissant) tout en ayant un effet antiseptique léger, surtout dans la sphère pulmonaire ;
Salicaire, surtout connu pour son action antidiarrhéique et antihémorragique ;
Serpolet, utile par voie externe (compresses de décoction) et par voie interne à la fois comme antiseptique, tonique général, hypnotique léger et apéritif.

Digipuncture et acupuncture
Il n'existe pas de point spécifique antiprurit, mais les Chinois interprètent ce symptôme comme un élément yang qu'il faut disperser. On cherchera donc le méridien auquel appartient la région malade et on choisira, par un palper systématique, le point le plus sensible que l'on dispersera, en l'accompagnant du balayage énergétique que nous avons appris. Il faut répéter la manœuvre plusieurs fois dans la journée et l'expérience a montré que l'on diminue ainsi la concentration en leucotriènes qui sont le support biochimique du prurit.

Autres techniques
On préfère aux oligo-éléments le cèdre du Liban sous la forme de *Cedrus libani bourgeons* macérat glycériné 1 D, à la dose moyenne pour un adulte de 70 kg de 30 gouttes matin, midi et soir pendant une période test de dix jours, renouvelable.

PSORIASIS

Maladie tenace et chronique caractérisée par des plaques rouges recouvertes de squames (peau pelée) épaisses et blanches. La localisation est très variée et porte surtout sur le cuir chevelu et le pourtour des grosses articulations. L'évolution se fait par poussée et le danger est surtout esthétique, la seule complication à craindre étant le rhumatisme psoriasique, très proche dans ses atteintes de l'arthrose ordinaire.

Les causes ne sont pas évidentes et on accuse habituellement une trop grande sensibilité aux aliments sucrés et aux émotions.

Prise en charge thérapeutique

Allopathie (sur conseil médical)

Le traitement médical est décevant. On a simplement constaté que la vie au calme et au soleil avait un effet favorable.

Il existe dans les villes d'eaux comme Uriage, La Roche-Posay ou Luchon, des départements antipsoriasis qui associent des rayons ultraviolets A à des cures de relaxation. Les résultats les plus durables sont obtenus par un séjour sous surveillance médicale au bord de la mer Morte en Israël. Dans les périodes intermédiaires, on proposera de la vitamine A à forte dose et un traitement local avec des crèmes à la cortisone dont nous citons les noms principaux : *Locasalene, Diprosone, Nerisone, Psocortene* qui contient en plus un peu de goudron.

Homéopathie

Les homéopathes préconisent la suppression de toutes les graisses saturées (saindoux, huile de palme, viandes grasses...) et feront prendre pendant « des mois » :

Lycopodium s'il y a coexistence de troubles hépatiques ;
Thuya si les croûtes sont légèrement suintantes ;
Arsenicum album quand la peau est très sèche ;

Manganum lorsque les plaques entourent les grosses articulations ;

Platanus si le patient signale des démangeaisons désagréables.

Phytothérapie

La phytothérapie ne dispose pas de médicament spécifique mais elle sait qu'elle doit drainer l'organisme et améliorer le comportement psychologique. Elle utilisera donc :

Cerisier chez le sujet anergique (qui ne sait pas se défendre contre les agressions) ;

Douce amère quand on note une aggravation par l'absorption d'aliments sucrés ;

Plantain chez le sujet lymphatique, sédentaire et indolent ;

Radis noir chez l'insuffisant hépatique connu ;

Lavande quand le prurit est intense.

Digipuncture et acupuncture

On insistera également sur le drainage qui se fera, en tonification, sur les points suivants :

7e *Rein*, au bord antéro-interne du tendon d'Achille dans un creux, à trois travers de doigt (du patient) au-dessus de la pointe de la malléole interne de la cheville ; le 12e *Vaisseau Conception*, sur la ligne médiane antérieure à égale distance de l'ombilic et de l'appendice xiphoïde situé à la pointe du sternum ;

le 8e *Foie*, à l'extrémité interne du pli de flexion du genou.

Autres techniques

On apprécie actuellement beaucoup le *microsol* au *molybdène* que l'on associe aux oligosols de *manganèse cuivre cobalt*, comme traitement complémentaire.

RIDES ET RIDULES

La peau comporte trois couches bien différenciées : l'hypoderme riche en cellules graisseuses, le derme constitué entre autres de fibres conjonctives et élastiques, qui donnent à la peau sa texture, et l'épiderme chargé de protéger par une de ses couches superficielles ou couche cornée l'ensemble de nos téguments.

La sénescence, des stress, des maladies diverses, le soleil s'allient pour déshydrater la peau, modifier son métabolisme, engendrer des aberrations et créer des vallonnements imprévus plus ou moins marqués et finalement inesthétiques.

La médecine esthétique comme la chirurgie savent corriger un visage. Un traitement de terrain est toujours nécessaire qui améliorera le métabolisme général et fournira des oligo-éléments et des nutriments correcteurs dont l'intérêt anti-vieillissement est maintenant bien connu.

Prise en charge thérapeutique

Allopathie (sur conseil médical)

Seule la chirurgie esthétique permettait autrefois de retendre un visage ridé et de supprimer plus ou moins bien les fissures qui traduisaient la sénescence et l'atrophie cutanée.

De grands progrès ont été accomplis et une nouvelle spécialité, la médecine esthétique, sait maintenant prendre en charge un visage et le remodeler de façons différentes toutes utiles, que l'on peut diviser en deux catégories : les méthodes de comblement et les méthodes de régénération.

— Les méthodes de comblement consistent à injecter sous la ride des produits qui vont l'effacer en la décollant d'abord des plans profonds, puis en la remplissant avec un produit plus ou moins stable.

On utilisera pour ce faire, du plus simple au plus complexe :

• l'*ADN* (*X ADENE*), qui a l'avantage de combler la ride, de redonner un éclat du visage et de stimuler les cellules du derme qui peuvent ainsi retrouver leur vitalité. On l'associe souvent à un oligosol au *manganèse* dont on utilise ainsi les propriétés vasodilatatrices.

● Le collagène d'origine bovine (*Zyderm* ou *Zyplast*) beaucoup plus dangereux à manier parce qu'il peut occasionner des réactions allergiques. Il faut donc obligatoirement faire des tests avant de procéder aux injections. Le résultat est satisfaisant et les séances doivent être renouvelées tous les six mois.

● Le *silicone*, non allergisant mais difficile à manipuler parce qu'il ne se résorbe pas et que, si les piqûres intradermiques sont mal faites, le visage risque d'être profondément altéré sans possibilité de revenir en arrière.

● On a également utilisé une technique originale de production par la femme d'autocollagène que l'on récupère au niveau du haut des cuisses et qui peut alors être injecté sans risque. Toute une phase préparatoire délicate est cependant nécessaire.

● On essaie toujours, malgré le peu de succès à long terme, les implants graisseux, avec graisse prélevée à l'occasion d'une liposuccion.

● Des techniques qui ont vieilli faisaient confiance à des fils d'or ou des fils de plastique ou *Goretex* dont la tolérance était loin d'être parfaite.

— Les techniques par soustraction s'appuient sur le principe qui veut que la peau se régénère plus vite lorsqu'elle a été érodée sur une certaine profondeur. Le peeling et la dermabrasion s'adressent aussi bien aux peaux ridées qu'aux taches brunes séniles ou à de petites tumeurs de surface qui apparaissent avec l'âge.

Le peeling, après une préparation de la peau avec des crèmes spéciales à base de vitamine A acide, consiste en l'application de *résorcine*, ou d'*acide trichloracétique* ou d'*acide glycuronique* à des dilutions variables. On entraîne ainsi une desquamation importante des tissus qu'il faut bien surveiller pour éviter toute infection et on finit par obtenir un nouvel éclat de la peau qui n'est pas désagréable mais qui interdit pendant au moins un an toute exposition au soleil.

La dermabrasion est plus cruelle puisqu'elle consiste à râper la peau, avec l'équivalent de la fraise du dentiste puis, depuis quelque temps, par la projection de fines particules acérées, au moyen d'appareils qui ressemblent à ceux utilisées pour le nettoyage des façades. La patiente ou le patient doivent avoir un certain courage pour affronter les suites opératoires mais les résultats souvent spectaculaires sont la récompense de quinze jours de vie solitaire et cloîtrée habituellement indispensable.

Les médecines naturelles contribuent à la bonne qualité de la peau par leur usage dans différentes préparations facilement fabriquées par les pharmaciens et qui entrent dans le cadre de la cosmétologie naturelle.

Les formules qui nous semblent les plus utiles pour la prise en charge des peaux vieillissantes concernent aussi bien le lait démaquillant que le produit de rinçage, le tonique et la crème revitalisante à utiliser chaque soir.

Formule du lait démaquillant :
Lait d'amande douce 100 g
Eau florale d'églantier 50 g
Mélilot extrait fluide 1,5 g
Conservateur qsp

Lotion tonique :
Eau distillée 40 g
Glycérine neutre 60 g
Huile d'amande douce 30 g
Hamamélis extrait fluide 2 g
Conservateur

Crème de nuit :
Cold cream 30 g
Huile de germe de blé 40 g
Argile blanche pour épaissir 5 g
Avocat extrait fluide 2 g
Conservateur

Ces produits se gardent très bien pendant deux mois à température ambiante.

Par ailleurs, avec des collaborateurs, j'ai mis au point une « prise en charge esthétique » du visage par digipuncture et acupuncture qui utilise en tonification ou en dispersion les points d'acupuncture du visage en association, à chaque fois, avec un drainage lymphatique local préalable pour éliminer les toxines et les déchets superficiels.

MÉTABOLISME GÉNÉRAL

AFFECTIONS DE LA THYROÏDE

La thyroïde a pour mission de régler notre métabolisme général et d'accélérer les processus de combustion à l'intérieur de nos tissus. Sous la commande de la partie de l'hypophyse qui sécrète également les hormones à action sexuelle, elle produit de l'hormone thyroïdienne dosable dans le sang.

Un régime riche en iode est indispensable à son bon fonctionnement et elle peut avoir une activité en excès donnant alors lieu à des tremblements, à une accélération du rythme cardiaque, à un amaigrissement incontrôlable et à un état d'excitation permanente.

Lorsqu'elle est en insuffisance, le tableau à l'opposé comporte une apathie psychique, une lenteur générale de l'assimilation, une prise de poids persistante et une bradycardie avec mauvaise oxygénation cérébrale et organique.

Prise en charge thérapeutique

Allopathie (sur conseil médical)
L'hyperthyroïdie se traite, lorsqu'elle n'est pas en rapport avec une tumeur ou une anomalie organique, par des antithyroïdiens de synthèse comme le *Basdène* ou le *Néomercazole*. Ces produits extrêmement puissants doivent être maniés par des spécialistes endocrinologues.

L'insuffisance thyroïdienne est compensée par des hormones thyroïdiennes dont les principales sont *Cynomel*, *Levothyrox*, *Eothyrax*.

Certaines formes dérivées sont utilisées par les nutritionnistes pour accélérer le métabolisme général et faire brûler les graisses du corps un peu plus rapidement. On donne dans ce but actuellement la préférence à *Teatrois* ou à *Iodorganine* mieux toléré.

Homéopathie

● Excès : *Belladona* lorsque le pouls est rapide et bondissant, qu'il existe un tremblement et que des palpitations rendent la vie de la personne très pénible.

Ferrum sulfuricum chez les individus qui ont des bouffées congestives avec battements ressentis aussi bien au niveau du cœur que du cou (les carotides).

Lycopus virginicus chez l'individu agité, aggravé par la chaleur et dont les yeux sont un peu exorbités.

Spongia pour le sujet qui associe aux symptômes d'hyperthyroïdie une toux sèche, bruyante, rauque et sifflante.

● Insuffisance : *Iodum* pour les personnes grasses, soufflées, lentes et paresseuses.

Sulfur convient aux individus gras, bons mangeurs, très aggravés dans une atmosphère chaude et qui transpirent facilement.

Arnica sera utile à des individus tristes, indifférents, maussades, qui aiment rester seuls, sont pléthoriques et accusent une fragilité vasculaire avec hématomes faciles au moindre traumatisme.

Phytothérapie

La phytothérapie est moins attentive à la nature de la maladie thyroïdienne parce qu'elle dispose de plantes régulatrices et équilibrantes. Elle fera appel, en association souhaitée, à *Fucus*, *Chicorée*, *Aigremoine* et *Gentiane*.

Digipuncture et acupuncture

L'hypothyroïdie est considérée comme une insuffisance de yang : il faudra donc faire une tonification par un massage énergétique en frictionnant fortement de *bas en haut*, trois fois de suite, la colonne vertébrale pour activer le méridien *Vaisseau Gouverneur*.

C'est le *Vaisseau Conception* situé en avant, sur la ligne médiane, qui sera stimulé de la même façon en cas d'hyperthyroïdie.

Nous avons déjà eu l'occasion de l'écrire : il est difficile pour un médecin de faire revenir son patient tous les jours. Il est certain cependant qu'un traitement de cette nature sera d'autant plus efficace qu'il est répété à courts intervalles.

Autres techniques
L'association de deux oligo-éléments pourra rendre service : le *zinc nickel* et l'*iode* à donner longtemps (plus de deux mois) sous contrôle biologique.

ASTHÉNIE ET FATIGUE

Il s'agit d'un des motifs de consultation les plus fréquents en dehors des affections saisonnières. Rarement expliquée par des efforts inhabituels ou un mode de vie trop actif, la fatigue ou difficulté à exécuter dans de bonnes conditions les gestes de la vie quotidienne diminue non seulement la rentabilité économique de la personne qui se plaint mais perturbe sa joie de vivre et installe dans son esprit un découragement et une apathie qui rendent souvent difficile une récupération entreprise à l'aide de médicaments.

Prise en charge thérapeutique

Allopathie (sur conseil médical)
Lorsque les causes sévères de la fatigue ont été éliminées, le médecin dispose d'une série de toniques où les oligo-éléments disputent la place aux vitamines et aux acides aminés. La liste en est fort longue et les résultats n'apparaissent qu'après un certain temps d'usage. La forme d'administration la plus courante est l'ampoule buvable dont on consomme trois prises par jour par série de trois semaines renouvelable.
Citons : *Actiphos, Biotone, Dynamisan, Megasthenyl, Pyridoscorbine, Sargenor, Apiserum* ou *Lysivit B12*...

Homéopathie
Aletris était autrefois uniquement utilisé contre la conges-

tion de l'utérus. Des observations ont prouvé qu'il pouvait être un excellent tonique général bien toléré.

Acetic acidum est indispensable aux personnes qui s'évanouissent facilement, qui ont des sueurs froides et qui présentent un léger engourdissement cérébral.

Manganum est indiqué chez l'asthénique anémié, anxieux, aggravé par le froid humide et le changement de temps.

Kali phosphoricum est actif chaque fois que s'associe à la fatigue une certaine dépression avec spasmes des extrémités.

Phytothérapie

Aulne est comparé pour son action tonique au *Quinquina* auquel il peut être associé.

Benoîte a la réputation d'être tonique et astringente digestive. On l'utilisera bien volontiers dans les gastro-entérites ou les diarrhées rebelles.

Eupatoire agit aussi sur le foie et la vésicule biliaire qu'elle contribue à désengorger.

Patience fixe le fer du sol et augmente les réactions de défense des individus qui la consomment.

Digipuncture et acupuncture

Les Chinois nous ont appris que nous possédons tous une sorte de « boîte noire » dans laquelle est enfermé notre potentiel vital. Il faut donc l'ouvrir dans les cas de grande fatigue par ses points clés : le *23e Vessie*, situé dans le dos, à deux travers de doigt de la ligne médiane postérieure, au niveau de la pointe (que l'on sent bien) de la 2e vertèbre lombaire et le *14e Vaisseau Gouverneur* juste au-dessus de la pointe de la 7e vertèbre cervicale (la corne de bison), à faire en tonification ou, mieux, avec le bâton de *moxa*. La *mésopuncture* peut rendre un grand service si on injecte de l'oligosol *phosphore* en ces points.

Autres techniques

Les Chinois proposent des plantes qui régulent le *Qi* (ou *Énergie*) : on pensera donc à *Citrus aurantium* et à *Cyperus rotundus*.

CELLULITE

La cellulite n'est pas une maladie mais un état spécifique à la femme. Sous l'influence des hormones génitales, on note une stimulation des cellules adipeuses localisées dans la région de la hanche et de la cuisse et toutes les occasions sont bonnes pour y emmagasiner des réserves.

Pour mieux les conserver, l'organisme entoure ensuite ces blocs de cellules adipeuses de fibres conjonctives et cette prison protectrice leur permet de prospérer à l'abri d'une fibrose qui constitue un des gros obstacles au traitement.

Tout inconvénient a cependant sa récompense : il est prouvé, et nous l'avons écrit, que les femmes porteuses d'une cellulite inesthétique n'auront jamais de maladies de civilisation, comme du diabète, de l'angine de poitrine ou de l'hypertension.

La remontée des graisses vers l'abdomen est la preuve autour de la cinquantaine mal soignée d'une chute des sécrétions hormonales féminines.

Prise en charge thérapeutique

Allopathie (sur conseil médical)

La cellulite ne peut se combattre efficacement que par action locale, soit lipoaspiration chirurgicale, soit électrolipolyse, soit *mésothérapie* et *mésopuncture*.

Cette dernière méthode demande un peu de patience mais est constamment efficace lorsque les produits injectés sont bien choisis. Ceux qui rendent le meilleur service sont les suivants : *Chophytol, Conjonctyl, Lasilix, Fonzylane*, que l'on mélange avec un anesthésique local et que l'on injecte par demi-centimètre cube sur toute la région cellulitique.

Il est conseillé entre deux séances de masser les cuisses au gant de crin avec des crèmes désinfiltrantes comme *Defiltran, Triacana, Percutafeine* ou *Thiomucase*.

Un réglage alimentaire est bien entendu utile et portera surtout sur l'interdiction des sucres rapides (tous les aliments au goût sucré) et la surcharge en aliments protidiques (poisson, viande, œuf ou fromages non gras) sauf quand l'état des reins nous l'interdit.

Homéopathie

Certains praticiens font préparer les produits homéopathiques sous formes d'ampoules stériles injectables et s'en servent en mésothérapie ;

Badiaga agira sur la peau dure, très sensible au toucher et au contact des vêtements ;

Lachnantes est proposé aux femmes qui se plaignent de migraines et de douleurs dans tous les muscles du dos ;

Natrum sulfuricum se donne aux femmes infiltrées, incapables d'avoir une diurèse (élimination urinaire) normale et terriblement constipées ;

Kali mur est nécessaire dans toutes les situations où le tissu cutané est engorgé, quelle qu'en soit l'étiologie.

Phytothérapie

Fénugrec est habituellement utilisé pour faire grossir les maigres. Il a en fait un comportement mixte et sait faire maigrir sans créer de troubles secondaires ;

Pissenlit agit à la fois sur la diurèse et sur la digestion intestinale des graisses, qu'il stimule ;

Lierre grimpant est un anti-inflamamtoire dont l'action s'étend à plusieurs niveaux ;

Piloselle a un effet dépuratif surajouté et éliminera bien les cristaux, les toxines ou les déchets de toute sorte.

Digipuncture et acupuncture

L'acupuncture apporte une aide en améliorant la circulation énergétique entre le haut et le bas par tonification du 27e *Vésicule biliaire* qui se trouve en avant de l'épine iliaque antéro-supérieure, tout en avant de l'os du bassin, sur une ligne passant un peu au-dessous de l'ombilic.

On accélérera le catabolisme des graisses en stimulant le 30e *Vésicule biliaire* qui se trouve en plein milieu du placard de cellulite, le 13e *Foie* à l'extrémité de la 11e côte et le 2e *Rate*, sur le bord interne du gros orteil en avant de l'articulation métatarso-phalangienne.

Autres techniques
On donne bien volontiers du *manganèse*, du *phosphore* et du *lithium* en oligo-éléments dans le but de réguler la circulation et de rendre la personne moins sensible au stress.

DIABÈTE

Un système régulateur utilisant le pancréas maintient le taux de notre sucre à un gramme par litre, quels que soient les apports, lorsque nos organes sont en bonne santé. Le diabète ou excès de sucre dans le sang est donc la preuve d'une déficience du pancréas et doit, avant d'être soigné, donner lieu à des examens peu complexes, pour en déterminer la gravité.

Une hyperglycémie non contrôlée est dangereuse par ses complications dites dégénératives, qui atteindront aussi bien les reins, l'œil, les artères, le cœur que les autres organes de la digestion.

On lui oppose à la fois un régime dit restrictif, dans lequel on enlève la plupart des aliments sucrés, et un traitement buccal ou injectable sous surveillance quotidienne.

Prise en charge thérapeutique

Allopathie (sur conseil médical)
Le diabète de la cinquantaine n'est grave que si les habitudes alimentaires et le mode de vie ne sont pas changés. Il nécessite rarement un contrôle par l'insuline en piqûres régulières et les diabétologues ont pris l'habitude de proposer un réglage alimentaire qui tienne compte du goût alimentaire du patient tout en répondant à sa sensation habituelle et exagérée de faim.

Ils n'hésitent pas à ajouter des antidiabétiques oraux et à apprendre au malade à se réguler lui-même en faisant ses propres contrôles à la fois sur les urines et dans le sang, grâce à des appareils d'analyse très sophistiqués et faciles à lire et à utiliser.

Les antidiabétiques oraux, qui seront toujours commencés à petite dose, sont les suivants : *Daonil, Diabinèse, Diamicron, Glucidoral, Dolipol* ou *Glucophage*.

Ces produits sont de maniement délicat parce qu'ils peuvent dépasser l'effet attendu et mettre les malades en hypoglycémie, source de malaises sérieux. Ils ne doivent pas non plus être mélangés avec beaucoup d'autres produits comme les bêta-bloquants (donnés contre l'hypertension), les anti-inflammatoires (antirhumatismaux), les sulfamides (anti-infecteux) ou l'alcool sous toutes ses formes.

Il est évident que rien n'est possible si des précautions alimentaires ne sont pas prises. Certains produits stimulent cependant le pancréas et régulent la glycémie en appoint aux autres thérapeutiques. Il ne faut pas oublier que le diabète n'est grave que par ses complications et qu'il convient très vite de contrôler la circulation générale, la tendance aux infections, le poids, etc.

Homéopathie

Iris versicolor est surtout connu pour lutter contre la mauvaise digestion, les vomissements acides, les migraines et même la sciatique lorsqu'elle est localisée du côté gauche ;

Nux vomica est un grand produit aux indications multiples. Il est utile dans l'insuffisance hépatique, dans les troubles de l'humeur, dans la baisse de la vision et dans les névralgies.

Phytothérapie

Airelle est régulièrement consommée par les coureurs de rallye pour sa richesse en vitamine A et la protection apportée dans les troubles de la vision. Elle intervient sur le pancréas en modulant sa sécrétion et en stimulant les cellules encore actives.

Céleri a la réputation d'être un bon dépuratif et de drainer les déchets de l'organisme. Il ferait aussi maigrir et des cures de jus de céleri sont couramment conseillées par les nutritionnistes.

Géranium a la réputation de protéger les tissus contre les antioxydants et de retarder le vieillissement des organes.

Ortie en raison de sa richesse en fibres intervient sur le transit intestinal et contrôle l'absorption des glucides au niveau de la muqueuse intestinale.

Digipuncture et acupuncture
Certains points du corps agissent directement sur l'organe malade et améliorent sa physiologie. Il en est ainsi pour le pancréas pour lequel on fera en tonification le *15e Rate*, à 2 travers de main en dehors de l'ombilic et le *15e Vaisseau Conception*, au niveau de la pointe de l'appendice xiphoïde (partie toute inférieure du sternum), une séance par semaine en association avec les autres moyens thérapeutiques.

Autres techniques
Cedrus Libani bourgeons en macérat glycériné 1D accompagne les autres prescriptions, en association avec microsol au *chrome* récemment introduit en thérapeutique.

GOUTTE

La goutte était autrefois la maladies des rois et des nobles qui payaient ainsi leur goût exagéré pour les viandes et les sauces. Elle correspond à une accumulation de cristaux d'urate de sodium au niveau des petites articulations du membre inférieur. La crise de goutte est spectaculaire et très douloureuse et touche de façon privilégiée un ou les deux gros orteils qui deviennent très douloureux, rouges et tuméfiés, empêchant toute marche et toute activité. D'autres localisations sont possibles (mains, articulations vertébrales) et on peut même noter l'apparition de calculs à l'intérieur des reins ou de la vésicule biliaire.

Le diagnostic est souvent évident et sera aidé par les résultats d'un examen sanguin qui montrera un taux d'acide urique très nettement supérieur à la normale qui ne doit pas dépasser 50 mg par litre.

Prise en charge thérapeutique

Allopathie (sur conseil médical)
Le médecin fait la différence entre la crise aiguë et le traitement de fond. Dans la crise aiguë sont encore valables de vieux médicaments à base de *colchicine* que l'on associe à des anti-inflammatoires.

On citera donc *Colchicine Houde* à la dose de trois comprimés par jour le premier jour puis six comprimés le deuxième et le troisième jour. La dose sera ensuite diminuée pour éviter les complications d'intolérance qui sont nombreuses et qui comportent des troubles digestifs, des troubles sanguins et même la chute des cheveux si le traitement est continué à dose trop forte pendant dix jours.

Les mêmes précautions doivent être prises avec *Colchimax* qui a le pouvoir de freiner la précipitation des cristaux d'urates responsables de la maladie.

Les anti-inflammatoires seront les mêmes qu'en rhumatologie et on choisira *Indocid*, ou *Cebutid* ou *Apranax* qui existent sous différentes formes et à des concentrations variables dont l'action est connue.

Dans l'intervalle des crises, il faudra faire un réglage alimentaire et traiter à la fois l'obésité et la surcharge en protéines en limitant les viandes grasses et certaines plantes très riches en urates comme les asperges, les salsifis et même les épinards. Boire beaucoup d'eau peu minéralisée est de règle ainsi que la prise quotidienne de médicaments connus pour être des inhibiteurs de la synthèse d'acide urique comme *Allopurinol*, *Xanturic* ou *Zyloric*.

La surveillance est faite à la fois par un bilan biologique régulier et par des examens cliniques complets.

Homéopathie
Formica rufa rendra service au rhumatisant, au goutteux, à l'insuffisant rénal quels que soient les troubles présentés ;

Guaiac n'est pas spécifique de la goutte mais soulage parfaitement les douleurs rhumatismales en améliorant l'excrétion des déchets ;

Benzoic acid aidera le goutteux surtout s'il présente une diarrhée habituelle et des urines trop acides ;

Ledum soigne aussi bien les éruptions cutanées eczématiformes que la tendance aux hémorragies, les toux persistantes et les douleurs brutales rhumatoïdes.

Phytothérapie
Ulmaire a une action polyvalente qui en fait un sudorifique, un carminatif, un dépuratif et un antalgique.

Vergerette du Canada est souvent conseillée dans les troubles urinaires, qu'ils soient infectieux ou métaboliques. Elle permet donc d'épurer un organisme trop chargé en acide urique.

Tanaisie est intéressante en gynécologie où elle permet de rétablir des cycles plus réguliers. On l'utilise dans la goutte en raison de sa richesse en substances diurétiques qui lui permettent d'aider à éliminer.

Digipuncture et acupuncture
La goutte se traite par le 1er, 2e et 3e *Rate* en dispersion (sur le bord interne du gros orteil), le 6e *Rein* au bord inférieur de la malléole interne de la cheville et le point du plexus solaire ou 12e *Vaisseau Conception* à égale distance de l'ombilic et de la base du sternum, sur la ligne médiane antérieure.

Autres techniques
On associe en cures prolongées les oligo-éléments de *fluor*, de *sélénium* et de *soufre*.

HYPERCHOLESTÉROLÉMIE

Les graisses du sang comportent, outre les acides gras, le cholestérol dont une partie est indispensable à l'organisme parce qu'il entre dans la constitution intime des membranes cellulaires.

Ce cholestérol est transporté dans le sang par des protéines et certaines sont de petites molécules : les LDL, d'autres de grosses molécules, les HDL.

Les recherches ont prouvé que les HDL avaient le pouvoir d'expulser le cholestérol en excès de l'organisme alors que les LDL s'incrustent dans les cellules internes des artères et constituent, par un processus biochimique complexe, des plaques d'artériosclérose qui vont se recouvrir de calcaire et rétrécir les vaisseaux dans lesquels ils se sont installés. Une partie de ce cholestérol est absorbée par l'alimentation et une autre est directement fabriquée par les cellules hépatiques.

La prise en charge de l'hypercholestérolémie passera donc par un meilleur contrôle du rendement hépatique et par une correction alimentaire soutenue par une technique d'épuration que les plantes rendent particulièrement aisée.

Prise en charge thérapeutique

Allopathie (sur conseil médical)

Il faut savoir que la bataille du cholestérol est difficile parce que les théories médicales changent souvent et que, depuis peu de temps, certains chercheurs affirment que l'excès de cholestérol n'est pas un vrai facteur de risque. L'accord ne se fait même plus sur le chiffre de base qui est de 2 g par litre pour certains et de 2,40 g par litre pour d'autres.

La plus grande partie du cholestérol ne provient pas de l'alimentation mais est fabriquée par le foie, qu'il faut donc contrôler. Le cholestérol est par ailleurs indispensable à l'organisme puisqu'il entre dans la composition des membranes cellulaires et qu'il est à la base des hormones sexuelles.

L'excès sera combattu par la diminution des viandes grasses qui seront remplacées aussi souvent que possible par du poisson même gras, parce que riche en acides gras insaturés non toxiques.

Le traitement comporte :
- Des fibrates de maniement facile et bien tolérés parce qu'ils inhibent la biosynthèse hépatique du cholestérol et en facilitent l'excrétion par la bile. Les doses vont de deux à quatre comprimés par jour pendant un trimestre entier puis reprise, si besoin, après contrôle sanguin.
On citera : *Lipanthyl* 67 qui a notre préférence, *Lipanor*, *Lipenan*, *Lipur*. Il est toutefois recommandé de surveiller l'état biologique du foie par le dosage des transaminases qui sont un bon marqueur de son fonctionnement.
- Des inhibiteurs d'une enzyme appelée *HMG COA Réductase* qui intervient au niveau du foie à un stade trop précoce de sa synthèse de cholestérol en bloquant les mécanismes de la fabrication. Le danger est que tous les tissus qui dépendent de la fourniture d'une certaine quantité de cholestérol vont se trouver lésés par ce système qui peut s'emballer et causer des ravages encore mal connus. Une grande prudence est donc de mise. Citons *Zocor*, *Elisor*, *Vasten* et *Lodales*.

L'hypercholestérolémie reste un facteur de risque et doit être réduite à la fois par une action sur le foie qui fabrique du cholestérol endogène et sur l'alimentation, qu'il convient de réorganiser. Il faut cependant savoir que les aliments riches en graisses ne sont pas interdits, c'est leur mélange avec des aliments sucrés qui est redoutable. La variation en hausse de l'index glycémique est l'agent le plus actif de l'artériosclérose si redoutée à partir de cinquante ans.

Homéopathie

Crotalus permet de lutter contre l'engorgement du foie et la paresse de la vésicule biliaire ;

Aloe agit aussi bien sur la colite chronique que sur la congestion hépatique ou la surcharge graisseuse générale ;

Carboneum sulfuratum améliore les sentiments de malaise qui accompagnent l'hypercholestérolémie et traite les dyspeptiques, intervenant ainsi sur la qualité de la digestion ;

Nux vomica est le remède des obèses coléreux, attirés par les épices, au visage congestif.

Phytothérapie
Pissenlit jouera son rôle habituel de drainage hépatique et rénal.

Romarin est conseillé dans la « paresse » digestive ; il améliore la circulation, stimule le tonus intellectuel et soigne les rhumatismes.

Chicorée a des propriétés analogues mais guérit en plus les éruptions cutanées non infectieuses qui donnent à l'hypercholestérolémique une mauvaise peau.

Olivier est connu pour ses propriétés laxatives légères, et surtout cholérétiques (stimulantes des cellules hépatiques).

Digipuncture et acupuncture
Il convient d'améliorer le fonctionnement des cellules hépatiques et on associera plusieurs points du méridien *Foie*, en tonification : le *3ᵉ Foie*, dans le premier espace intermétatarsien, en avant de la tête du 2ᵉ métatarsien, le *8ᵉ Foie*, à l'angle interne du pli de flexion du genou, le *13ᵉ Foie*, à l'extrémité antérieure de la 11ᵉ côte et le *14ᵉ Foie* dans le 6ᵉ espace intercostal, sur une ligne verticale passant par le mamelon.

Autres techniques
En médecine chinoise on utilisera *Stephania tetrandra* très riche en huiles essentielles dépuratives auquel on associera *zinc nickel cobalt* en oligo-éléments.

MAIGREUR ET AMAIGRISSEMENT

Il faut faire la différence entre la maigreur qui est un état constitutionnel et qui s'accompagne souvent d'une excellente santé et d'une très bonne résistance et l'amaigrissement dont les causes sont variables et qui doit faire l'objet d'un examen attentif à la recherche d'une maladie grave à confier à des spécialistes compétents.

L'âge influence souvent le métabolisme général et le non-respect de son propre corps conduit à une déshydratation générale avec perte massive de minéraux et d'oligo-éléments qui peut donner trop tôt cet aspect vieilli et ridé des femmes et des hommes du troisième âge, pour lesquels les médicaments et même les perfusions de substances nutritives ne peuvent plus rien faire.

Tout le progrès moderne en hormonologie, en vitaminothérapie et en oligothérapie vise précisément à empêcher les dégradations naturelles de l'âge et à conserver aussi longtemps que possible un corps en bon état de fonctionnement et capable de répondre sans usure exagérée aux divers stress de la vie courante.

Prise en charge thérapeutique

Allopathie (sur conseil médical)
Il est beaucoup plus difficile de faire grossir quelqu'un que de le faire maigrir et très peu de produits ont la réputation de donner de l'appétit et de permettre l'accumulation de réserves.

On conseille *Fenugrene* à quatre comprimés par jour, *Méréprine* en sirop qui fait partie de la gamme des antiallergiques comme la *Polaramine* et enfin *Sthenorex* gélules à base de pollen.

Homéopathie
Alumina a la réputation d'exciter l'appétit surtout chez les individus très constipés ;

Arsenicum album est appliqué aux personnes pâles, aux mains froides et à l'aspect vieillot ;

Stannum est un stimulant des centres sous-corticaux de l'appétit et régit indirectement le pancréas et la corticosurrénale ;

Lactic acid est plutôt recommandé à ceux qui sont minces parce qu'ils se dépensent beaucoup et qui mangent mal et sans horaire fixe.

Phytothérapie
Cannelle stimule les sécrétions digestives et ouvre l'appétit.
Lavande ajoute ses propriétés antiseptiques à son effet circulatoire général et stimulant équilibré.
Girofle permet une meilleure absorption par les villosités intestinales et évite les déperditions par blocage des réactions enzymatiques.
Primevère ajoute un effet antiallergique à son action directe sur l'appétit.

Digipuncture et acupuncture
L'acupuncture augmente la quantité d'énergie yin du corps et freine les dépenses par la dispersion du 5e *Triple Foyer* (point yang), à 3 travers de doigt au-dessus du pli dorsal du poignet, entre le radius et le cubitus, et la tonification du 6e *Maître du cœur* (point yin), 3 travers de doigt au-dessus de la partie moyenne du pli antérieur du poignet, et du 5e *Poumon,* point oxygénateur), situé sur le coude, contre le bord externe du tendon du biceps.

Autres techniques
Les *Poconeols 17, 2* et *9* à la dose de cinq gouttes de chaque dans le même verre le matin réussissent à mieux organiser le métabolisme général et à transformer les personnes minces en individus toniques et actifs.

OBÉSITÉ

Les compagnies d'assurance américaines ont établi des normes extrêmement précises qui leur permettent, en fonction de la taille et du poids du sujet, d'articuler au mieux de leurs intérêts les primes d'assurance sur la vie. Il faut que le poids divisé par la taille au carré, exprimée en mètres carrés, soit compris entre 20 et 25 pour que la prime soit à son niveau inférieur. Toute variation de 5 en plus de ces chiffres donne lieu à augmentation.
Cette exigence se justifie par l'importance des complications

cardio-vasculaires (angine de poitrine, hypertension artérielle, infarctus du myocarde) et métaboliques (diabète, goutte, lithiase biliaire et rénale) qui sont la rançon de l'excès de poids mal surveillé.

Un réglage alimentaire est donc indispensable, auquel on associe des substances médicamenteuses qui doivent agir à différents niveaux puisque le psychisme aussi bien que les organes sont prisonniers de certaines mauvaises habitudes.

Prise en charge thérapeutique

Allopathie (sur conseil médical)
Un réglage alimentaire est indispensable. Il bénéficie des dernières découvertes de la nutrithérapie et s'organise autour d'une répartition différente des quantités de calories absorbées. Si, en activité moyenne, un homme a besoin de 2 200 calories, il faut que 30 % soient consommées dès le matin, 40 % à midi et 30 % le soir pour que l'organisme ne soit pas surchargé et que la digestion se déroule dans de bonnes conditions.

Les graisses ne sont pas interdites mais doivent être, au moins pour les deux tiers, insaturées, à base d'huile de colza, de tournesol, d'olive ou de poissons gras des mers du nord comme le thon et le saumon.

Voici l'ordonnance que nous remettons à nos patients pour les aider à perdre du poids sans pour autant craindre la famine.

Régime de détoxication et de bien-être
Le petit déjeuner doit obligatoirement être riche :
— Œufs ou viande maigre ou volaille ou fromage de préférence fermenté ou poisson
— Pain légèrement beurré
— Confiture ou abricots secs, ou autres fruits secs
— Infusion ou café léger ; éviter les jus de fruit souvent irritants
— Le lait est autorisé si on le tolère bien.
Le déjeuner et le dîner doivent comprendre dans l'ordre :

— Salade verte ou crudités avec condiments et assaisonnements
Au choix
— Légumes verts cuits :
ou pommes de terre
ou pâtes
ou riz ou autres céréales (les mélanges sont permis)
— Une viande
ou un poisson
ou des œufs
— Un dessert : fromage
Éviter absolument les desserts sucrés.
(Les quantités consommées au repas du soir seront toujours inférieures de 30 % au repas de midi.)
Les fruits doivent être consommés en dehors des repas et les heures les plus favorables sont :
— le matin vers 11 heures
— L'après-midi vers 17 heures
Note : Il faut toujours éviter les fruits trop acides ou encore trop verts, surtout pour les personnes très minces qui les supporteront très mal.
Un peu de vin est permis, mais surtout il faut boire dans la journée, environ un litre d'eau, de préférence en dehors des repas.
Des médicaments sont toutefois indispensables et nous faisons appel à :
— des mucilages, *Décorpa* en granulés, à prendre avant un repas pour avoir l'impression d'un estomac déjà rempli ;
— des inhibiteurs de la faim, surtout au début d'un traitement, *Anorex*, *Incital*, *Isomeride*, *Prefamone* à la dose d'une gélule ou deux gélules au maximum par jour ;
— des diurétiques bien tolérés comme l'*Aldactone* qui entraîne peu de déperdition de minéraux ;
— des stimulants du métabolisme général dérivés des extraits thyroïdiens comme la *Tyroboline* ou le *Teatrois*.
Un traitement de l'excès de poids ne doit jamais être arrêté brusquement. Des mois sont souvent nécessaires pour obtenir

d'un patient qu'il prenne de nouvelles habitudes et qu'il adopte une meilleure hygiène de vie.

Un réglage alimentaire s'impose et sera mieux accepté si les remèdes calment l'angoisse, sollicitent les émonctoires et activent la digestion.

Homéopathie
Baryta carbonica associe une paresse intestinale à une lenteur intellectuelle et à un appétit mal contrôlé ;

Graphites est un individu gras, transpirant facilement, flegmatique, mordant la vie à pleines dents et pour qui la perte de poids est presque un supplice ;

Thuya est un personnage empâté, à la circulation ralentie, chez qui on note l'apparition, avec le temps, de petites tumeurs bénignes (verrues ou autres) sur la peau, comme si les déchets organiques ne trouvaient que cette voie d'excrétion ;

Capsicum facilite la diurèse et les sécrétions thyroïdiennes, accélérant ainsi le catabolisme général.

Phytothérapie
Piloselle est un diurétique intelligent et réussit à évacuer les urates, les oxalates et les phosphates qui encombrent souvent un organisme aux réactions ralenties.

Orthosiphon doit être consommé en extrait fluide dont on mettra deux cuillères à café dans 0,500 l d'eau minérale à boire deux fois dans la journée.

Casse est riche en fibres et accélérera le transit intestinal.

Gingembre dont connaît les effets aphrodisiaques est aussi un régulateur de l'appétit et supprime le grignotage quand ce dernier n'obéit pas à des raisons psychologiques.

Digipuncture et acupuncture
L'acupuncture stimule les émonctoires par le *25ᵉ Estomac*, situé à 2 travers de doigt en dehors de l'ombilic, le *7ᵉ Rein*, sur le bord interne de la jambe, à 2 travers de main au-dessus de la pointe de la malléole interne. Elle diminue l'appétit par le *45ᵉ Estomac*, situé en avant et en dehors de l'angle

unguéal externe du 2ᵉ orteil. Elle apaise les nerfs par le *19ᵉ Vaisseau Conception* sur la ligne médiane antérieure au niveau du 2ᵉ espace intercostal.

Autres techniques
On associe *Fagus Sylvatica bourgeons* macérat glycériné 1D à un oligo-élément contenant du *zinc*, du *nickel* et du *cobalt*. Certains médecins ajoutent de la poudre de *Pancréas* qui facilite la digestion.

TROUBLES DE L'APPÉTIT

Il est rare de rencontrer autour de la cinquantaine des personnes dont l'appétit a disparu et qui s'abstiennent volontairement de manger. La tendance est plutôt orientée vers la boulimie ou envie presque incontrôlable de manger sans arrêt, un peu, disent les psychologues, comme si on souhaitait ainsi compenser un certain nombre de manques et de lacunes que l'on constate à la fois dans ses capacités physiques et dans ses prouesses sexuelles.

La prise en charge des troubles de l'appétit est souvent psychologique et médicamenteuse et les résultats obtenus, surtout quand on sait en plus rétablir un certain équilibre hormonal, sont presque constants.

Prise en charge thérapeutique

Allopathie (sur conseil médical)
La manque d'appétit, lorsqu'il n'est pas dû à un conflit psychologique, répond bien à la gamme des vitamines proposées par le marché pharmaceutique : *Azedavit, Forvital, Plenyl, Quotivit, Supradyne, Survitine, Vivamyne,* qui doivent être pris avant les trois repas à la dose d'une gélule ou d'un comprimé.

Homéopathie

Antimonium crudum est un glouton bourru ; il a tendance à l'embonpoint ; il a horreur de l'eau, n'aime pas se laver et se plaint de constipation et d'hémorroïdes.

Ipeca est nauséeux, et se sent très incommodé par les odeurs. Il souffre de gastrite spasmodique, présente souvent des courbatures à l'effort le plus minime et s'irrite facilement.

Ignatia est un instable qui a horreur de la vie mondaine et accuse des spasmes à la fois gastriques et nerveux sous forme de tics parfois visibles.

Mica est un déprimé qui a perdu l'appétit. Sa vie ne présente aucun intérêt et il ne voit pas la nécessité de la prolonger. Une assistance psychologique est bien entendu indispensable dans ce cas.

Phytothérapie

Angélique entre dans la composition de l'eau de mélisse, connue pour stimuler le tube digestif et redonner de l'appétit.

Cerfeuil est très riche en vitamines et en huiles essentielles qui stimulent les sécrétions digestives.

Fragon fait partie, d'après la tradition, des cinq plantes apéritives qui entraient autrefois dans un breuvage qui précédait tous les grands repas de fête.

Saponaire est à la fois apéritive et dépurative. Elle peut donc à elle seule faciliter la digestion en ouvrant l'appétit et en bloquant toute mauvaise tolérance aux aliments ingérés.

Digipuncture et acupuncture

L'appétit est stimulé par la tonification des points du méridien *Rate* et du méridien *Vésicule biliaire*. On choisira le *16e Rate* situé à 2 travers de main en dehors de la ligne médiane antérieure et un travers de main au-dessus de l'ombilic, et le *25e Vésicule biliaire*, à l'extrémité de la 12e côte.

Autres techniques

On conseille volontiers *Poconeol 27* et des oligo-éléments de *cuivre, or, argent* présentés de préférence en ampoules séparées, à prendre répartis dans la journée.

OPHTALMOLOGIE

CATARACTE

Le cristallin est transparent et permet un passage sans déformation autre qu'optique des rayons émis par les objets que nous observons.

Sous l'influence de l'âge et de l'alimentation, les cellules transparentes qui le constituent se remplissent de cristaux et de corps gras et le cristallin devient progressivement opaque et bloque tout passage normal de la lumière.

La sanction habituelle est l'opération qui enlève le cristallin et le remplace parfois par un corps artificiel transparent. Une prévention qui fait appel à l'ensemble des médecines doit donc être mise en route aussi vite que possible.

Prise en charge thérapeutique

Allopathie (sur conseil médical)
Un seul médicament par voie générale s'efforce de retarder la dégénérescence du cristallin, le *Phakan,* en ampoules buvables. Les autres produits sont tous des collyres désignés sous le nom de biostimulants oculaires : *Catacol, Cataridol, Cristopal, Ioducyl* ou *Vitaphakol* à la dose de trois gouttes par jour.

Homéopathie
Naphtalinum est conseillé dans les taies ou opacités de la cornée comme dans les cataractes et la rétinite pigmentaire.

Causticum est utile parce qu'il lutte contre les spasmes musculaires ou vasculaires et qu'il permet ainsi de mieux irriguer le cristallin.

Phosphorus est un médicament complexe à manier avec prudence. Il a la réputation justifiée d'intervenir sur les maladies dégénératives du foie, sur les congestions des muqueuses, dans les affections digestives aiguës et surtout dans les dégénérescences organiques dont la cataracte est un exemple.

Secale cornutum est le remède de l'artérite à sa phase de début. Il empêchera la gangrène et la nécrose des tissus. Son action est identique au niveau de l'œil où on le verra retarder l'aggravation d'une cataracte et maintenir la qualité de la vision.

Phytothérapie

Chou contient des vitamines et des oligo-éléments qui en font un médicament de base dans les cicatrisations ou dans le renouvellement cellulaire.

Bardane semble surtout intéressante pour ses propriétés antidiabétiques. Elle joue alors un rôle de régulation glucidique qui peut-être évite les surcharges cristallines qui signent la cataracte.

Saponaire est capable de « désengorger » un tissu ou un organe surchargé de toxines ou de déchets.

Pissenlit garde ses propriétés émonctorielles et permet une meilleure élimination des substances athérogènes.

Digipuncture et acupuncture

On utilisera les mêmes points que pour les troubles de la vision et on pourra tenter de mobiliser les déchets qui encombrent le cristallin en organisant à distance de ces points une tonification par un palper-rouler entre le pouce et l'index le long des méridiens sollicités.

Autres techniques

Aucun oligo-élément ne peut à lui seul retarder la cataracte. On propose cependant en complément des autres remèdes du *cuivre*, du *fluor* et du *zinc*. Le *sélénium* est à l'étude et pourra sans doute être d'un grand secours.

TROUBLES DE LA VISION

Une vision normale cotée 10/10 à l'échelle de Parinaud qui sert de référence permet de lire son journal à 30 cm et de voir les grands titres de ce même journal à 10 m de distance, par temps clair.

Le cristallin, sorte de loupe biconvexe placée au tiers antérieur de l'œil, se contracte ou se relâche suivant l'objet regardé et a pour mission de projeter les rayons lumineux sur la rétine où ils sont analysés.

Les muscles qui permettent l'adaptation du cristallin se sclérosent et en diminuent la motilité : nous passons alors de l'état normal à la presbytie qui permet seulement de bien voir de loin et bloque la vision de près sans correction.

Prise en charge thérapeutique

Allopathie (sur conseil médical)

Une gymnastique oculaire peut retarder l'apparition de la presbytie qui guette les hommes et les femmes dès cinquante ans. On lui associe des vasculoprotecteurs par voie générale comme *Ophtadil* en solution buvable ou *Trisolvit* en solution buvable, à la dose de deux ampoules par jour pour une cure de trois semaines.

La sécheresse oculaire sera suppléée par des *Larmes artificielles* ou du *Liquifilm* ou de la *Méthylcellulose* en collyre.

Les médecines naturelles permettent de lutter contre le vieillissement en améliorant la vascularisation locale et la nutrition des cellules rétiniennes, de la cornée et du cristallin.

Homéopathie

Alumina est d'ordinaire indiqué dans la sécheresse des muqueuses, les catarrhes chroniques et la constipation rebelle. Il a été signalé qu'en association avec des polyvitamines il pouvait stabiliser la détérioration de la vision, comme nous l'avons vu en allopathie.

Conium est le remède des ralentissements organiques, quelle que soit leur localisation.

Cyclamen soigne aussi bien les troubles de la vue, de façon large que les céphalées qui les accompagnent. On lui reconnaît aussi un certain pouvoir dans les troubles des règles.

Iris guérit les migraines ; il intervient aussi sur la circulation cérébrale et améliorera ainsi indirectement la vision.

Phytothérapie
Euphraise est connue depuis l'Antiquité pour sa capacité d'« éclairer les yeux » (Olivier de Serres).
Sureau est diurétique et dépuratif. Il apporte aussi des éléments qui renforcent le tonus musculaire général et la musculature oculaire profite de cet avantage.
Coquelicot a surtout des indications ORL On lui a trouvé en plus, en raison de sa richesse en vitamines, le pouvoir d'intervenir sur les radicaux libres.
Cognassier a une action émolliente et intervient dans l'hydratation des tissus conjonctifs en général.

Digipuncture et acupuncture
La vision est améliorée par la tonification des points qui entourent directement le globe oculaire : le *1er Vésicule biliaire*, à un travers de doigt en dehors de l'angle externe de l'œil, le *1er Vessie*, au bord interne de l'orbite, au-dessus de la commissure palpébrale interne de l'œil, le *1er Estomac*, sur la partie moyenne du rebord inférieur de l'orbite, le *23e Triple Foyer*, au niveau de l'extrémité externe de la queue du sourcil.

Autres techniques
On conseille les oligo-éléments au *soufre* et au *manganèse cobalt* pour leur effet équilibrant du système neurovégétatif.

OTO-RHINO-LARYNGOLOGIE

BOURDONNEMENTS D'OREILLE

Perception auditive d'un bruit régulier, sourd et grave décrit par Alphonse Daudet comme un « roulement confus très proche de celui que portent deux coquilles marines à lèvres roses à travers lesquelles on entend rouler la mer. »

Les causes en sont multiples, partagées entre des troubles circulatoires par artériosclérose et sénescence du nerf auditif, une tumeur bénigne ou maligne de l'oreille interne ou une réaction psychologique banale à des stress quotidiens.

Prise en charge thérapeutique

Allopathie (sur conseil médical)
Le traitement fait appel à des vasodilatateurs et à des sédatifs dans la mesure où l'on pense qu'une amélioration de la circulation cérébrale et la possibilité de prendre un peu de recul par rapport à la vie courante peuvent être utiles. Les résultats sont rarement spectaculaires et les rechutes fréquentes, surtout si la personne vit dans une atmosphère de stress.

Les produits les plus employés sont : *Hydergine*, *Optamine*, *Sermion* qui continue à être préféré par les spécialistes, *Cevilane* ou *Gevatran*.

Homéopathie
Arnica se plaint de bruissement dans les oreilles et d'un afflux de sang dans la tête.

Lachnantes présente en plus une céphalée migraineuse aggravée par le bruit et des douleurs avec raideur fréquente des muscles de la nuque.

Gelsemium est une personne lasse, se plaignant de vertiges, de troubles de la vue et assez souvent d'accès de surdité passagère.

Kreosotum associe des bourdonnements d'oreille périodiques à un eczéma local tenace. On note encore une tendance spontanée aux hématomes.

Phytothérapie
Aubépine a une action ORL connue, est fébrifuge et sédative.
Gattilier est aussi un médicament antirhumatismal, on lui attribue un pouvoir emménagogue, c'est-à-dire régulateur des menstruations.
Ginseng surtout employé pour ses propriétés toniques et antifatigue est un excellent régulateur de la circulation cérébrale et peut rendre de réels services.
Guimauve, par ses propriétés émollientes générales, est un sédatif de première catégorie.

Digipuncture et acupuncture
Seuls les points locaux peuvent améliorer les symptômes comme les *17e, 18e, 19e* et *20e Triple Foyer*, qui sont situés à égale distance l'un de l'autre et entourent l'oreille au niveau de la mastoïde.
On ajoute parfois le *4e Maître du cœur* sur la face antérieure et médiane de l'avant-bras, 2 travers de main au-dessous de la ligne de flexion du coude, pour son action vasodilatatrice.

Autres techniques
On conseille des oligo-éléments à base de *cobalt*, de *magnésium* et de *manganèse* en cure prolongée.

CORYZA SPASMODIQUE

Appelé le plus souvent rhume des foins, le coryza spasmodique correspond à une obstruction nasale avec écoulement clair persistant associé à des salves d'éternuements, des céphalées et un larmoiement.
Plus fréquent au printemps, à la sortie des bourgeons, il

devient progressivement apériodique et complique bien inutilement la vie quotidienne du sujet.

Outre son caractère allergique, il traduit une accumulation viscérale de toxines et de déchets que l'organisme s'efforce d'éliminer par toutes les voies disponibles.

Prise en charge thérapeutique

Allopathie (sur conseil médical)

Les allergologues font d'abord des tests puis injectent à très petite dose les produits responsables d'une réponse exagérée. Il s'agit d'une méthode très précise et très décevante parce qu'elle ne tient pas toujours compte des facteurs allergéniques et que, pendant les traitements, d'autres allergies peuvent survenir.

La sagesse est l'utilisation à petite dose des antiallergiques ainsi que de dépuratifs qui cherchent à éliminer des déchets et des toxines, tout en demandant à des oligo-éléments de soigner le terrain.

Parmi les antiallergiques, le choix s'oriente vers ceux qui ne font pas dormir et ne font pas grossir, comme *Hismanal*, *Zyrtec*, *Virlix*, *Teldane*.

Parmi les dépuratifs, on choisira des produits à *base de plantes* comme le *Chophytol* (artichaut), le *Pilosuryl* (piloselle), l'*Oddibil* (fumeterre), le *Pob* (olivier, bouleau).

Il existe bien entendu des antiallergiques locaux qu'il faut préférer sans cortisone comme *Alerion*, *Biocidan*, *Lomusol* ou *Rhinaaxia*, prescrits en pulvérisation nasale.

Homéopathie

Lycopodium intervient efficacement lorsqu'il y a sécheresse et obstruction des narines avec gonflement du nez et mal de tête ;

Mercurius, au contraire, traite les écoulements importants excoriant les ailes du nez, parfois accompagnés de saignements, surtout la nuit ;

Pulsatilla est utile lorsque le sens de l'odorat a été perdu et que les sécrétions sont très épaisses et infectées ;

Ranunculus soigne le coryza aggravé par le froid et accompagné de très fortes démangeaisons des narines.

Phytothérapie
Euphraise a un effet antiseptique associé à une action antiallergique reconnue ;
Plantain est un astringent qui lutte contre les écoulements en excès et qui peut donc être utile contre le coryza ;
Valériane ajoute à son effet sédatif une action ORL méconnue ;
Lavande est un médicament universel parce que très riche en principes actifs différents. Elle sera utilisée de préférence à titre préventif dans le mois qui précède l'apparition du coryza.

Acupuncture et digipuncture
Les points importants sont le *Yin Trang* situé juste entre les deux yeux (le troisième œil des hindous), le *20ᵉ Gros Intestin*, en dehors de la racine de l'aile du nez, et le *6ᵉ Triple Foyer*, à un travers de main au-dessus du pli de flexion dorsal du poignet sur la ligne médiane, pour son effet antiallergique. Les points doivent être faits en tonification.

Autres techniques
On s'intéresse beaucoup, dans la lutte contre les allergies, aux sels de Schussler que l'on croit capables d'intervenir dans le métabolisme des leucotriènes responsables de l'allergie chez l'homme.

On conseillera *Ferrum phosphoricum 6 DH* en trituration (poudre) à la dose de trois mesures en une fois le matin sous la langue, au réveil, pendant des périodes tests de trois semaines renouvelables.

TROUBLES DE L'AUDITION

Les personnes âgées entendent moins bien par sclérose progressive de leur oreille moyenne et par transmission retardée des sons émis. L'andropause et la ménopause sont des étapes de cette détérioration et rares sont les médecins avertis, capables d'organiser un traitement préventif et d'empêcher cette nouvelle infirmité.

Prise en charge thérapeutique

Allopathie (sur conseil médical)
La diminution de l'acuité auditive est due en fait à une arthrose de l'oreille moyenne et doit être traitée comme une affection rhumatismale. On fera donc appel à des substances agissant sur les ligaments, sur le tissu conjonctif et sur les ankyloses articulaires.

Les produits usités sont les suivants, en cure longue et fréquemment répétée : *Structum, Conjonctyl, Jonctum, ADN hautement polymérisé, Neuriplège, Sulforgan.*

Une intervention chirurgicale est parfois nécessaire devant l'insuccès des tentatives médicales. Il faut savoir l'accepter.

Homéopathie
Kalmia aurait une action sur l'oreille interne et faciliterait la transmission des stimulations sonores.

Lachesis redonne une sensibilité au bruit et diminue les bourdonnements d'oreille chez les sujets qui portent — dit la tradition — des vêtements lâches et sont particulièrement bavards.

Natrum muriaticum peut aider le malentendant, surtout s'il est frêle, anémique et qu'il a constamment les mains et les pieds froids.

Psorinum interviendra dans les baisses de l'audition des sujets qui ont dans leur passé de nombreuses infections locales.

Phytothérapie
Basilic est un stimulant du système nerveux et facilitera le transfert des informations auditives.

Genièvre intervient par le biais de la circulation artérielle générale qu'il stimule. Il est légèrement hypertenseur : il ne faudra donc pas le prescrire sans avoir mesuré la tension artérielle.

Menthe contient des principes actifs antioxydants. Elle est donc capable de régénérer certaines fonctions et de rétablir d'anciens équilibres.

Thym doit à ses qualités de dépuration de faire partie du groupe des remèdes utiles dans les troubles de l'audition.

Digipuncture et acupuncture

Le méridien *Rein* contrôle l'audition. On tonifiera le *1er Rein*, à la partie moyenne de la plante du pied à son tiers antérieur, le *27e Rein*, dans une dépression située entre la première côte et le bord inférieur de la clavicule et le *23e Vessie* (clé de l'énergie vitale) à 2 travers de doigt de la ligne médiane postérieure, au niveau de la pointe de la 2e vertèbre lombaire.

Autres techniques

On conseille le macérat glycériné 1D de *Sequoia gigantea* et le *sélénium* en oligo-élément.

STOMATOLOGIE

GINGIVITE ET GLOSSITE

Une décalcification de la mâchoire peut dès cinquante ans entraîner le déchaussement des dents et leur carie. Une gingivite est souvent associée, avec fragilisation de la muqueuse qui saigne au contact, se rétracte et accepte n'importe quelle infection.

La glossite est la conséquence d'un dessèchement général des muqueuses : la langue est sensible, comme la vulve et le vagin, à une bonne imprégnation hormonale.

Prise en charge thérapeutique

Allopathie (sur conseil médical)

Le traitement associe du Fluor (*Fluor Monal, Naf Crinex, Fluor In*) et un médicament dérivé des plantes, le *Proteosulfan*, à prendre à la dose de quatre comprimés par jour pendant une longue période, à un traitement local à base de bains de bouche ou de gargarismes ou de pastilles antibactériennes à sucer comme *Alodont, Eludril, Givalex, Sanoformine, Aluctyl, Hexalyse, Strepsils*, ou *Oroseptol*.

Les soins dentaires ont toute leur importance et améliorent le pronostic.

L'action des médecines naturelles est orientée vers la cicatrisation et vers la stérilisation partielle de ces régions très inflammatoires.

Homéopathie

Borax a une action favorable sur tout ce qui est en bouche : il guérira les aphtes, la gingivite et même pourra contribuer à la stérilisation d'un abcès dentaire à son début.

Calendula a une action analogue et a la réputation d'être le cicatrisant universel, qu'il soit utilisé par voie locale ou par voie générale.

Carbo vegetabilis est un produit de dernier secours ; il est un réanimateur et un revitalisant. Son utilisation est parfaitement légitime dans les gingivites chroniques qui font le désespoir des dentistes.

Mercurius sol est plus orienté vers les plaies locales avec nécrose, par mauvaise vascularisation.

Phytothérapie

Aristoloche, bien connu par les gynécologues, est vulnéraire et astringent. Il permet la détersion des plaies et leur régénération.

Estragon est un excellent antiseptique et a une action antitoxique intéressante.

Plantain est un petit antiseptique et un grand hémostatique. Il contribue donc à faire cicatriser toute plaie, quelle que soit son siège.

Prêle a des propriétés cicatrisantes générales. Elle peut également être employée en usage externe sous forme de décoction (trente grammes de feuilles pour un litre).

Digipuncture et acupuncture

On doit faire en tonification les points d'acupuncture qui entourent la bouche pour augmenter les défenses immunitaires locales. On choisira le *4ᵉ Estomac*, à la commissure des lèvres, le *24ᵉ Vaisseau Conception* juste au-dessous de la lèvre inférieure et le *25ᵉ Vaisseau Gouverneur* juste au-dessus de la lèvre supérieure.

Autres techniques

Les oligo-éléments au *bismuth* et au *cuivre* sont utiles en pathologie dentaire, en association avec le *fluor* quand les caries sont importantes.

AFFECTIONS ET NÉVRALGIES DENTAIRES

La mauvaise statique dentaire entraîne des névralgies extensives qui augmentent parfois sous l'effet des appareils dentaires qui remplacent les dents malades que l'on est souvent obligé d'extraire, surtout chez les grands fumeurs et chez les personnes qui n'insistent pas dans leur alimentation sur les nutriments riches en calcium et en phosphore.

Prise en charge thérapeutique

Allopathie (sur conseil médical)
Un bilan odontologique est toujours nécessaire à la recherche d'abcès profonds ou de granulomes infectés ou de tumeurs masquées du maxillaire.

Lorsque les douleurs sont très violentes, on peut être autorisé à faire des infiltrations d'anesthésiques associés à de la cortisone et éventuellement un anti-infectieux dans les trous sus-orbitaires, sous-orbitaires ou maxillaires, par lesquels sortent les terminaisons nerveuses des deux nerfs principaux de la face, le nerf facial et le nerf trijumeau.

Les traitements par voie buccale sont très proches de ceux des névralgies et associent la vitamine B à forte dose (*Benerva, Bevitine, Dodecavit, Terneurine*) à des antalgiques où l'aspirine a sa place (*Actispirine LP, Aspégic, Claragine, Solupsan, Métaspirine*) ainsi que les anti-inflammatoires (*Surgam, Cebutid, Apranax, Nifluril*).

Pour éviter la mauvaise tolérance stomacale, des pansements gastriques doivent être associés (*Phosphalugel, Maalox*) et même un traitement préventif anti-ulcéreux dans les cas difficiles (*Azantac, Raniplex, Lanzor*).

Homéopathie
Arnica a une action antalgique surtout lorsque les douleurs surviennent après un traumatisme ou une exposition au froid.

Spigelia agit sur le nerf trijumeau et soignera aussi bien les douleurs dentaires que les névralgies faciales ou les brûlures qui accompagnent un zona ophtalmique.

Valeriana garde à dilution homéopathique les mêmes propriétés que lorsqu'il est pris à doses allopathiques. Il est un sédatif de bonne qualité et permet le sommeil.

Hypericum soulage bien les douleurs névralgiques comme il soigne la neurasthénie ou les impuissances douloureuses.

Phytothérapie
Camomille, *Girofle*, *Bardane*, *Saule blanc* et *Verveine* ont une affinité pour la région buccale et amélioreront les troubles présentés.

Digipuncture et acupuncture
Trois points qui doivent être faits en dispersion sont généralement utiles : le *19ᵉ Intestin grêle* juste en avant du tragus, devant le conduit auditif externe, un point hors méridien situé à l'angle de la mâchoire et le *18ᵉ Intestin grêle*, à l'intersection d'une ligne verticale passant par le bord externe de l'œil et d'une horizontale passant par le bord inférieur de l'aile du nez.

Autres techniques
Sorbus domestica bourgeons en macérat glycériné 1D est utile avec oligosol au *lithium* pour son effet apaisant

SYSTÈME NERVEUX CENTRAL ET SYSTÈME NEUROVÉGÉTATIF

ANGOISSE ET ANXIÉTÉ

L'anxiété est un état de tension douloureuse, fait de l'attente non justifiée d'une menace vague entraînant un sentiment d'insécurité permanente. Une instabilité de l'humeur et des réactions excessives aux événements extérieurs sont de règle ainsi que des troubles du fonctionnement organique de type neurotonique qui peuvent être aussi bien des troubles cardiaques et respiratoires que des douleurs digestives, urinaires ou neurologiques.

Des tremblements, une impression de brouillard visuel, des jambes qui se dérobent et une incoordination de la marche, des pleurs ou des cris fréquents rendent la vie du patient impossible pour lui-même et pour son entourage. On a souvent rendu responsable de l'accumulation de ces symptômes un déficit hormonal.

Prise en charge thérapeutique

Allopathie (sur conseil médical)

Le praticien dispose d'une gamme importante d'anxiolytiques dont il doit obligatoirement connaître toutes les contre-indications avant d'instituer un traitement au long cours. Il doit pouvoir en changer s'il note une mauvaise tolérance et toujours commencer par de petites doses qui seront augmentées sous son contrôle. Il est évident qu'un entretien préalable est indispensable et que les conseils d'un psychiatre ne doivent pas être négligés.

Les produits les plus souvent conseillés sont les suivants et la majorité des comprimés sont sécables pour permettre une imprégnation progressive. Certains ont en plus un effet antidépressif souvent utile.

Citons *Stablon*, *Lexomil*, *Lysanxia*, *Tranxène*, *Valium*, *Xanax*, *Atarax*, *Equanil*, qui est le plus ancien de la série.

Homéopathie
La typologie des patients intervient pour beaucoup dans le choix des produits.
Anacardium sera proposé aux sujets facilement épuisés et anémiques.
Avena sativa convient aux individus presque suicidaires et qui recherchent l'isolement.
Gelsemium améliore les nerveux qui ont la particularité d'avoir le matin au réveil le visage bouffi.
Thuya est le remède des sujets aggravés par le sommeil et améliorés en mangeant.
Sepia a la particularité d'aider tous ceux qui présentent de l'aversion pour la fumée de tabac.

Phytothérapie
D'excellentes plantes facilitent l'action du psychologue.
Anémone pulsatille chez les sujets déminéralisés et frileux ;
Passiflore chez le sujet instable, agité et hypersensible ;
Valériane quand on note une insomnie avec dans la journée des bouffées de chaleur ;
Lavande chez celui qui se plaint de démangeaisons incessantes ;
Girofle chez l'individu vieilli précocement et artérioscléreux.

Digipuncture et acupuncture
Les points utiles à faire en tonification sont le *3ᵉ Maître du cœur* ou point de la joie de vivre, situé au niveau du coude, au bord interne du tendon du biceps, et le *22ᵉ Vaisseau Conception* situé sur la ligne médiane antérieure, au bord supérieur du sternum, dans la région appelée fourchette sternale.

Autres techniques
Les oligo-éléments au *lithium* et au *magnésium* sont vivement conseillés.

CÉPHALÉES

La céphalée correspond à une douleur continue du crâne, à forme de pesanteur ou de constriction, d'étendue variable.
Le bruit, la lumière ou un effort quelconque peuvent l'exaspérer. Son étiologie est variable et il convient avant de la traiter de la rapporter à une cause précise. Les examens complémentaires sont indispensables et seront orientés, à la cinquantaine, vers des troubles circulatoires artériels comme l'hypertension, l'hypotension ou de petits anévrismes latents.
Il ne faut cependant pas oublier les causes digestives de la céphalée qui englobent à la fois une certaine insuffisance hépatique et des troubles du métabolisme enzymatique.

Prise en charge thérapeutique

Allopathie (sur conseil médical)
Il faut tout d'abord soigner la cause et utiliser tous les moyens modernes existants pour la découvrir. Ce n'est que dans un deuxième temps que l'on pourra utiliser les antalgiques qui se classent en deux catégories, les médicaments dérivés de l'aspirine et ceux qui sont dérivés du paracétamol.
Les contre-indications visent surtout les doses trop élevées de l'un ou l'autre produit et les remèdes les plus souvent conseillés sont les suivants, dont il ne faut jamais dépasser trois comprimés par jour.
Aspégic poudre orale, Aspirine PH8, Aspro, Rhonal, Claradol, Dafalgan, Paralyoc, Doliprane.
Les associations de plusieurs composants sont nombreuses ; celle qui semble la plus justifiée est l'association avec de la codéine qui ajoute son effet sédatif général au traitement de la douleur.
Les crises très aiguës doivent être traitées par les mêmes produits injectables qui font partie de la trousse d'urgence de tout médecin.

Homéopathie

Aconit conviendra au sujet pléthorique, angoissé, qui signale être amélioré en mangeant.

Actea Racemosa est le médicament des femmes taciturnes, pâles et délicates.

Bryonia par contre est plus utile aux sujets secs, robustes et hargneux.

Ignatia est donné aux personnes paradoxales, sensibles et émotives.

Iris versicolor est presque spécifique des céphalées qui surviennent le jour de repos hebdomadaires.

Phytothérapie

Aigremoine est plus active quand les symptômes sont aggravés par les changements de température.

Bourse à pasteur sera utile lorsque la céphalée est aggravée par le bruit et les mouvements.

Germandrée est spécifique des céphalées qui obligent le patient à bouger sans cesse.

Ményanthe calme les céphalées en relation avec l'abus de boissons alcoolisées.

Digipuncture et acupuncture

Deux points peuvent rendre service quand ils sont faits en dispersion : le *20ᵉ Vaisseau Gouverneur* situé au sommet du crâne, sur la ligne médiane, et le *8ᵉ Vésicule biliaire*, placé juste au-dessus du sommet de l'oreille.

Un massage doux du cuir chevelu est toujours utile et complémentaire.

Autres techniques

La France bénéficie depuis quelque temps de l'arrivée de plantes d'origine chinoise que l'on peut boire en décoction qui se prépare de la façon suivante :

Porter à ébullition 0, 5 litre d'eau.

Verser 2 cuillerées à soupe de poudre et couvrir.

Attendre 15 minutes.

Filtrer et boire la préparation tout au long de la journée.
Les plantes conseillées sont : *Acorus gramineus* et *Albizia julibrissin* que tous les pharmaciens peuvent nous procurer.

DÉPRESSION

La dépression présente deux composantes : une diminution globale de l'élan vital bloquant toute initiative intellectuelle ou physique et une perte de l'estime de soi avec vision pessimiste du monde.
Fréquente autour de la ménopause et de l'andropause, elle s'explique, avant tout traitement, par la certitude d'être inutile et surtout de ne pas pouvoir répondre avec un dynamisme suffisant aux différentes sollicitations de la vie quotidienne.
La chute du rendement, de la productivité et de la créativité en sont les corollaires obligés, alors que naissent souvent de façon inattendue une irritabilité et une agressivité difficiles à contrôler.

Prise en charge thérapeutique

Allopathie (sur conseil médical)
Les antidépresseurs sont délicats à manier parce qu'il a été constaté qu'une amélioration trop rapide pouvait inciter certaines personnes au suicide.
Il faut donc être très proche des personnes que l'on soigne et ne pas hésiter à prévenir l'entourage. Deux catégories de produits existent sur le marché pharmaceutique français : les IMAO et les imipraminiques.
Nous citerons les produits les plus couramment employés en insistant sur le fait que les doses doivent être progressivement augmentées.
Niamide, Humoryl, Anafranil, Laroxyl, Ludiomil, Surmontil et *Tofranil*.
Une nouvelle gamme de produits est maintenant disponible

sans qu'il soit possible d'affirmer qu'elle apporte une amélioration. Il ne faut pas oublier que la France est des plus forts consommateurs d'antidépresseurs au monde et que les bénéfices commerciaux sont vraisemblablement considérables.

Citons *Prozac*, *Athymyl*, *Survector* et *Floxyfral*.

Homéopathie

Ambra Grisea est utile au personnes chétives, fatiguées et sensibles au froid.

Anacardium est le remède des indécis, et des sujets aux digestions laborieuses.

Arnica aidera les pléthoriques, au faciès rouge.

Arsenicum album convient à tous ceux qui ont l'air épuisé et dont la peau est froide et humide.

Ipeca sera le remède de base des femmes agitées, larmoyantes et de mauvaise humeur au réveil.

Phytothérapie

Chardon bénit est donné à ceux qui se plaignent de courbatures et de meurtrissures.

Gentiane convient aux dépressifs boutonneux.

Origan est donné aux sujets qui semblent indifférents à tout.

Sassafras permet de retrouver un tonus cérébral et physique.

Digipuncture et acupuncture

La dépression est un déséquilibre énergétique et il est indispensable de fournir de l'énergie yang à l'organisme en lui apprenant à puiser dans ses propres ressources.

On tonifiera le *4ᵉ Gros Intestin* situé entre le pouce et l'index, sur le petit mont qui se crée lorsque les deux doigts se rapprochent, et le *36ᵉ Estomac* situé au-dessous du genou, à un travers de doigt en dehors de la crête tibiale et à 4 travers de doigt au-dessous du bord inférieur de la rotule. La moxibution est toujours souhaitable quand une tonification importante est nécessaire.

Autres techniques
Les plantes chinoises qui équilibrent l'énergie sont particulièrement conseillées comme le *Citrus aurantium* ou l'*Allium sativum* en gélules, à la dose de 0,01 par kg et par jour pendant des cycles de double cure ou six semaines.

ÉTATS OBSESSIONNELS

Les états obsessionnels surviennent surtout chez des sujets manquant de générosité, autoritaires et méticuleux qui sont assiégés par un doute permanent, des ruminations incessantes qu'ils ne peuvent contrôler tout en connaissant leur absurdité.
La fatigue et le surmenage expliquent certaines obsessions transitoires ; ils ne suffisent pas à justifier un état permanent qui correspond à une détérioration de la synthèse de certains neurotransmetteurs.

Prise en charge thérapeutique

Allopathie (sur conseil médical)
Il existe très peu de médicaments capables de modifier un comportement méticuleux et trop ordonné. Il sera fait appel à des psychotropes que l'on associera obligatoirement à des entretiens psychologiques.
Citons : *Axonyl* en solution buvable, *Gabacet* en gélules, *Geram* en solution buvable, *Lucidril* en comprimés ou *Nootropyl* en gélules.
Les médecines naturelles ne remplaceront jamais un bon psychologue. Elles permettent cependant de drainer l'énergie générale et de rendre ainsi un peu plus de vitalité à tous ces individus qui sont refermés sur eux-mêmes et sur leurs problèmes.

Homéopathie
Ammonium carbonicum chez les personnes épuisées et constamment sur le qui-vive.

Petroleum chez l'individu toujours pressé, irritable et querelleur.

Spigelia parce que l'individu souffrant se plaint surtout de violentes palpitations, parfois perceptibles à travers les vêtements.

Cedron qui n'agit bien que s'il y a périodicité des troubles avec une petite participation érotique.

Mezereum pour celui qui ajoute de la mélancolie à son état obsessionnel.

Phytothérapie

Gattilier a un effet équilibrant chez les sujets indécis, méfiants, aux digestions laborieuses.

Nénuphar possède des propriétés sédatives et apaisantes.

Pâquerette permet parfois de provoquer une réaction salutaire de l'organisme.

Prêle doit à la silice qu'elle contient d'intervenir dans le sens d'un rajeunissement et d'une remise en état des processus psychiques.

Digipuncture et Acupuncture

L'obsession correspond en acupuncture à un déficit de la fonction rate, pancréas et estomac.

Il faut donc tonifier tous les jours pendant trois semaines ces deux méridiens par le *3ᵉ Rate* en arrière de la tête du premier métatarsien et par le *11ᵉ Estomac* au centre du creux susclaviculaire. Il semblerait donc qu'une meilleure nutrition générale de l'organisme puisse atténuer ces perturbations psychiques très invalidantes.

Les autres thérapeutiques ne doivent jamais être abandonnées, l'acupuncture acceptant très volontiers toutes les associations.

Autres techniques

Les psychiatres homéopathes proposent volontiers *Tilia tomentosa bourgeons* en macérat glycériné à la dilution d'un dixième et à la dose de 2 gouttes par kilo de poids et par jour.

MIGRAINE

Douleur crânienne unilatérale violente survenant sans horaire précis et accompagnée de malaises et de nausées.

Elle correspond à une vasodilatation artérielle avec œdème et par troubles à la fois du système neurovégétatif et de l'appareil hépato-vésiculaire. Il est indispensable de lui opposer un traitement de fond et un traitement symptomatique.

Prise en charge thérapeutique

Allopathie (sur conseil médical)
On sépare les médicaments utilisés pendant la crise et ceux qui cherchent à la prévenir. Les premiers sont tous des dérivés de l'ergotamine qui est un vasoconstricteur des vaisseaux artériels comme : *Diergospray* en solution nasale, *Dihydroergotamine* en solution injectable ou *Gynergène Caféine* en comprimés ou en suppositoires.

Le traitement de fond utilise des bêta-bloquants dont il faut savoir qu'ils peuvent difficilement être arrêtés une fois commencés, en raison de leurs effets secondaires.

On citera *Avlocardyl, Lopressonr, Seloken* et des dérivés de l'ergotamine pris en solution buvable quotidiennement : *Dérgiflux, Dergotamine, Ikaran* ou *Tamik*.

Les médias annoncent de temps à autre la sortie de nouveaux produits qui bénéficient d'un succès de curiosité mais ne résolvent pas le problème et s'ajoutent à la liste que nous connaissons. Citons : *Vidora, Nocertone, Sanmigran* ou *Desemil*.

Homéopathie
Antimonium crudum soigne l'individu larmoyant, boudeur, triste et hargneux.

Bryonia est donné de préférence à celui qui a une peau brunâtre, huileuse et des cheveux gras.

Iris Versicolor est indiqué chez celui qui se plaint de sécheresse de la bouche et des muqueuses.

Tabacum est spécifique des migraines survenant au cours d'un voyage, quelle que soit sa longueur.

Rhus tox améliorera le sujet constamment obligé de bouger à cause de l'intensité de ses douleurs.

Phytothérapie

Houblon sera donné au sujet obèse, un peu apathique dont les yeux sont constamment cernés.

Fumeterre est le remède type de l'hépatique.

Chardon-Marie sera apprécié par tous ceux qui ont une grande aversion pour le travail intellectuel.

Mélisse est nécessaire à celui qui présente des trous de mémoire, et une humeur facilement changeante.

Digipuncture et acupuncture

D'une façon générale, la médecine chinoise accuse le foie et la vésicule biliaire d'être responsables des migraines. Elle propose les points suivants en dispersion : le *14e Vésicule biliaire* situé, lorsque l'on regarde droit devant soi, un travers de doigt au-dessus du sourcil, et le *14e Foie*, dans le 6e espace intercostal sur une ligne verticale passant par le mamelon. Ce sont les Chinois qui ont remis à l'honneur le bâton de *Menthol* (trouvé en pharmacie) que l'on se passe sur le front et toute la région douloureuse pour bloquer une crise à son début.

Autres techniques

Les plantes chinoises eupeptiques sont utiles comme *Crataegus pinnatifada* ou *Cornus officinalis* auxquelles on associe le *lithium* en oligo-élément et *Poconeol 10*.

NEURASTHÉNIE ET ÉTATS MÉLANCOLIQUES

Ce symptôme correspond à une fatigue à la fois physique et psychologique accompagnée de troubles divers qui englobent à la fois la sexualité, le système digestif et le système cardio-vasculaire (palpitations, douleurs cardiaques, etc.).

L'état hormonal explique en partie les signes observés ;

son réglage et une psychothérapie douce associée à des stimulants nervins améliorent progressivement les malaises présentés.

Prise en charge thérapeutique

Allopathie (sur conseil médical)
Le choix s'établit entre des neuroleptiques légers à base de phénothiazine et des normothymiques qui aident à rétablir un comportement équilibré.
Les doses seront — comme toujours dans les problèmes psychologiques — progressives : *Melleril, Nozinan faible, Tercian, Teralithe* et *Tegretol*.

Homéopathie
Abrotanum est donné aux personnes d'aspect vieillot, qui ont gardé un bon appétit.
Arsenicum album est choisi de préférence pour les sujets à l'aspect intoxiqué et épuisé et dont la peau est particulièrement froide.
Aurum métal aidera les sujets quelque peu dégoûtés de la vie et qui envisagent la mort sans relâche.
Psorinum est indiqué chez le sujet qui semble avoir perdu toutes ses réactions de défense.

Phytothérapie
Cumin sera utile aux sujets migraineux et hépatiques connus.
Millepertuis est donné aux sujets nauséeux et vertigineux.
Lierre grimpant est nécessaire à celui qui se dit amélioré au réveil.
Sureau Noir est indiqué chez les personnes qui ont horreur des aliments froids qui, disent-ils, aggravent tous leurs maux.

Digipuncture et acupuncture
Les Chinois assimilent la mélancolie à la tristesse et conseillent des points importants situés, d'après la loi des cinq

éléments que tous les acupuncteurs connaissent, sur le méridien *Poumon* et le méridien *Gros Intestin*. Les séances doivent être quotidiennes et stimuler le 2e *Poumon*, situé juste au-dessous du bord inférieur de la clavicule, à l'union de son tiers externe et de ses deux tiers internes, et le 11e *Gros Intestin*, situé à la partie externe de la ligne de flexion du coude.

Autres techniques
Les Chinois utilisent des plantes tonifiantes qui augmenteront l'énergie générale. Leur préférence va à *Epimedium grandiflorum* et à *Trigonella foenum graecum*, en gélules, comme nous l'avons expliqué, que l'on peut associer à du *manganèse* en oligo-élément pendant deux mois.

NÉVRALGIES

Douleur souvent aiguë siégeant dans le territoire d'un nerf sensitif et dans celui qu'il innerve. Elle s'accompagne souvent d'élancements, de fourmillements et, lorsque la compression du nerf est importante, d'une diminution de la sensibilité au contact et même d'une paralysie partielle.

Les névralgies les plus importantes sont faciales, sciatiques, intercostales ou cervico-brachiales.

Elles bénéficient en allopathie et en phytothérapie d'un traitement commun. Il n'en est pas de même en homéopathie et en acupuncture où le geste thérapeutique peut être ajusté.

Prise en charge thérapeutique

Allopathie (sur conseil médical)
Le traitement comporte des sédatifs, des anti-inflammatoires et des antalgiques. Le choix est très large et le principe veut, pour des raisons de tolérance, que le traitement soit arrêté dès l'effet souhaité obtenu.

C'est souvent à cause de névralgies rebelles que s'installe

une assuétude qui conduit vers l'usage malfaisant de drogues redoutables.

Citons, parmi les sédatifs : *Anxoral, Centralgol, Nuidor, Sympvagol, Vericardine*. Parmi les anti-inflammatoires : *Indocid, Surgam, Voltarène, Feldene, Nifluril*. Parmi les antalgiques : *Algonevriton, Novacetol, Propofan, Trancogesic*.

L'invention de la *mésopuncture* par le docteur Maurice Rubin (références : *La Mésopuncture, un nouvel art de guérir*, éditions Maloine, et *La Mésothérapie et la Mésopuncture*, PUF, Collection « Que sais-je ? »), qui consiste à injecter des antalgiques et des anti-inflammatoires à très petite dose directement dans les points d'acupuncture qui entourent les régions douloureuses, a définitivement modifié le pronostic des névralgies qui se trouvent améliorées, voire guéries rapidement et dans d'excellentes conditions.

Homéopathie
L'homéopathie ne sait pas soigner les localisations névralgiques. Elle a une action plus générale qui tient compte des causes et des circonstances de début de la maladie.

Aconit soigne les névralgies qui succèdent à un coup de froid.

Allium cepa est orienté vers les névralgies de la sphère ORL.

China est intéressant dans les douleurs qui succèdent à de petites hémorragies répétées.

Note : il est bien évident que la recherche de la cause du saignement est essentielle.

Hypericum améliorera les névralgies aggravées par le toucher ou les secousses.

Phytothérapie
Camomille est indiquée lorsque le sujet est amélioré quand il marche, quand il voyage, ou lorsqu'il s'agit d'enfant quand il est porté dans les bras.

Maïs est utile quand les névralgies sont aggravées par les repas.

Cimicifuga est intéressant chez les personnes très sensibles aux changements de température.

Mélisse convient à ceux qui sortent améliorés d'un long sommeil.

Digipuncture et acupuncture
Chaque secteur douloureux possède des points particulièrement sensibles retrouvés à la palpation. Ces points doivent être traités en dispersion et on leur associera les deux *points aspirine* connus, le 62e *Vessie* juste au-dessous de la malléole externe de la cheville et le 34e *Vésicule biliaire*, dans une dépression en avant et en dessous de la tête du péroné, à faire également en dispersion.

Autres techniques
Deux plantes chinoises sont apaisantes et peuvent être consommées en décoction ou en gélules de poudre parce que, disent les textes, elles calment les tremblements et les chaleurs et dispersent le vent.

Note : ce symbolisme très imagé est le langage utilisé par les médecins orientaux. Les correspondances sont faciles à établir pour l'Occidental qui s'est ouvert à cette très ancienne civilisation.

On utilisera *Codonopsis pilosula* et *Dioscorea opposita* sous couvert d'oligo-éléments au *manganèse* et au *lithium*.

PHOBIES

Il s'agit d'une peur persistante liée à certains objets comme des couteaux, des épingles, des allumettes ou à certaines situations, comme la traversée d'un carrefour, le voyage en avion ou le passage sous un tunnel. Cette peur inscrite dans le comportement est source d'une angoisse incontrôlable lorsque la personne est en présence de l'objet ou de la situation causale.

Prise en charge thérapeutique

Allopathie (sur conseil médical)
La phobie bénéficie de petits neuroleptiques qui enlèveront progressivement les idées fausses et irréelles qui bloquent les initiatives. La tolérance en est satisfaisante quand les doses sont faibles.

Citons : *Triperidol* en solution buvable, *Semap* en comprimés, *Tiapridal* en comprimés, *Orap* en comprimés ou *Moditen* en comprimés, qui est un des plus anciens de la liste.

Il ne faut pas négliger l'appoint des médecines naturelles qui cherchent toutes à équilibrer l'individu plutôt qu'à soigner un syndrome bien précis.

Homéopathie
Silicea est indiqué chez les individus qui présentent des frissonnements permanents.

Ambra grisea est conseillé aux phobiques qui ont les pieds et les mains froids.

Stramonium est orienté vers les nauséeux, les pâles et les anémiques.

Nitri acid a comme indication les personnes qui sont aggravées par les secousses, le bruit ou le simple attouchement involontaire.

Phytothérapie
Les plantes utilisées ne peuvent modifier le comportement psychologique. Il leur est simplement demandé de mieux oxygéner le cerveau et de faciliter la transmission des influx nerveux.

On fera appel à *Capucine*, *Frêne*, *Ginseng* et à *Ulmaire* en conseillant des séquences de six semaines de deux produits alternés.

Digipuncture et acupuncture
Il faut rechercher un équilibre du système neurovégétatif et tonifier à la fois le *10ᵉ Vessie* qui se trouve sous l'occiput, à un

travers de doigt en dehors de la ligne médiane postérieure, à la limite de l'implantation des cheveux et le *6ᵉ Maître du cœur*, situé sur la face antérieure de l'avant-bras, à sa partie moyenne, à deux travers de doigt au-dessus de la ligne de flexion du poignet.

Autres techniques
La médecine chinoise propose des substances *qui « nourrissent le cœur et calment l'esprit »*, comme *Ziziphus spinosa* et *Albizzia jul ibrissin*.

SPASMOPHILIE

La spasmophilie est due à une irrégularité de fonctionnement des glandes parathyroïdes, situées à la base du cou, en arrière de la thyroïde.

Il s'ensuit une anomalie de distribution du calcium et du magnésium dans notre organisme avec passage accéléré des influx nerveux d'une cellule nerveuse à l'autre.

Les symptômes présentés sont très variables et traduisent tous une hypersensibilité psychique et des viscères avec douleurs spasmodiques répétitives.

Prise en charge thérapeutique

Allopathie (sur conseil médical)
Toute la thérapeutique s'est orientée vers un apport massif de magnésium alternant avec du calcium que l'on a pris l'habitude d'injecter en intraveineuse lors des crises de tétanie. La mésopuncture permet souvent des améliorations durables en injectant du *magnésium* sous le nom de *Mag 2* ou de *Spasmag* dans trois points d'acupuncture qui forment le triangle de la sérénité et situés sur le thorax.

Ce traitement mis au point par moi-même se fait comme une vaccination, à raison de trois séances à une semaine d'intervalle suivies de rappels mensuels au début, puis trimestriels.

Le magnésium par voie buccale se présente sous différentes dénominations : *Biomag* comprimés, *Delbiase* comprimés, *Efimag* poudre orale, *Magnoscorbol* comprimés, *Solumag* solution buvable. Le calcium le plus utile est le *Calcium effervescent* dont il faut prendre un comprimé par jour dans un verre d'eau.

Le traitement est long est soumis aux aléas de la vie courante avec ses stress et ses joies.

Homéopathie
Calcarea fluorica traitera à la fois la spasmophilie, la dépression associée, les troubles digestifs fréquents et les troubles circulatoires.

Cuprum soigne les spasmes, quelle que soit leur origine.

Moschus est indispensable lorsque les troubles nerveux prennent de l'ampleur et que le patient ressent des constrictions alternantes en différents points de son corps. L'association de ces deux produits est parfaitement licite.

Sambucus est surtout conseillé dans les crises de tétanie qui se traduisent par une obstruction nasale et l'impression de suffoquer.

Magnesia carbonica s'adresse aux individus déminéralisés, hypersensibles et algiques.

Phytothérapie
Seront utiles les plantes richement minéralisées.

Avoine, qui aidera les personnes ayant un petit déficit intellectuel.

Prêle riche en silice, en magnésium et en potassium.

Saule blanc qui améliorera en même temps les poussées rhumatismales.

Ortie piquante chez les individus qui sont insomniaques et hyperactifs.

Digipuncture et acupuncture
Nous avons mis au point une dispersion de 4 points qui

constituent le losange de la sérénité et qui sont situés sur le thorax. Ce sont le *17ᵉ Vaisseau Conception*, à égale distance des deux mamelons et, à droite comme à gauche, le *25ᵉ Rein* dans le 2ᵉ espace intercostal, à 3 travers de doigt de la ligne médiane.

L'apport de magnésium et d'autres oligo-éléments n'a bien entendu aucune raison d'être supprimé. Dans les cas sévères, nous faisons de la *mésopuncture* et nous injectons dans ces points de l'*oligosol magnésium* ou du *Mag 2* ou du *Smasmag* avec des résultats prometteurs sur l'ensemble des symptômes de cette affection complexe. Il nous arrive enfin de renforcer, l'effet sédatif souhaité par un acte de *sympathicothérapie* ou *réflexothérapie endonasale*, technique inventée par un Français (Fliess) et longtemps oubliée.

Autres techniques

Les plantes brésiliennes sous forme de *Poconeol* sont intéressantes même si leur action est lente et progressive. On conseillera à la dose de 15 gouttes par jour les *Poconeols 15 et 23*.

TROUBLES DU LANGAGE

Le terme technique utilisé est le mot *aphasie* qui peut se présenter à la cinquantaine sous deux formes : aphasie motrice ou incapacité de trouver ses mots et difficulté orale à construire des phrases cohérentes ; l'autre aphasie est dite sensorielle et répond à une difficulté, malgré une audition conservée, à comprendre les ordres les plus simples.

Ces troubles sont le reflet d'une circulation sanguine déficiente au niveau des centres supérieurs du cerveau et peuvent être corrigés par une rééducation et certains produits vasodilatateurs et cicatrisants.

Prise en charge thérapeutique

Allopathie (sur conseil médical)
Outre la rééducation indispensable, le médecin dispose de psychostimulants et de psychotropes qui facilitent l'oxygénation et la nutrition des cellules nerveuses corticales.
Les produits se présentent sous forme de gélules ou d'ampoules dont il est conseillé deux prises par jour.
Actebral, Cleregil, Debrumyl, Cogitum, Arcalion, Lucidril et *Stivane*.

Homéopathie
Ambra Grisea rendra service aux sujets chétifs, sensibles au froid, à la peau ratatinée.
Baryta carbonica doit être pris quand on a l'impression d'avoir un affaiblissement intellectuel et moral.
Iodum est plutôt indiqué chez les sujets amaigris mais constamment affamés.
Oleander exige des vertiges associés pour être utile.

Phytothérapie
Angélique convient aux personnes qui sont améliorées lorsqu'elles consomment des stimulants comme le café, le thé fort ou les alcools.
Girofle est intéressante chez l'artérioscléreux, à la peau parcheminée.
Sauge sera donnée si les articulations sont très sensibles.
Prêle permet de lutter contre la déminéralisation et a une action vasodilatatrice sur les artères cérébrales.

Digipuncture et acupuncture
Aucun point n'est particulièrement indiqué dans cette pathologie. La solution, en dehors de la rééducation dont nous avons parlé, consiste en un massage actif en pincer-rouler avec le pouce et l'index de tout le cuir chevelu, tous les jours ou tous les deux jours, en insistant sur les régions situées derrière les tempes, où se trouvent, en profondeur, les centres du langage.

Autres techniques

Les Chinois conseillent des plantes qui réchauffent l'intérieur et éliminent le froid, façon poétique d'expliquer une action vasodilatatrice et réoxygénante.

On prendra du *Liguticum wallichi* et du *Curcuma longa*.

TROUBLES DE LA MÉMOIRE

La cinquantaine mal surveillée à la fois au point de vue hormonal et au point de vue nutritionnel s'accompagne volontiers de troubles de mémoire portant à la fois sur les événements anciens et sur des faits plus récents, comme oublier l'endroit où a été déposé un portefeuille, un document ou ne plus trouver sans un grand effort un argument utile dans une conversation, etc.

Des tests ont été mis au point par des psychologues pour en apprécier l'intensité et les thérapeutiques à la fois allopathiques et naturelles permettent, après un certain temps de latence, de nouvelles performances.

Prise en charge thérapeutique

Allopathie (sur conseil médical)

Un grand appel aux vitamines est indispensable et l'orientation se fera vers les vitamines B associées (*Becozyme, Bétrimax, Terneurine*), la vitamine C (*Laroscorbine, Vitascorbol*), la procaïne, utilisée en Roumanie dans les cures de rajeunissement (*Géro, Novitan* gélules) et certains antiasthéniques riches en acides aminés (*Megasthenyl, Nuclevit B12, Surelen, ADN HP*).

Homéopathie

Agaricus sera conseillé à un sujet maladroit, un peu tremblant et souvent nauséeux.

Cocculus est le remède de l'individu indécis, méfiant, irritable.

Kali phosphoricum guérira les dépressions générales avec

troubles de mémoire survenant après un surmenage intellectuel inhabituel.

Nux moschata est spécifique des sujets qui dorment beaucoup et qui se disent aggravés avant un orage.

Zincum métal soigne l'agitation constante des pieds et des mains.

Phytothérapie
Aristoloche convient à ceux qui préfèrent l'isolement et fuient la société.

Chardon-Marie est le remède du sujet flegmatique souvent aggravé dans une atmosphère humide.

Ginseng est utile à ceux qui digèrent mal.

Vergerette du Canada soutient ceux qui ont aussi une grande faiblesse générale.

Digipuncture et acupuncture
La mémoire est commandée, d'après la médecine traditionnelle chinoise, par le méridien *Vessie* et le méridien *Vaisseau Gouverneur*. Il faut donc tonifier le point de commande du *Vaisseau Gouverneur* qui est le *3ᵉ Intestin grêle*, situé côté auriculaire, juste au-dessus de l'articulation métacarpo-phalangienne, dans un creux, et le *10ᵉ Vessie*, à la base de l'occiput, à un travers de doigt de la ligne médiane postérieure, à la limite de l'implantation des cheveux.

Autres techniques
Poconeol 10 peut améliorer nos circuits encéphaliques lorsqu'il est associé dans la même prise avec du *potassium* et du *phosphore* en oligo-éléments.

TROUBLES DU SOMMEIL

État physiologique périodique caractérisé par la suspension de la vigilance, le ralentissement de la circulation et de la respiration et une décontraction musculaire.

Baudelaire appelle le sommeil « le voyage aventureux de tous les soirs », alors que Gérard de Nerval nous dit qu'« il est la consolation des peines de nos journées ou la peine de leurs plaisirs. »

La cinquantaine souffre plus d'insomnie que de somnolence ou d'engourdissement, cette insomnie pouvant revêtir plusieurs formes suivant le moment de son installation : insomnie de l'endormissement ou réveil invincible de milieu de nuit.

Prise en charge thérapeutique

Allopathie (sur conseil médical)

Le médecin dispose d'une gamme importante d'hypnotiques dont la tolérance est variable suivant les sujets et qu'il faut donc savoir changer à la demande.

Certains sont proches du gardénal, d'autres sont en fait des anxiolytiques à base de benzodiazépine ou des neuroleptiques (utilisés dans les délires) à base de phénotiazine.

Citons : *Mogadon*, *Noctamide*, *Noctran*, *Optanox*, *Insomnyl* ou *Théralène*.

Deux hypnotiques différents ont été récemment proposés : le *Stilnox* et l'*Imovane* qui semblent dans l'ensemble mieux tolérés.

Homéopathie

Cannabis indica rendra service aux sujets exaltés, loquaces et volontiers soupçonneux.

Ignatia est le produit que doivent absorber les sujets jaloux, peureux et émotifs.

Coffea rendra service à l'individu qui se plaint de troubles de l'humeur et qui accuse une sensation de constriction laryngée.

Hyosciamus sera conseillé au sujet nerveux, mobile et toujours pressé.

Les affections de A à Z

Phytothérapie
Aubépine agit lorsque l'individu est aggravé dans une chambre chaude.
Camomille agira chez le sujet lymphatique, frileux et aggravé dans une atmosphère humide.
Millepertuis s'adresse de préférence à un sujet engourdi, irritable et constamment assoupi dans la journée.
Saule blanc est le remède du sujet dit floride, obèse, au visage luisant et rouge.

Digipuncture et acupuncture
On stimule en tonification, dans la deuxième partie de la journée, des points qui sont porteurs d'énergie yin relaxante : le 7e *Poumon* situé à l'endroit où l'on prend habituellement le pouls et le 24e *Vaisseau Conception*, dans une dépression sur la ligne médiane antérieure, juste au-dessous de la lèvre inférieure.

Autres techniques
Il est de coutume de prendre ensemble, après le repas du soir, une ampoule de *lithium*, de *phosphore* et de *magnésium*.

VERTIGES

Il s'agit d'une altération transitoire ou chronique des voies vestibulaires liées à l'oreille interne, dont il faut rappeler qu'elle a la double mission de transmettre les sons et de contrôler notre équilibre général, en relation avec notre cervelet situé dans la région occipitale.
La cause la plus fréquente autour de cinquante ans est le vieillissement cellulaire et l'altération des structures artérielles.

Prise en charge thérapeutique

Allopathie (sur conseil médical)
Les produits proposés sont des vasodilatateurs cérébraux ou

des antiallergiques. La durée du traitement est longue parce que l'allopathie ne sait pas soigner le terrain et reste symptomatique.

Citons : *Agyrax* en comprimés, *Serc* en comprimés, *Sibelium* en comprimés et *Tanganil* en comprimés et en solution injectable utilisable en cas d'urgence.

Homéopathie

Conium maculatum convient aux vertiges en position allongée.

Bromium calmera en même temps le rythme cardiaque.

Gelsemium doit être prescrit au sujet vindicatif et inconsolable.

Ferrum metal aide ceux qui ne supportent pas une chambre trop chauffée.

Bryonia doit être donné à celui qui se fait remarquer par l'extrême sécheresse de ses muqueuses.

Phytothérapie

Angélique est destinée à celui qui se plaint aussi d'avoir des migraines et des nausées.

Bouleau est particulièrement efficace quand le patient présente en plus un rhumatisme goutteux.

Sauge guérira aussi bien les troubles de la digestion et l'hypotension.

Girofle améliore les troubles de la mémoire et le défaut de volonté.

Digipuncture et acupuncture

Deux méridiens sont responsables de l'équilibration et peuvent agir sur l'oreille interne, le méridien *Triple Foyer* et le méridien *Intestin grêle*.

Les vertiges étant un symptôme yang, on fera en dispersion les points suivants : le *20ᵉ Triple Foyer*, à la racine des cheveux, dans un creux situé au-dessus de la partie la plus élevée du pavillon de l'oreille ; le *19ᵉ Intestin grêle*, dans un creux juste en avant de la partie centrale du tragus (languette triangulaire qui protège en avant l'orifice auditif externe), quand le patient ouvre la bouche.

Autres techniques

Les médecins connaissent mal les traitements à partir d'essences de fleurs imaginés par le docteur Bach.

Elles se prennent à la dose de 30 gouttes par jour et sont présentes dans pratiquement tous les magasins de diététique.

On utilisera les élixirs floraux de *Marronnier blanc* et de *Bruyère* qui ont une action concordante.

CONCLUSION

Les progrès récents de la médecine sont très nettement orientés vers la lutte contre la sénescence, dont la ménopause et l'andropause constituent les premières manifestations les plus spectaculaires. Grâce aux efforts conjugués des chercheurs et des cliniciens en médecine universitaire ou en médecine naturelle, le praticien a appris, comme notre ouvrage le propose et le démontre, à la fois à raisonner sur l'homme et la femme en globalité et à offrir à chaque tissu et à chaque organe, outre des mesures préventives d'hygiène générale, les instruments, les oligoéléments, les vitamines ou les molécules dont ils ont besoin.

Parce que la médecine, comme la réflexion sur l'homme, sont évolutives, nous pourrons vivre grâce aux conseils pratiques contenus dans notre ouvrage et d'application aisée, une ère différente pour ne pas dire « nouvelle » où seront privilégiées les notions de bien-être et de bonheur physique et psychique que petit à petit nous vous devons de redécouvrir et d'accepter, notions auxquelles s'ajoutera le « supplément de vie » dont nous bénéficions déjà et que nous saurons enfin apprécier à sa juste valeur.

BIBLIOGRAPHIE

De Brouwer L., *L'Art de rester jeune,* Ed. Dangles
Les Médecines différentes, Le Livre de Poche
Leconte M., *Poids idéal et bon moral,* Ed. Marabout
Edde G., *Médecine ayurvédique,* Ed. Dangles
Falconnet G., *La Fabrication des mâles,* Ed. du Seuil
Rubin M., *La Phytothérapie,* P.U.F., collection « Que sais-je ? »
Clark L., *Stay Young Longer,* Ed. Berkley Pub.
Davido A., *Urgences,* Ed. Servier
De Jaeger C., *La Gérontologie,* P.U.F., collection « Que sais-je ? »
Figuiere J., *Les Soixante-Treize Tisanes,* Ed. Morel
Belaisch J., *L'Homme de 50 ans,* Ed. Denoël
Bonan K., *Médecine orthomoléculaire,* Ed. Retz
Thoulon-Page, *Pratique diététique,* Ed. Masson
Robert G., *Précis de gynécologie,* Ed. Masson
Rubin M., *La Femme de 50 ans,* Ed. Veyrier
Véret P., *Médecine énergétique,* Ed. du Rocher
Peeters E., *ABC de la diététique,* Ed. Marabout
Diagram, *Group Man's Body,* Ed. Bantam books
Valnet J., *Aromathérapie,* Le Livre de poche
Masters Johnson, *Les Réactions sexuelles,* Ed. Robert Laffont
La Santé des Parisiens, Ed. Albin Michel
Heller L., *Les Âges de l'homme,* Ed. Alsatia
Dextreit R., *Guérir et Rajeunir,* Ed. Harmonie
Gabeloux B., *Les Massages,* Ed. Solar
Dutot F., *Régimes des saveurs,* Ed. MA
Kauffmann J.P., *Morphopsychologie,* Ed. de Vecchi
Bernard H., *L'homéopathie guérit,* Ed. Coquemard
Lejoyeux J., *Les Neuf Clés du visage,* Ed. Solar
Doucet G., Elia D., *La Ménopause oubliée,* Ed. Livre de poche
Haumont Cl., *Rhumatismes,* Ed. Marabout
Mossé A., *101 Réponses sur les régimes,* Ed. Livre de poche
Bergeret C., *Phytothérapie rénovée,* Ed. Maloine

Rubin M., *Guide d'homéopathie pratique*, Ed. Maloine
Rubin M., *Guide de digipuncture*, Ed. Medsi
Belsky J., *Here Tomorrow*, Ed. Ballantine (New York)
Vagogne A., *Réussir sa cinquantaine*, Ed. Marabout
Legrais B., *Santé et Cosmotellurisme*, Ed. Dangles
Ogle J., *Age Proofing*, Ed. Nal Books (New York)
Langman J., *Embroyologie médicale*, Ed. Masson
Rubin M., *Mésothérapie et Mésopuncture*, PUF, collection « Que sais-je »
Roulier G., *La Santé au masculin*, Ed. Dangles
Vannier L., *La Typologie*, Ed. Doin
Faurobert L., *Jeune et belle après 40 ans*, Ed. Dangles
Albert E., *L'Anxiété au quotidien*, Ed. Odile Jacob
Clergeaud Ch., *Du tonus en plus*, Ed. Calmann Lévy
Bott V., *Médecine anthroposophique*, Ed. Triades
Schepper L., *Full of Life*, Ed. TW L. Angeles
Wulf H., *Managing your Menopause*, Ed. Prentice (New York)
Arcand-Hebert, *Précis de gériatrie*, Ed. Maloine
Gellman Ch., *L'Homme et son plaisir*, Ed. Londreys
Pierantoni H., *Les Soins esthétiques de l'homme*, Ed. Nouvelles
Houdret J.C., *L'Iridologie*, Ed. MA, coll. « L'Aide-nature »
Hanson P., *Stress et Succès*, Ed. de l'homme
Debled G., *Andropause*, Ed. Maloine
Bariety M., *Sémiologie médicale*, Ed. Masson
Kama Soutra, Ed. Marabout
Guide des aphrodisiaques, Ed. Ramsay
Troisième Âge, Ed. Sandoz

Dans la même collection

La Bible des vitamines, Dr Dominique Rueff.

Se libérer par le souffle, Monique de Verdilhac.

Les Effets bénéfiques des animaux sur notre santé, Caroline Bouchard et Christine Delbourg.

*Cet ouvrage a été composé
par Nord Compo, à Villeneuve d'Ascq
l'impression et le brochage ont été effectués
sur presse* CAMERON *dans les ateliers de B.C.A.,
à Saint-Amand-Montrond (Cher),
pour les éditions Albin Michel
en septembre 1994
N° d'édition : 13871. N° d'impression : 94/723
Dépôt légal : octobre 1994*